本书主要通过提建议、讲故事、发"启示"让班主任与家长共同探讨如何处理好家庭教

父母必读的
使用指导
手册

班主任
给家长的
100条建议

程发龙 编著

知识产权出版社
全国百佳图书出版单位

图书在版编目（CIP）数据

班主任给家长的100条建议/程发龙编著.—北京：知识产权出版社，2015.3
ISBN 978-7-5130-3401-2

Ⅰ.①班… Ⅱ.①程… Ⅲ.①家庭教育 Ⅳ.① G78

中国版本图书馆 CIP 数据核字（2015）第 055764 号

内容提要

本书从中、小学班主任的角度，从十个方面，向家长提出了 100 条建议，每条建议后面都对应一个案例。案例中既有古今中外名人教子的成功，也有家教方法不当，发生了令人痛心的教训的案例，进而提出较为实用的"启示"。本书主要通过提建议、讲故事，发"启示"的形式让班主任与家长共同探讨如何处理好家庭教育中可能遇到的问题。本书所提出的每一条建议，都结合了家庭教育的实际和教育学、教育心理学、行为学和管理学等方面的知识内容，分析全面、论证合理，教育方法巧妙，易于操作，具有一定的科学性和实用性。不论是观念上还是方法上，对我国的家庭教育都具有一定的指导作用。

责任编辑：许　波　　　责任出版：卢运霞

班主任给家长的100条建议
BANZHUREN GEI JIAZHANG DE 100 TIAO JIANYI

程发龙　编著

出版发行：知识产权出版社 有限责任公司	网　址：http://www.ipph.cn
电　话：010-82004826	http://www.laichushu.com
社　址：北京市海淀区马甸南村1号	邮　编：100088
责编电话：010-82000860 转 8380	责编邮箱：xubo@cnipr.com
发行电话：010-82000860 转 8101/8029	发行传真：010-82000893/82003279
印　刷：三河市国英印务有限公司	经　销：各大网上书店、新华书店及相关专业书店
开　本：720mm×1000mm　1/16	印　张：19.5
版　次：2015年3月第1版	印　次：2015年3月第1次印刷
字　数：300千字	定　价：48.00元

ISBN 978-7-5130-3401-2

出版权专有　侵权必究
如有印装质量问题，本社负责调换。

PREFACE 前 言

过去，家长都是"望"子成龙，因为那个时代大多数家长没文化，只能寄希望于先生——新中国成立后叫老师。至于孩子能否成"龙"，除了"望"，别无他法。

现在，家长已经不仅仅是"望"子成龙了，他们要亲自下水"教"子成龙。只因如今社会的进步，物质生活的改善，家长自身素质的提高，促使家长对子女进行不同形式的家庭教育。总之，家长是不想让孩子输在起跑线上。

家长重视孩子的教育，本是无可厚非的事情。但是，家长教育的内容和方法是否合适呢？与学校老师的教育是否一致呢？这是一个值得研究的问题。

本书从班主任的角度，分10个方面，向家长提出了100条建议，每条建议后面附录了一个案例。所收集的案例既有古今中外名人教子的实例，也有家教方法不当，造成的令人痛心的悲剧。案例的后边，作者还提供案例带给我们的"启示"。本书就是要通过提建议、举例子，发"启示"，与班主任和家长探讨如何搞好家庭教育。归结起来，本书具有以下几个特点。

一、角度独特，具有实用性和趣味性

走遍各家图书大厦或新华书店，家教类图书可谓门类齐全，种类繁多，而且都是给老师或给家长的建议，但是，班主任与家长如何沟通，沟通时讲些什么，如何使学校的教育与家长的教育统一，这些问题却少有探讨。因此，本着为班主任提供一本具有实用性、趣味性图书，跳出其他家教图书窠臼的想法从而使本书自成一体，成为与众不同的图书。

二、选材广泛，具有全面性和可操作性

本书不仅从"品德、诚信、责任""智力、智慧、创新"等大家关注的方面提出了建议，同时结合当前我国家庭教育的现状，在"青春期、关爱、理解""网络、叛逆、挫折""男孩、女孩、单亲"和"祖辈、父辈、留守"等方面，班主任的角度提出了建议，列举了具有教育意义的故事，让读者读后感到有据可循，操作性很强。

三、思想深刻，具有科学性和引领性

本书所提的每一条建议，都是结合家庭教育实际提出来的，而且每条建议的内容叙述得十分全面具体，并结合了教育学、教育心理学、行为学和管理学等方面的知识，分析全面，论证合理，思想深刻，具有科学性。此外，在列举的故事中，吸取了大量的国外事例，读起来令人耳目一新，而且教育方法巧妙，易于操作，对我国的家庭教育，不论是观念上还是方法上，都具有引领作用。

在任何一所学校里，班主任都是最忙碌的人。现在，有的学校提出班主任要做学者型班主任、专家型班主任，更增加了班主任工作的压力。但愿这本书确确实实能成为班主任的助手，助班主任一臂之力。家长阅读本书后，既能增加自己的家教方法，也有助于其与班主任沟通，形成统一的教育方法，有利于孩子健康成长。

当然，这本书不会也不可能解决全部问题。如果能让家长阅读后举一反三，触类旁通，引起家长的思考，激发家长的创造力，从而在教育孩子方面有所受益，我们编写此书的愿望就实现了！

编 者

2014 年 9 月

CONTENTS 目 录

爱心篇　会爱·行动·榜样

给家长的建议之一　○　家长要养成良好的读书习惯 / 002

给家长的建议之二　○　家长有必要进行"校访" / 004

给家长的建议之三　○　训斥孩子要讲究艺术 / 006

给家长的建议之四　○　正确对待孩子的考试成绩 / 008

给家长的建议之五　○　教给孩子"六步"学习法 / 010

给家长的建议之六　○　家长要学会夸孩子 / 013

给家长的建议之七　○　不要在饭桌前训斥孩子 / 016

给家长的建议之八　○　家长不要干扰孩子学习 / 019

给家长的建议之九　○　了解孩子学习的现状要做到"六看" / 021

给家长的建议之十　○　家长不要对孩子说的八句话 / 023

诚信篇　品德·诚信·责任

给家长的建议之十一　○　培养孩子优良品德有三个最佳期 / 028

给家长的建议之十二　○　为孩子创建良好的家庭环境 / 032

给家长的建议之十三　○　借鉴美国家教方法，培养孩子责任意识 / 034

给家长的建议之十四 ○ 家长谨言慎行，防止"心理污染" / 036

给家长的建议之十五 ○ 家长诚信，孩子成"人" / 039

给家长的建议之十六 ○ 纠正孩子撒谎要讲科学 / 041

给家长的建议之十七 ○ 树立良好"家风"，培育时代新人 / 044

给家长的建议之十八 ○ 家长多措并举，克服孩子厌学 / 047

给家长的建议之十九 ○ 家长不要恐吓孩子 / 051

给家长的建议之二十 ○ 家长十招教孩子健康成长 / 053

创新篇　智力·智慧·创新

给家长的建议之二十一 ○ 开发孩子智力要掌握关键期 / 058

给家长的建议之二十二 ○ 培养孩子自立，从做家务开始 / 060

给家长的建议之二十三 ○ 要教育孩子学会理财 / 063

给家长的建议之二十四 ○ 培养孩子像犹太人一样尊重知识 / 065

给家长的建议之二十五 ○ 要培养孩子的注意力 / 067

给家长的建议之二十六 ○ 家长要放飞孩子的创新思维 / 071

给家长的建议之二十七 ○ 家长如何培养孩子的创新意识 / 074

给家长的建议之二十八 ○ 家长如何让孩子敢于创新 / 076

给家长的建议之二十九 ○ 培养孩子创新需打破七个传统思维 / 081

给家长的建议之三十 ○ 生活中如何开发孩子的智力 / 085

习惯篇　兴趣·爱好·习惯

给家长的建议之三十一 ○ 家长要培养孩子的良好兴趣 / 088

给家长的建议之三十二 ○ 爱好是孩子走向成功的动力 / 090

给家长的建议之三十三 ○ 家长要培养孩子的意志力 / 094

给家长的建议之三十四 ○ 制止孩子的任性 / 096

给家长的建议之三十五 ○ 如何让孩子喜欢学习 / 099

给家长的建议之三十六 ○ 教育孩子不要太争强好胜 / 102

给家长的建议之三十七 ○ 如何让孩子在学习中感受到乐趣 / 104

给家长的建议之三十八 ○ 家长要培养孩子的自我约束力 / 107

给家长的建议之三十九 ○ 家长要培养孩子良好的习惯 / 109

给家长的建议之四十 ○ 家长要注重培养孩子的情商 / 113

理解篇　青春期·关爱·理解

给家长的建议之四十一 ○ 青春期教育，不可忽视的话题 / 118

给家长的建议之四十二 ○ 对孩子进行青春期教育宜早不宜迟 / 125

给家长的建议之四十三 ○ 尊重孩子的隐私 / 128

给家长的建议之四十四 ○ 关心孩子青春期健康的原则 / 131

给家长的建议之四十五 ○ 家长要了解孩子的青春期心理 / 133

给家长的建议之四十六 ○ 青春期异性交往有益处 / 136

给家长的建议之四十七 ○ 青春期异性交往中的六"不" / 140

给家长的建议之四十八 ○ 教育孩子如何跳出"早恋"的漩涡 / 143

给家长的建议之四十九 ○ 青春期女孩的日常保健常识 / 146

给家长的建议之五十 ○ 如何面对孩子青春期的躁动 / 151

挫折篇　网络·逆反·挫折

给家长的建议之五十一 ○ 家长应该正确认识网络 / 156

给家长的建议之五十二 ○ 家长要了解孩子迷恋网络的原因 / 158

给家长的建议之五十三 ○ 加强对孩子的网络道德教育 / 162

给家长的建议之五十四 ○ 预防"网瘾"不是"堵"而是"疏" / 164

给家长的建议之五十五 ○ 教育子女安全上网十个准则 / 172

给家长的建议之五十六 ○ 怎样预防孩子染上"网瘾" / 173

给家长的建议之五十七 ○ 戒除网瘾的"三心四步"法 / 177

给家长的建议之五十八 ○ 培养孩子抗挫折的能力 / 180

给家长的建议之五十九 ○ 父母应该怎样对待孩子的"淘气" / 182

给家长的建议之六十 ○ 家长应预防孩子产生逆反心理 / 184

安全篇　玩耍·规则·安全

给家长的建议之六十一 ○ 孩子玩耍益处多 / 190

给家长的建议之六十二 ○ 善待孩子收集的"废物" / 192

给家长的建议之六十三 ○ 家长要教孩子学会交际 / 195

给家长的建议之六十四 ○ 培养孩子的规则意识 / 199

给家长的建议之六十五 ○ 正确处理孩子之间发生的争执 / 201

给家长的建议之六十六 ○ 家长要正确对待孩子的"恶作剧" / 204

给家长的建议之六十七 ○ 家长要引导孩子过好假期 / 207

给家长的建议之六十八 ○ 教育孩子在玩耍中注意安全 / 210

给家长的建议之六十九 ○ 家长要注意保护孩子的"特长" / 212

给家长的建议之七十 ○ 孩子输不起怎么办 / 214

健康篇　饮食·健康·成长

给家长的建议之七十一 ○ 让孩子多吃益智健脑的食品 / 220

给家长的建议之七十二 ○ 让孩子远离"垃圾食品"——"洋快餐" / 223

给家长的建议之七十三 ○ 让孩子喝牛奶好处多 / 226

给家长的建议之七十四 ○ 甜食虽好吃但要控制量 / 229

给家长的建议之七十五 ○ 孩子考试前加强营养要科学 / 231

给家长的建议之七十六 ○ 关注孩子的心理健康 / 233

给家长的建议之七十七 ○ 儿童肥胖将造成一生的烦恼 / 236

给家长的建议之七十八 ○ 教给孩子正确的坐、立、走姿势 / 238

给家长的建议之七十九 ○ 教育孩子要注意保护眼睛 / 241

给家长的建议之八十 ○ 教给孩子正确的写字姿势 / 244

家庭篇　男孩·女孩·单亲

给家长的建议之八十一 ○ 父爱对男孩的影响很关键 / 248

给家长的建议之八十二 ○ 父爱对女孩的影响很重要 / 250

给家长的建议之八十三 ○ 母亲对男孩的影响不可忽视 / 252

给家长的建议之八十四 ○ 母亲对女孩的影响意义深远 / 254

给家长的建议之八十五 ○ 家有男孩怎么养？/ 256

给家长的建议之八十六 ○ 如何做好单亲家庭孩子的教育 / 259

给家长的建议之八十七 ○ 鼓励孩子大胆交朋友多参与社会活动 / 263

给家长的建议之八十八 ○ 让家庭成为孩子温馨的避风港 / 264

给家长的建议之八十九 ○ 不要使单亲家庭孩子的性格畸形发展 / 266

给家长的建议之九十 ○ 单亲家庭家长要关注孩子的心理健康 / 268

教育篇　祖辈·父辈·留守

给家长的建议之九十一 ○ 祖辈、父辈发生分歧怎么办 / 274

给家长的建议之九十二 ○ 祖辈、父辈混合教养应注意什么 / 276

给家长的建议之九十三 ○ 完全隔代教养祖辈要注意什么 / 278

给家长的建议之九十四 ○ 宠爱孩子要有尺度 / 280

给家长的建议之九十五 ○ 家长要舍得让孩子吃苦 / 283

给家长的建议之九十六 ○ 教育孩子尊敬师长 / 286

给家长的建议之九十七 ○ 父母容易毁掉孩子的十个问题 / 288

给家长的建议之九十八 ○ 锻炼孩子的心理承受力 / 291

给家长的建议之九十九 ○ 父母如何给留守儿童更多的爱 / 293

给家长的建议之一百 ○ 父母教育孩子应该因材施教 / 296

后　记 / 299

参考文献 / 301

爱心篇

会爱·行动·榜样

高尔基说:"爱孩子,这是连母鸡也会做的事情。"但是,父母却不能像母鸡一样爱孩子,而是要"会爱"孩子。所谓"会爱",就是科学地爱、艺术地爱,使孩子健康成长。

"行胜于言。"父母要科学地、艺术地爱孩子,就要付诸行动,不但要读家教书籍,学习爱孩子的方法,而且要将所学的方法应用到实践中。

"榜样的力量是无穷的。"因此,父母一定要在学习、工作、生活等各方面,给孩子树立榜样,潜移默化地影响孩子。

给家长的建议之一

家长要养成良好的读书习惯

家长都希望自己的孩子热爱学习,那么,家长首先要养成读书的习惯。俗话说:"言传不如身教。"家长应该做到以下几点:

一、家长要喜欢读书

家庭是孩子的第一所学校,家长是孩子的第一任老师。对于学龄前儿童来讲,家长的一言一行,都会直接影响到孩子的未来,因此,家长如果有良好的读书习惯,就可能影响孩子并使其将来喜欢阅读。

二、利用讲故事培养孩子的阅读习惯

孩子喜欢听故事,家长就要会讲故事。家长要选适合孩子听的故事书,然后讲给孩子听。讲故事要像评书演员一样,关键地方该停的要停一下,从而唤起孩子的好奇心和求知欲。当孩子上学了,讲故事时就可以讲一半,然后告诉他,这个故事在某一本书上,让孩子自己去阅读。孩子看了故事,再让孩子讲给自己听。孩子为了把故事讲好,就会认真仔细地读书,慢慢地就养成了喜欢阅读的习惯。

三、订阅适合家庭成员阅读的报刊

如果家庭成员都有阅读的习惯,就应该订阅一些健康的、有趣味的、适合家庭成员阅读的报刊。试想一下,每次新报刊来了,家长在看报刊,孩子一踏进家门,大脑的兴奋点就被吸引到阅读上来。长此以往,孩子的大脑就会养成一种习惯,读书的习惯就会逐渐养成。

一个人一旦养成喜欢读书的习惯,就会自觉地把各种事物与学习联系起来，在潜意识的作用下，大脑便会对所学的知识进行分析、联想、加工。同样是水壶的水沸腾了，普通人认为是水开了，而瓦特却通过思考发明了蒸汽机；同样是看到树上掉下了苹果，果农见了心疼，而牛顿却由此发现了万有引力定律。根本原因是什么？就是因为瓦特、牛顿平时热爱学习，善于联想，所以，这些自然现象在他们的大脑里便会激起创新的灵感。

经典案例 苏洵诱导孩子读书

"唐宋八大家"里，有苏洵、苏轼、苏辙父子三人，堪称佳话。论起来这都与父亲苏洵有关。

苏洵是宋朝时期著名的文学家，他写散文达到了"下笔顷刻千言"的水平，被广为传颂。他培养孩子学习兴趣的做法流传至今。

他的两个孩子苏轼、苏辙，小时候都非常调皮，不好好读书，苏洵也曾多次教育，但是，效果并不理想。即使孩子这样不听话，苏洵也没有强迫他们读书，更没有打骂过孩子。他决定从孩子的好奇心和强烈的求知欲入手，激发孩子的好奇心，引导孩子自觉去读书。

为了引导孩子看书，每当他看到两个孩子玩耍时，就拿出适合孩子阅读的书，故意躲在犄角旮旯里读书，看到孩子来了，他就故意急忙把书"藏"起来。两个孩子发现后，以为父亲背着他们看什么好书，就将书"偷"出来读。结果一看这书确实不错，渐渐地孩子们把读书当成了一种乐趣，喜欢上了读书。由于喜欢上了读书，丰富了知识，学问越来越高，孩子们都能写出一手好文章。特别是苏轼，创作出了许多流传后世的佳作。

后来，苏轼、苏辙也都成了文学家，与父亲一起被后人称为"三苏"。

苏洵教子给我们的启示：

（1）苏洵之所以能如此巧妙地教子读书，是他自身的文化修养促成的。

（2）苏洵对孩子没有要求，没有强迫，而是用实际行动激发孩子的好奇心，由好奇产生欲望，由欲望产生兴趣，由兴趣养成习惯，由习惯走向成功。

（3）苏洵读书的榜样做得很好，潜移默化地使孩子养成良好的读书习惯，走向成功。

给**家长**的建议之二

家长有必要进行"校访"

在学校里，有的老师经常进行家访，目的是了解学生的家长和家庭情况，进而全面了解学生。其实，一个班几十名学生，老师不可能做到对每个学生都进行多次家访。那么，家长就有必要到学校进行一下"校访"，了解孩子在学校的情况，与老师配合教育好孩子。"校访"要有目的，当发现孩子一些异常情况，感觉有必要与老师沟通时，再进行"校访"。主要有以下几种情况：

一、孩子放学回家，情绪不正常时要"校访"

孩子回到家，如果家长发现孩子情绪异常时，不但要问明原因，耐心细致地听孩子诉说，而且还要及时与老师进行沟通，请老师出面做思想工作，消除孩子的不良情绪，使孩子健康成长。

二、发现孩子学习成绩不稳定时要"校访"

孩子的学习成绩有时突然下降了，虽然可能有老师的教法、孩子的学习态度、试题的难易等多种原因，但是，不管什么原因，家长都要挤出时间到学校与老师沟通，搞清楚原因，有针对性地进行教育。

三、孩子放学不按时回家要"校访"

学校的放学时间一般都是固定的，有时孩子值日或被老师留下做一些别的事等，就会晚点回家，但是，这些都是偶尔有之，不会经常出现。如果孩子连续几天甚至更长的时间不按时回家，家长不但要问原因，而且必须到学校与老师交谈，了解孩子放学以后的行为，防止孩子出入网吧、游戏厅、录像放映厅等场所。

四、家长在对老师有合理化建议时应及时"校访"

孩子回到家里，经常向父母讲一些学校里发生的事，还会讲一些同学之间的事，有的情况是老师无法掌握的。家长如果觉得孩子讲的有些事情，需要向老师反映，就要及时跟老师进行交流，并把自己的合理化建议提出来，以便老师采纳，改进方法去教育学生。

五、父母同时出差前应进行"校访"

家长在出差前应该与老师沟通，告诉老师家里的情况，请老师多关照一下孩子，以免孩子放学后无人照管而出现意外状况。出差回来后，也要及时与老师沟通，了解孩子近期的情况，如果孩子表现很好，就要及时表扬，鼓励孩子继续保持。如果孩子曾经有什么不良表现，需要对孩子进行补救教育的，更要针对情况及时补救。

经典案例　孩子数学成绩突然下降以后

晓明已经是初中二年级的学生了，他的数学成绩一向很好，可是期中考试时，数学成绩突然出现了下降，爸爸问其原因，晓明说："我们换了一个数学老师，没有原来的老师教得好。"

晓明的爸爸很重视孩子的教育，而且很有方法，立刻进行了"校访"。他没有找现任的数学老师，而是找到原来的数学老师，讲明了孩子现在的思想状况，请他给孩子做思想工作。

原任数学老师找到晓明，询问了一下具体情况，然后对晓明说："你习惯了我的教学方法，不习惯新老师的教法，这也是正常的。但是，新老师年轻，知识新，教法新，如果你认真听新老师讲课，慢慢就会习惯的，而且一定能取得好成绩。"

因为晓明信任这个老师，所以能听进老师的建议，他改变了原来的学习态度，以一种健康的心态投入到学习中去，很快数学成绩就上来了。期末考试时，晓明的数学又取得了优异的成绩。

王晓明父亲"校访"给我们的启示：

（1）发现问题，及时处理。孩子考试出现问题了，不要盲目批评，而是要了解情况，然后及时处理。

（2）方法得当，效果很好。孩子不喜欢新老师，家长能让校长换老师吗？显然不可能。家长能对新老师说："我们孩子说了，你教的没有原来的老师好"，那家长不是给孩子找麻烦吗？既然孩子喜欢原来的数学老师，就请原来的老师出面做工作，"校访"也要讲究策略。

（3）编织家长、老师和学校间的教育网络。目前社会环境复杂，为了孩子，家长要积极进行"校访"，不断地与老师沟通。只有这样，才能减少家庭、老师和学校之间教育网络的漏洞，确保孩子在良好的教育环境里健康成长。

给家长的建议之三

训斥孩子要讲究艺术

孩子犯了错误时，家长能不能训斥孩子呢？当然能。

列宁说过："教育不是万能的。"有的孩子不听话，家长和风细雨地讲道理，根本不管用。所以，家长训斥孩子总是难免的。问题是如何训斥孩子，家长应该掌握一些训斥孩子的艺术方法：

一、当孩子玩得出格或有危险时，家长要立即训斥

要根据孩子年龄分别对待：如果孩子还是幼儿，就要当场训斥。否则，过一段时间孩子忘了，再训斥就起不到应有的作用。如果孩子已经大了，家长就要根据不同情况进行训斥：如孩子玩火、玩利器，这些行为非常危险，家长就要立即阻止并严加训斥；发现孩子有不良的心理和行动时，也要严厉训斥。

二、要先调查，再训斥

当孩子犯了错误时，不要一见面就劈头盖脸地训斥，要先调查，弄清缘由，然后再根据情况进行批评，这样孩子容易接受，效果较好。

如果孩子犯了原则性错误，家长就要严厉训斥，并立即纠正。

三、训斥孩子时，家长意见要统一，态度要一致，然后由一个人出面批评

切忌父母意见不一致，让孩子无所适从。也不要这个人批评，那个人护着孩子，为孩子辩护。

四、训斥孩子的语言要直截了当，干净利索

家长训斥孩子做到"三不要"：一是不要没完没了，无休止地训斥。二是不要当着孩子朋友的面训斥孩子。三是不要在饭桌前训斥孩子，那样不但会影响孩子的食欲，而且会引起孩子的逆反心理，起不到很好的效果。

经典案例 骄傲的麦克

麦克已经是小学二年级学生了，而且聪明、好学、成绩优秀。有一次，他在班上得了最佳朗读的奖状，非常骄傲。回到家里拿出课本，他跟女佣吹牛："看看你能不能念这个？我会念的，诺蔓。"

这位善良的妇道人家拿起课本来，仔细地看了一遍，然后结结巴巴地说："唉，麦克，我不知道怎么念。"

麦克一下子骄傲起来，小家伙冲进客厅，得意洋洋地跟爸爸喊道："爸爸，诺蔓不会读书，可是我只有8岁，就得了朗读奖状。看一本书却不会读，我不知道诺蔓是什么感觉。"

爸爸一句话也没有说，走到书架旁，拿了一本书，递给他说："她的感觉就像这样。"

那本书是用拉丁文写的，麦克一个字都不认识。

麦克一生也没有忘记那次深刻的教训，不论什么时候，只要想在人前自吹自擂，他就马上提醒自己："记住，你不会念拉丁文。"

麦克爸爸给我们的启示：

（1）要学会尊重他人。面对骄傲的麦克，麦克的爸爸非常冷静，非常巧妙地告诉孩子，"你还差得远呢，不能羞辱别人"。

（2）谦虚使人进步，骄傲使人落后。家长一定要注意孩子的骄傲情绪，一旦发现就要立即教育。否则，养成骄傲的习惯就会影响孩子的一生。一个骄傲自满的人，一般朋友很少。因为没有人愿意与一个不学无术、骄傲自满的人做朋友。

给**家长**的建议之四

正确对待孩子的考试成绩

现在的家长都非常关注孩子的考试成绩，关注孩子在班里的排名，虽说无可厚非，但是家长一定要客观、正确地看待孩子的考试成绩。

一、根据孩子的实际情况看分数

客观地讲，每一个孩子的家庭条件、遗传基因、身体状况、智力因素、非智力因素和个性心理等都会有差异。家长要根据自己孩子的基础，看待孩子的考试成绩，如果进步了，就要加以鼓励；如果退步了，要分析原因，找出差距，制定措施，今后赶上。不要总是让孩子与别人比较，这是孩子最反感的，根本起不到激励孩子的作用。

二、明确教育目的，不要只看分数

家长让孩子上学，目的就是让孩子接受学校教育，感受集体的生活，成为德、智、体、美等全面发展的人才。考试分数只是孩子一个阶段学习的成绩，不能代表孩子的全部。如果孩子某一科分数低了，要问清原因，是不是孩子没兴趣等。如果这门科目不是孩子的强项，父母可以跟孩子沟通，帮助孩子制定弥补差距的措施，逐步将成绩赶上来。

三、尊重孩子，不要把自己的意志强加给孩子

有的家长因为自己的理想不能实现，就想让孩子为他实现理想，强制孩子学习钢琴、美术、舞蹈等特长，并且给孩子制定一些"清规戒律""牛不喝水强按头"。这样做会损伤孩子的自尊心，反而事与愿违。不考虑孩子的爱好，违背孩子的意志，过高过严的要求，会引起孩子焦虑、紧张的心理，甚至逆反心理。尊重孩子，因势利导地教育孩子，才是教育的根本。

四、要重精神奖励，轻物质奖励

孩子考试成绩好了，家长应该注重在精神方面的奖励。比如：语言上进行夸奖，神情上对孩子微笑，行动上给一个拥抱等。如果家庭条件比较好，家长想进行物质奖励，也可以设置一些积极性的物质奖，如奖励文具或一本故事书等。

经典案例 老师，给我一个拥抱

学校开运动会，操场上人声鼎沸。参赛选手个个摩拳擦掌，啦啦队成员热情高涨。班主任宋英老师也来了，他一边给学生鼓劲，一边传授一些竞赛诀窍。

突然，一个参加短跑比赛的同学问："宋老师，如果我们拿不到第一怎么办？"

宋老师知道，同学们为了这次比赛已经准备了很久，为的就是在今天这一刻为班级争光。宋老师微笑着说："只要你们尽了最大的努力，就是拿最后一名，我都给你们颁奖。"

"真的？"同学们齐声问。

"君子一言，驷马难追！"宋老师坚定地说。

"耶！"同学们兴奋不已。

比赛时间即将到了，最有实力的"女将"希香看着宋老师，突然说："宋老师，给我一个拥抱好吗？"

宋老师毫不犹豫地张开双臂，给了她一个大大的拥抱，并在她耳边说：

"加油，你一定是最棒的！"

"宋老师，你也给我一个拥抱！"

"我也要！"

宋老师说："好，我给你们每个人一个拥抱。"

一声哨响，比赛开始了。同学们像离弦的箭一样冲了出去，宋老师随着啦啦队一直喊："加油，希香加油，坚持到底，就是胜利！"

比赛结束了。希香等参赛同学冲到宋老师跟前，有的说："我拿了第一名！"有的说："我是第二名！"有的说："老师，是你的拥抱让我精神倍增！"看着同学们兴奋的样子，宋老师由衷地为他们高兴。多可爱的孩子啊！就因为老师的一个拥抱，就把自己辛苦赢得的荣誉都给了老师！可见，他们把老师的信任、关爱、鼓励看得多么重呀！

老师的拥抱给我们的启示：

（1）要理解孩子的心理。班主任老师的一个拥抱，激发了学生极大的比赛热情，取得了很好的成绩，值得家长深思。

（2）多鼓励孩子。如果孩子进步了、取得好成绩了、做好事了，家长能给孩子一个拥抱，那会是怎样的情景呢？哪怕给孩子一个微笑或者给孩子一声鼓励，对孩子的成长都大有好处。

给家长的建议之五

教给孩子"六步"学习法

经常有家长这样说："我们的孩子脑子很聪明，也不调皮，就是学习不好。"如果家长说的情况属实，究其原因，就是孩子学习不得法。因此，教给孩子学习方法，就显得尤为重要。

在学习方法上，家长要教给孩子"六步"学习法：

一、搞好课前预习

老师每讲一堂新课前，家长都要让孩子提前预习，一些简单的问题要基本搞懂，找出自己不懂的难点，把似懂非懂和不懂的内容记下来，带着这些问题有目的地听老师讲课。

二、要注意听讲

家长要告诉孩子注意听讲的重要性，特别是带着问题听讲更要专心，否则，一时不注意，老师就讲过去了。当老师讲到自己不懂的地方时，要注意听讲，吸收和消化老师所讲的知识。

三、要敢于回答问题

当老师提问时，要积极思考，大胆回答。即使回答错了，也不要灰心，注意听别的同学怎样回答。如果老师让别的同学回答，也要注意听他回答的对不对、有没有不完善的地方，如果有应该怎样补充、纠正。

四、要敢于提出疑问

家长应当教给孩子，在课堂上有什么疑问或不懂的地方，要敢于举手向老师请教，以便得到老师的指导或同学的帮助。

五、善于寻找规律

学习知识是为了应用。各科知识不但有自己的内在规律，相互之间也有一定的联系。因此，家长要教给孩子善于寻找知识的规律，掌握知识的窍门，以达到触类旁通、举一反三的效果。

六、做好课堂笔记

家长应当教育孩子上课时不但要把老师在黑板上的板书内容记下来，而且，还要在认真听讲中，把老师强调的重点和自己认为的重点记下来，特别是课本以外的例题、例句等，以便课后做作业时参考。

> **经典案例** 魏书生老师的读书法

魏书生是当代著名教育改革家。他自1978年任中学教师起，至今已30多年。因在教育改革中的成绩突出，他先后荣获辽宁省功勋教师、语文特级教师、全国劳动模范、全国优秀班主任、全国中青年有突出贡献的专家、首届中国十大杰出青年等荣誉称号，并且还当选过第十三至十七届全国人民代表大会代表。

魏书生老师现任盘锦市教育局局长、党委书记，兼任全国教育科学规划领导小组成员、中国中学学习科学研究会理事长、全国中语会副理事长等职位，讲学足迹遍及全国及马来西亚、新加坡等地。他撰写的教学体会文章和教育改革及方法的专著深受广大教师和学生的欢迎。

不论职位怎么变化，魏书生老师始终不离教育第一线。就是在担任盘锦市教育局长期间，他依然承担着语文课的教学工作。他的教学方法取得的突出成绩，令人惊叹不已。

在语文教学中，阅读是一项基本功，为了让学生尽快掌握这一基本功，魏书生老师总结出了"四遍八步"读书法。家长可以借鉴此法来培养和指导孩子阅读：

"四遍"，就是一篇文章读四次。"八步"，就是完成八项任务。具体要求是：

第一遍跳读。完成第一、二步任务：识记作者及文章梗概；识记主要人、事物或观点。应达到每分钟读完1500字的速度。

第二遍速读。完成第三、四步任务：复述内容；理清结构层次。每分钟1000字。

第三遍细读。完成第五、六、七步任务：理解掌握字、词、句；圈点、摘要重要部分；归纳中心思想。阅读的速度一般跟朗诵相同，每分钟200字。

第四遍精读。完成第八步任务：分析文章写作特点。阅读速度根据需要而定，非重点部分一带而过，重点段落、关键词语仔细推敲品味。从而让孩子通过阅读达到划分文章层次，归纳文章中心思想，分析写作特点的目的。

魏老师读书法给我们的启示：

（1）魏老师的读书法告诉我们，在学习中只要善于分析、总结、归纳出好的学习方法，就能达到事半功倍的效果。

（2）努力掌握先进的学习方法。孩子一般很难总结出好的学习方法，家长如果能广泛阅读有关书籍，寻找先进的学习方法，然后教给孩子，使孩子掌握好的学习方法，也能促进孩子学习成绩不断提高。

给**家长**的建议之六

家长要学会夸孩子

现在，通过学校的家长会、电视宣传、专家讲座等，许多家长明白了家教要进行赏识教育，"好孩子都是夸出来的"。但是，在实际应用中，许多家长发现，赏识教育的效果很不理想，那么问题到底出现在哪里呢？究其原因，是家长不了解孩子，把赏识教育简单化了。

家长要想做好赏识教育，就要做到三个方面：

一、了解孩子，认识孩子

家长一般不承认自己不了解孩子。其实，家长最难认识的是自己的孩子，他们往往过高或过低地估计了孩子的实力，给孩子制定不切实际的目标，结果挫伤了孩子的自信心。深入地了解孩子的智力、能力、习惯、性格、优点、特长、缺点、弱项等，是赏识教育的基础。家长不能把夸奖孩子当成督促孩子的工具，要对孩子取得的每一点滴的进步由衷地称赞，不要提出不切实际的要求。

二、发现特长，目标培养

人的智力有高低之分，大部分人的智力都处于中等水平。很多家长受感情因素的影响，不自觉地高估了孩子的智力，不切实际地给孩子制定目标，让孩子奋斗。其实每个孩子都有自己的爱好和特长，家长应该客观地分析孩子的爱好，发现孩子的特长，然后帮助孩子制定奋斗目标，并给予切实的帮助和辅导，这样才有助于孩子成才。

三、赏识孩子，巧妙夸奖

父母在观察、发现孩子爱好、特长的过程中，应该联系自身以及本家族的特点。因为遗传基因是不可忽视的。如果本家族没有什么明显的特点，就要细心观察，独具慧眼，努力发现孩子身上的特点，赏识孩子的优点。孩子有了进步，或取得了优异的成绩，家长要真心地夸奖，而且要讲究方法，巧妙地夸奖。同时也要告诉孩子为什么夸奖，使孩子知道自己的哪些成绩、什么行为受到了表扬。同时，夸奖不要有任何附加条件，一旦有附加条件，孩子可能就会感到不舒服，激励的作用就会大打折扣。

经典案例　孩子，我该怎么赏识你

有一个三口之家，父母均为公职人员，收入稳定，生活条件很好。他们的儿子在上初中，夫妻俩把一切希望都寄托在孩子身上，希望孩子有出息。但是，儿子却不争气，贪玩、好动，星期天总想出去找同学玩，学习成绩在班里总是处于中游，考试成绩从来就是80分左右。于是，母亲经常唠叨，说孩子不用功。父亲不唠叨，但是孩子每考试一次就训斥一次，原因都是分数没达到父母理想的高度。

有一次，父亲参加了学校举办的家教讲座，一位教育专家给家长讲家教方法，其中有一个观点，就是"好孩子都是夸出来的"。父亲回来跟妻子讲了专家的观点和方法，于是，他们决定改变过去的批评、责备式教育，今后多表扬、夸奖孩子。

等到这个学期的期中考试成绩出来后，儿子的各科成绩依然是80分左右：最高是语文成绩85分，最低是物理成绩72分。母亲看了成绩说："考得不错！只要继续努力，总会考100分的。"父亲鼓励孩子说："你很聪明，今后只要少玩，专心学习，一定能进入全班前五名。"他们按照专家的办法做了，以为只要夸奖孩子，就能激起孩子的上进心，努力学习。没想到孩子不买账，依然如故，而且心里还觉得父母很"虚伪"，言不由衷。

过去批评不行，现在表扬也不行，夫妻俩商量了一下，觉得不能再回过头来批评儿子，应该去找老师，看看问题出在哪里，他们该怎么办。

班主任老师听了他们的叙述，说："你们知道了赏识教育，认识上有了很大的进步。但是，你们并没有理解赏识教育的真谛，怎样才是赏识孩子，赏识孩子什么。要想'赏'，必先'识'，也就是认识、知道。只有真正认识到孩子身上的特长、优势和潜能，然后发自内心地去赞赏孩子，才能达到激励孩子的效果。"

班主任老师继续分析道："你们过去是批评、训斥，现在突然改为夸奖、赞美，而且，你们夸奖有附加条件，期望标准没有改变，依然是希望他考100分，依然是进入前五名。所以孩子不接受你们的夸奖。"

班主任老师还告诉他们，每个人的性格不同，爱好不同、智力水平也不尽相同，家长不要老盯着孩子的考试分数，一个班60名学生，每个家长都想让孩子进入前五名，那就是说每次考试后，就会有55位学生要受到家长的批评。这种做法有道理吗？许多家长不理解这个道理，他们总是认为自己孩子聪明，就应该考进前五名，考不进前五名就是没用功，这种观点要不得。家长要学会关爱孩子、赏识孩子，就要学会观察、分析、总结孩子的特长和爱好，为孩子选准发展方向，然后，发现孩子进步了，就要鼓励。如果成绩下降了，也不要批评，要帮孩子分析、寻找成绩下降的原因，制定今后改正的措施，以利下次赶上。

听了老师的分析，夫妻俩才明白，原来不是赏识教育不对，而是自己的方法不对。看来家长在赏识教育的路上，还有许多知识要学习。

赏识孩子给我们的启示：

（1）赞扬不要带有功利性。带有功利性的赞扬，或者不切实际的赞扬，孩子是不会接受的。

（2）家长要学会赏识孩子。"赏"的前提是"识"，就是先要认识孩子喜欢什么、爱好什么、有何特长。认识了孩子的真正优点，才能有效地"赏"孩子。

（3）"赏"孩子就要适时地、真心地表扬孩子。特别是孩子在特长、爱好方面有了进步时，家长要及时地予以表扬，从而促使孩子进步得更快。

给**家长**的建议之七

不要在饭桌前训斥孩子

有不少家长把在饭桌前的时间当作教育子女的最佳时机。要么问学习情况，要么指责考试失误等，如果孩子表现得诚惶诚恐、俯首贴耳还倒罢了，如果孩子置若罔闻，甚至辩解，家长就会勃然大怒，轻则训斥，重则打骂或者以不许吃饭相逼。这种家教有以下三弊。

一、引起孩子反感

孩子学习已经很紧张了，回家就想轻松一下，没想到吃饭时还要谈学习，这样往往会引起孩子的反感，如果长此下去，就会形成逆反心理，教育也就毫无效果。

二、影响孩子健康

如果吃饭期间训斥孩子，孩子害怕家长的威严，忍气吞声吃饭，会使孩子的血液循环不正常，消化功能降低，直接影响到孩子的健康成长。

三、不利于孩子的消化和吸收

一旦受到训斥和打骂，孩子的肠胃血管会急剧收缩，消化液的分泌也随之减少，这样就会引起肠胃平滑肌的痉挛性疼痛、恶心、呕吐，时间长了就会出现肠胃功能紊乱、消化不良或结肠过敏性腹泻等症状。同时，孩子受到惊吓可能会失尿，中医理论认为"惊恐则伤肾"就是这个道理。另外，吃饭时受到惊吓，还可能会使食物误入气管，导致窒息的严重后果。

那么，家长在饭桌上该怎么办呢？餐桌上的家教有许多值得研究、探讨的地方。以下几点供家长们参考。

一、创造一种愉悦的进餐气氛

有条件的家庭可以在吃饭前播放一段轻音乐，这样可使孩子的精神得到放松，有助于提高孩子的食欲和造就良好的性格。千万不要把不愉快带到餐桌上，给孩子造成心理负担。

二、餐桌前，寻找孩子感兴趣的话题，给孩子发表"高见"的机会

全家人在一起用餐，既是孩子发表"高论"的极好机会，也是父母指导孩子如何思考问题的最佳时机，还是加深家庭成员之间感情的纽带。父母应让孩子说出他们的想法，切忌一个人说了算。有的家庭，孩子刚一开口讲在学校的事，父母便严厉地说："别说话，快吃饭。"有时孩子认为讲话比吃饭更重要，可刚一开口就被阻止、甚至训斥。这些粗暴的做法，会扼杀孩子自我表达的兴趣。

三、餐桌前，不要苛求孩子，更不能训斥打骂孩子

有的父母即使有客人在，也不顾孩子的自尊心，当面训斥孩子："上课不专心听讲，作业不整洁、考试粗心大意……说多少遍也无用，是不是有毛病？"把孩子说得一无是处，这种做法是十分不可取的。

四、父母要注意把良好餐桌礼仪教给子女，培养他们吃饭时尊老爱幼、礼貌待客的优良品质

为了避免孩子养成独食、独占的坏习惯，在餐桌前父母应不失时机地教育孩子与家人共同分享的道理。让孩子心中有他人，不要总是以"我"为中心，一切只顾自己。

五、家长要以身作则，在餐桌上不说脏话，不吵架骂人，不议论他人隐私。

六、为了使孩子合理进食，按时按量进餐，父母应教育子女不要偏食、挑食，更不能暴食。

经典案例 体育课上晕倒的孩子

星期二下午，某小学五年级学生正在上体育课，一个男生跑着跑着突然晕倒在了操场上，同学们吓得大叫起来。体育老师急忙把学生抱到医务室，学生

被诊断为低血糖。在紧急处理后，学生慢慢地苏醒过来。经询问，老师才知道，他中午没有吃饭。

这个学生的家就在学校附近，每天中午都回家就餐，为何会没有吃饭呢？在老师的追问下，学生说出了实情：今天中午吃午餐时，他父亲忽然考了他一个学习内容，他一时答不出来。父亲马上发火了，一边训斥一边又提起他上学期期末考试成绩不理想等。听着听着，母亲也参加进来教训他。他被训得直流眼泪，哪里还有心思吃饭，放下碗筷，找了个理由，背着书包早早到了学校，此时离上课还有一个半小时。

下午上课时，他饿得肚子咕咕直叫，胃里直泛酸水。上最后一堂体育课时，终于支撑不住，一头栽倒在地。

听了学生的诉说，体育老师告诉了班主任宋老师。宋老师听了，非常重视此事，立即对这个学生进行了家访，跟孩子的父母讲了孩子上体育课晕倒的事，并告诉家长："不要在餐桌上教训孩子，那样不但影响孩子的食欲，更重要的是会损害孩子的身心健康。"

家长听了老师的讲诉，连连向老师道谢，表示一定接受这次教训，今后不在餐桌上教训孩子了。

学生晕倒给我们的启示：

（1）不要在餐桌上训斥孩子。餐桌上训斥孩子，不但起不到良好的教育效果，反而会给孩子的身体、心理带来伤害。

（2）训斥孩子要就事论事。即使是平时训斥孩子，也不要东拉西扯，把陈谷子烂芝麻的事拉出来教育孩子。

给 家长 的建议之八

家长不要干扰孩子学习

有的家长非常疼爱孩子，对孩子关怀备至。但是，在他们身上往往会出现一些矛盾现象。比如一方面他们非常关注孩子的学习，另一方面又经常干扰孩子的学习。主要有几种表现：

一、疼爱中的干扰

孩子学习时，有的家长坐在旁边削铅笔、递水、喂点心。这是完全错误的。这样孩子容易被家长宠出毛病，他们会一边做作业，一边"呼风唤雨"，一会儿让家长这样，一会儿让家长那样，稍不如意，就发脾气，威胁家长："我不做作业了。"

二、监督中的干扰

有的家长坐在孩子旁边，督促孩子学习，可孩子刚写一会儿，家长看见孩子的手脏，就说："看你的手哟，怎么这样脏呢？"一会儿又说："头发也长了，该理发了。"

三、远距离干扰

有的家长自己在厨房、书房忙活，突然想起一件事就随便打断孩子。比如"今天带去的钱给老师了吗？"孩子不得不分散注意力来回答。每天都有许多可以发问的事情，孩子也就得到了这种反复的分心"训练"，结果也就形成注意力容易分散的坏毛病，这实在是家长之过。

所有这些表现，都是父母对孩子的"爱"。但是，爱得多了也是一种伤害。

经典案例

爱嘱咐孩子的妈妈

毛毛八岁了，正在读小学三年级，他的妈妈对他很关心，经常嘱咐他什么事该如何做，什么事不该如何做。

毛毛喜欢画画，周末的一天晚上，毛毛在房间里专心地画画，他妈妈开门进来了，要拿一样东西，看到儿子在画画，问："怎么不做作业，画什么画？"

毛毛说："作业做完了。"

一会儿妈妈又进来了，嘱咐毛毛说："你爸今天又喝了酒，睡下了，记住，你不要去他房间打扰他。"

妈妈说完就出去了，等忙完家务事以后，她又来到孩子的房间，手里拿着新买的画笔，对孩子说："你看看，这是我今天去超市买的，跑了好几家才买到你要的这种呢！"

于是，毛毛接过新画笔，翻来覆去看了半天。

就这样，一幅画毛毛画了将近一个小时。

爱嘱咐的妈妈给我们的启示：

（1）父母经常意识不到，孩子做事的时候，需要安静，需要不被打扰。这样的打扰，就是对孩子专心做事的一种破坏。

（2）关心孩子是必须的，但是，什么事情一旦过头了，就会出现相反的结果。一切的事情，等孩子做完了一件事再说。

给**家长**的建议之九

了解孩子学习的现状要做到"六看"

家长不用去学校,就能了解孩子的学习现状。窍门是家长要做到"六看":

一、看课本

如果孩子的课本很干净,就像新的课本一样,上面一点标记都没有,就证明孩子很有可能上课没有注意听讲,或者听课不思考,甚至有逃课的可能。

二、看作业本

正式的作业本是要交给老师批改的,如果孩子作业本上的内容与课本内容不相符,就说明孩子贪玩,有时候不做作业;如果作业本上从来没有老师的批改,就说明孩子不交作业,当然也能看出老师对孩子是冷漠处置;如果作业本上有批改,但是,孩子从来不改错,也无改错本,就说明孩子学习方法有问题,缺乏"改正错误"的习惯,学习方法有待改进。

三、看作文本

如果孩子一学期没写几篇作文,就说明孩子不按要求写作文;如果字体不规范,语言不通顺,就说明孩子写作文态度差或水平低;如果作文没有老师的批改,就说明可能孩子不交作业,或者老师对他比较冷漠。

四、看随堂笔记

如果孩子没有随堂笔记本,就必须让其准备。如果有笔记本,但是记录缺章少节,就证明孩子在课堂上听课可能是"人在曹营心在汉",没有注意听讲,或者懒得记笔记。

五、看练习本

如果练习本上的内容时有时无,或者丢三落四,或者字体潦草,龙飞凤舞,就说明孩子做作业是应付差事,学习态度不认真,不严谨。

六、看孩子同学的以上五个方面

目的就是比较,看看孩子与别人的差距。

家长只要做到这"六看",就能及时了解孩子学习的现状。了解情况以后,就要不失时机地帮助孩子制定有效措施,改正不良现象。这样做要比只看分数,只看名次的做法好得多。

经典案例　不做蛮横妈妈

丁丁上幼儿园时,喜欢涂涂画画。妈妈发现后,就买来彩色笔、绘画纸,迎合她的兴趣,让孩子画画。孩子画得如何,妈妈从不妄加评判,更不轻易否定,因为自己不懂。对孩子来说,她需要的是父母的支持,如果父母总是把自己的意志和标准灌输给孩子,不仅会渐渐束缚和限制孩子的思维,还会使孩子的自尊心受挫,甚至引起自卑,影响孩子心理成长。

丁丁学画一年后,参加了全县少儿绘画比赛,获得二等奖。孩子有了成功体验,妈妈也引以为豪。妈妈看到孩子这么喜欢画画,就想加强孩子的绘画基础。于是她便引导孩子进行基础训练,学素描、线描。创作是没有模式的,是纯粹的个人行为。基础知识,则相对规范,因而枯燥、乏味。所以孩子有厌烦情绪,妈妈很快就察觉到了。她坐到丁丁身边,问清情况后,说:"丁丁,一个人来到这个世界,就有一份责任,不同时期责任不同。你还未成年,你的责任就是学习。我们不会也不能为你设计未来,也不要求你一定要达到哪种高度,但一定要认真。如果你想在绘画方面有所发展,就必须得有扎实的基本功,必须得进行枯燥的学习。"

当孩子专注于特长的发挥和学习时,难免影响到其他课程的成绩。

丁丁读小学四年级时,一天,她一回到家就哭起来。手上拿着一张数学试卷,只考了70多分。妈妈仔细看了看试卷,从卷面上出现的错误分析原因;告诉她平时哪些地方不够细心,哪些知识没弄懂;光是画画好,还不够,还要学习更多、更广的知识。画画,能培养情趣、陶冶情操;而丰富的知识,能让人聪慧、愉悦。怎样分配时间,就得自己想办法。

2008年8月,丁丁考进了县里的一所示范性中学。紧张的学习、陌生的环境，使一向活泼的丁丁少言寡语起来，成绩也开始下降。妈妈便跟丁丁谈心，了解孩子在学习、生活上的困难以及学校情况。她对孩子说，困难只是暂时的，谁也不可能保证时时站在高处；只有调整心态，积极、乐观地适应中学学习氛围，才能站起来。并告诉女儿，不必担心紧张的学习耽误了画画，一方面她自己要想方设法挤出时间练习、创作，另一方面寒、暑假期间可以拜师学习。学习和绘画，是互相促进的，并不矛盾。

丁丁在妈妈的细心呵护下，不仅各科成绩良好，绘画也越来越有水平，还积极参与学校的宣传画、张贴画绘制。

丁丁妈妈给我们的启示：

（1）注意发现孩子的特长。丁丁妈妈非常细心，她不但发现了孩子的爱好，加以培养，而且从不强求孩子在绘画、学习上的成绩，只注意孩子思想上有什么问题，一旦发现就及时谈心，解决。

（2）正确处理学习与特长的矛盾。当孩子在学习与爱好之间发生矛盾时，她给孩子讲明白道理，让孩子自己想办法解压，寻找两全其美的途径，并且提示孩子，学习与绘画不是矛盾的，而是相互促进的。孩子正是在妈妈如此的精心呵护下健康地成长的。

给**家长**的建议之十

家长不要对孩子说的八句话

在家庭生活中，有的家长发现孩子某些缺点，往往不注意自己的言行，会说出一些伤害孩子的话，这些话可能给孩子带来终身的不利影响。

一、你为什么就不能像……

自己的孩子有缺点，应该理智地指出孩子的不足之处，告诉孩子怎样改正，如何进步。不要用别人的优点跟自家孩子的缺点相比，比来比去，只会使孩子失去信心，增加孩子的敌对情绪，使其对家长耿耿于怀。

二、你怎么这么不懂事

如果孩子出现不懂事的行为，那就是家教不到位，不要总是埋怨孩子。这种话只会刺伤孩子的自尊心，使之产生逆反心理，对立情绪。家长要和颜悦色，耐心讲理，才能达到预期的目的。

三、你真是笨死了

此话只能使孩子产生自卑心理，自暴自弃。家长要从正面多鼓励，讲清"笨鸟先飞"的道理，让孩子养成良好习惯，逐渐进步。

四、你少啰嗦，闭嘴

家长要了解孩子的心理，就必须多交流。不让孩子说话，孩子会认为自己的意见不被家长重视，长此下去，孩子会变得沉默寡言，毫无主见，把自己看成一个无足轻重的人。

五、你老老实实去做，不然我就……

让孩子做什么事情，先要交代清楚任务，完不成任务的具体惩罚措施，不要简单粗暴地恐吓孩子空洞的威胁会造成两种结果：一是孩子不一定害怕，知道家长做不到，有恃无恐，最终损害家长的威信；二是孩子真害怕，不敢回家，家长肯定着急，还得寻找孩子，自讨苦吃。

六、你滚吧，想去哪儿就去哪儿

能让家长说出此话的孩子，一般胆子比较大。这种最后通牒式的话，只会强化孩子的逆反心理，真的离家出走了，最后着急的还是家长。如果在社会上接触到不法之徒，孩子的防范能力和辨别能力比较弱，很容易受到伤害或走上犯罪的道路。

七、我揍死你

这是一句自欺欺人的话，孩子知道家长不可能做到。所以，当家长说这话时，表明家长只会说大话，并没有别的办法惩治孩子，那么，孩子就不会改正他的错误,而是继续我行我素。

八、我没本事

父母在孩子的心目中,一般都是比较高大的。家长切忌在孩子面前自责、自卑,这种做人的情绪很容易传染给孩子,使孩子也产生自卑感。不论家长的社会地位高低,财产多少,都要有坚定的信念,乐观的态度,向上的精神。只有这样孩子才会对未来充满信心,健康成长。

经典案例 姚明修补天赋的缺口

姚明小时候体弱多病,八岁那年他又患了急性肾炎。病治好后,落下了左耳几乎失聪的后遗症。

第二年,姚明的父亲把他带到区体校学习打篮球。当时,姚明除了个子高以外,几乎没有其他特长。虽然他很喜欢篮球,但是,由于他听力差,反应迟钝,体力也跟不上,往往跑两圈就气喘吁吁,连球都拿不住。教练见此情景,给他检查了身体,发现:这孩子两肩狭窄,胯骨宽大,导致步伐不灵活;而且他的跟腱短,属于跳不起来,又跑不起来的"刀削脚";他的臂长按身高来比短6公分,使得他在与同等身高的队员较量中处于下风。这些缺陷,几乎每一项都足以成为一名篮球运动员致命的弱点。教练暗中找到他的父亲,委婉地告诉他,这孩子不适合打篮球。

姚明的父亲没有把教练的话告诉儿子,而是将他拉到一边,问:"告诉我,你喜欢篮球吗?"

姚明说:"喜欢,我喜欢球场的感觉,喜欢篮下的拼抢,喜欢篮球划过球网的声音……"

父亲望着他,深深地点点头:"够了,儿子,只要喜欢,你就安心练吧,你一定会比别人有出息的。"

但是,父亲知道,以孩子这种先天条件要想打好篮球,光凭爱好是不够的,必须想办法把他身上的缺陷一一弥补过来。于是,父亲花大价钱,联系了NBA体能教练法尔松,法尔松连续几天仔细观察了姚明的球场表现,然后对他说:"看起来你是身体问题,其实不是。如果想打好球,请务必记住这句话:你怎样对待自己的身体,身体就会怎样对待你!"

就这样,姚明背着一个个天生致命的缺陷,在父亲的鼓励和外国教练的激励下,走上了他的篮球之路。他从增强体能开始,经历了凡人难以想象的艰苦训练。他频频出入各种比赛,不断从别人的嘲笑中总结经验,也从那天起,他每年的纯休息时间,从来没有连续超过20天,甚至做梦也在思考如何打球。凭着过人的毅力,他的球越打越好,知名度越来越高。22岁那年,他成功地登陆全球最有影响的篮球客场NBA赛场,并在以后的几年里连续入选全明星阵容。可以说,姚明已经成为NBA篮球巨星。

姚明父亲给我们的启示:

(1)不要用语言伤害孩子。对幼年的孩子而言,家长的话是非常有分量的,所以,有些伤害孩子的话,是绝对不能对孩子说的。

(2)相信勤能补拙。姚明的父亲没有告诉孩子缺陷,而是征求了孩子的意见,继续让孩子学习打篮球,结果,终于成就了孩子的篮球梦。如果家长想让孩子成功,就要忘掉"不可能"三个字。姚明的成功告诉我们一个浅显的道理:勤能补拙。

诚信篇

品德·诚信·责任

品德，是人的立身之本，是人生的方向盘。德育是家庭教育的核心。一个人德育不合格就是"危险品"。

从古至今，诚信是我们中华民族信奉的做人标准。一个人要想在社会竞争中有所作为，必须讲诚信。

责任，一个没有责任心的人，是无法成才的。

给家长的建议之十一

培养孩子优良品德有三个最佳期

心理学把儿童心理发展分为以下几个主要阶段：乳儿期（出生到一岁）、婴儿期（一岁到三岁）、幼儿期或学前期（三岁到六七岁）、童年期或学龄初期（六七岁到十一二岁）、少年期或学龄中期（十一二岁到十四五岁）、青年初期或学龄晚期（十四五岁到十七八岁）。

后三个阶段，是对孩子进行思想品德教育的最佳时期：

一、童年期

童年期（六七岁到十一二岁）是第一时期，正是孩子在小学读书的时候，其心理特点主要有以下六点：

（1）感觉、知觉和注意力的随意性较强。

（2）自我控制能力和调节能力较差。

（3）情感外露，可塑性大。

（4）具有较强的依赖性和模仿性。

（5）有很强的好奇心，感情多变而且外露。

（6）独立性较差，活动能力较弱。

思想特点：思想单纯，天真幼稚，很容易接受外界的影响和塑造。

这一阶段孩子的活动有了目标，抽象思维相当发达，集体主义感已经发展起来，是对孩子思想品德教育打基础的最好时机。家长应该通过一些具体的事例教育孩子。

在这个年龄段，家长是其主要依靠的对象，孩子一般都听家长的话。家长应该趁此机会教孩子正确判断是与非、善与恶、美与丑、对与错等。让孩子成为一个尊敬老师、团结同学、遵守纪律、热爱集体的好学生。只要孩子把这些优良品质融汇到思想深处，并能控制自己的行动，养成自己的习惯，不但对孩子今后的成长十分有利，而且，对家长今后教育孩子也大有益处。

二、少年期

少年期（十一二岁到十四五岁）是第二时期，正是孩子在初中读书的时候，也是变化最大的一个阶段。其心理特点主要有以下五点。

（1）增强了独立意识和行为能力。

（2）增强了自尊心、自信心。

（3）情感向稳定、内向方向发展。

（4）开始关注异性。

（5）形象思维逐渐向逻辑思维发展。

思想特点：开始追求平等，萌生民主、自由的意识。但是，思想不成熟，有时摇摆，看问题容易片面，行为偏激。

这一阶段孩子的抽象思维发达，自我意识有了很大的发展，兴趣扩展，意志坚定，性意识趋于成熟，是一个人不稳定的独特时期，心理学上称为危险期（犯罪的可能性大）。并且有了成人意识，孩子希望与大人获得同样的席位，甚至家里的钱是怎么花的他也想过问。

这个时期，家长要切记一条：一定不要压服孩子。这个时期的少年有不少正是对家长或老师的高压政策不满，才产生了逆反心理，变得不听话、爱说谎、逃学、出入网吧，有的甚至加入了犯罪团伙。孩子这时的成人意识与他的心理水平是不吻合的，所以，家长应该针对孩子的心理特点进行教育，比如：跟孩子交朋友，平等地探讨问题，如果孩子说得有道理，就要适时夸奖，让孩子感到家长是尊重他的意见的。当孩子的意见有问题时，也不要粗暴的予以否定，要通过对利害的分析，引导其正确区分真善美和假恶丑。如果家长跟孩子不讲道理，只会以势压人，使孩子屈服，那一定是这个家长的教育方法有问题。

三、青年初期

青年初期（十四五岁到十七八岁）是第三时期，正是孩子在高中读书的时候。其心理特点主要有两点。

（1）自主、自立意识逐渐成熟，也逐渐稳定。

（2）自我意识和情感内向心理逐渐成熟。

思想特点：人生观、世界观渐趋成熟。各种社会意识逐步趋向系统化。

这一阶段心理发展趋向成熟，逻辑思维、独立思考的能力逐渐提高，渴望创造，幻想未来，性完全成熟，是个人立志、个性独特化的时期。这一时期正是对孩子进行理想教育、事业心教育、责任感教育的最佳时期。因此，家长一定要严格要求孩子，教他们言必行、行必果，敢做敢为，勇于负责，遵守纪律、文明做人。

经典案例 呵护好孩子善良的心灵

安迪从幼儿园放学回来，小脸阴沉着，妈妈过去摸了摸他的额头，还好，没有发烧。妈妈问他："怎么了？做错了什么被老师惩罚了吗？"

"不是。我们班的古柏得了癌症，不来上学了。"安迪说。

"他会好的，你们要有信心，不是所有的癌症都不能治愈，对不对？"妈妈想不出什么话让一个5岁的孩子理解生与死。

安迪犹豫了一会儿，怯怯地望着妈妈："可是，老师说，他在做化疗，头发都掉光了。"

"也许，不久又会长出来的……"妈妈的心里泛起了一阵悲意。

"我们班有几个同学，明天想去医院看他。"

没等安迪说完，妈妈抢着说："好极了。你们可以在院子里剪些鲜花带去。"

安迪忽然吞吞吐吐起来："我们想……想一起剃个光头再去。"

妈妈愣住了。

安迪终于直视着妈妈，勇敢地说道："带我去理发店，好不好？我要剃光头。"

她不知道说什么才好,习惯性地打开冰箱,给安迪倒了杯牛奶。

安迪一边在餐桌上摊开书包里的东西,一边再次想说服妈妈:"是我想到的主意。我跟汤姆和路易说,我们也把头剃光,好叫古柏放心,我们跟他一样,他就不怕了。"

妈妈看着儿子,异常感动……最终,妈妈决定陪安迪去理发店。

在理发店里,安迪兴奋得手舞足蹈,骄傲地宣讲着他剃光头的目的。不一会儿,汤姆和路易也来了,他们的家长都以此为荣,连理发师也被感动了,对他们说:"今天就不收你们理发的钱了。古柏有你们这样的同学真棒……"

望着三个小光头,妈妈忽然间记起了自己的童年和曾经收集的无数小帽子。因为自己小时候头发稀疏,"不男不女",常常觉得羞于见人。后来,还是姨妈想出好办法:每次带她出门,都让她戴顶帽子。因此,收集帽子便成了妈妈的一种嗜好。

回到家里,妈妈对安迪说:"我有个更好的主意,明天去医院之前,请同学们来我们家,我要送你们每人一顶帽子,你说好不好?我有一顶最贵的帽子,是外祖父从法国买回来的,你带去给古柏,他一定会喜欢的。"

安迪高兴了,搂着妈妈说:"妈妈,我爱你……"

安迪妈妈给我们的启示:

(1)呵护孩子的童心。多么可贵的童心!多么朴实真挚的友爱!小小年纪有如此关爱他人之心,作为父母,难道不值得骄傲吗?安迪的妈妈做得真好!

(2)支持孩子的行为。安迪妈妈不但很好地呵护了孩子的童心,而且拿出自己珍爱的小帽子,让孩子送给小朋友,支持孩子善良的行动。

(3)留给我们的思考。每个孩子小时候都有一颗善良的心,正所谓"人之初,性本善"。家长只要善待、呵护孩子的童心,孩子就会成为一个善良的人。

给家长的建议之十二

为孩子创建良好的家庭环境

环境可以影响人、改造人。孩子从小到大,在家庭的时间最长,家庭环境对孩子的成长影响最大。因此,为了孩子的健康成长,家长要创建良好的家庭环境,做到"五个优化"。

一、优化家庭的文化环境

家庭装修时,可以设计一些室内文化墙、书橱、壁画、书法作品等来点缀、烘托、营造出一种浓浓的文化氛围。孩子置身此中,在书墨飘香中不知不觉地被感染、熏陶、浸润和同化,从而追求一种高雅的精神境界。

二、优化家庭的语言环境

孩子在学说话的时候,对家长的语言往往是不分良莠,全盘接受。家长讲话态度和蔼、用语文明、讲究礼仪,孩子也会学得讲文明、有礼貌。家长讲话态度蛮横、用词粗鲁、满口脏话,孩子也会学得不文明,讲粗话。因此,家长在孩子面前要文明用语。

三、优化家庭成员的心理环境

家庭成员心理素质的好坏,直接影响到家庭的每一位成员。家长要提高心理素质,努力营造宽松、平等、和睦、温馨的家庭气氛,以利于孩子的健康成长。如果家庭关系比较紧张,就会给孩子造成不良影响。

四、优化家庭的玩耍环境

玩耍是孩子的天性。家长不但要支持孩子玩耍,而且要与孩子一起玩游戏。其益处有三点:一是有利于与孩子的沟通,让孩子体会亲情的可贵;二是有利于父母与孩子双方的身心健康;三是有利于促进孩子多方面的发展。同时,在玩耍时要注意以下几点:一是给孩子游戏的自主权。让孩子当游戏的主角,家长只能诱导和启发,而不是替代他们去设计游戏;二是要了解游戏间互相渗透的作用，根据孩子的兴趣、性格、能力等不断调整、变化，吸收新信息。三是在与孩子玩游戏时，要尽情地玩，使孩子感到其乐无穷。

五、优化家庭的周围环境。家长要对居住的周围环境分类

第一，凡是对孩子有益的，如书店、学校、公园等地方，就多带孩子去玩。凡是对孩子无益的，如网吧、舞厅、游戏厅之类的地方，就讲明利害，不准孩子去那些地方。第二，家长不要在家里与同事、朋友从事打扑克、搓麻将之类的赌博活动。第三，家长要经常带领孩子到户外活动。可以散步、远足、爬山、骑车、玩泥沙、球类等，长假里还可以带孩子外出旅游。古语有云："读万卷书，行千里路"。让孩子在旅游中强健身体，增长知识。

久而久之，孩子的生活质量提高了，生活品位上去了，文明行为养成了，道德修养也得到了整体提升，通过优化家庭环境而告别陋习、粗俗与野蛮，成为了一个健康、文明、快乐的孩子。反之，不良的家庭环境，会给孩子造成不良的影响。

经典案例　瞧这一家子

小莉今年上小学五年级了，她聪明伶俐，活泼热情，在班里成绩也不错。她一回家放下书包后就打开电视机，然后看起动漫来。这时，妈妈在一旁唠叨："怎么回来就看电视，先去写作业！"小莉只好不情愿地去做作业。

小莉的妈妈文化水平并不低，是一位小学教师，但小莉从没见妈妈在家备课、改作业。小莉做完作业，只要她一看动漫，妈妈就和她抢电视频道，只要她一上网，妈妈就抢电脑，然后就上网聊天、打游戏。由于"抢"，母女有时还会发生口角。

小莉说："你为啥可以看电视、上网，我却不行？"

妈妈就说："小孩的任务就是写作业，大人的任务就是工作。"

小莉做完作业了，妈妈也还要布置她看一些课外书或练一会儿琴，并强调说："小孩晚上是绝对不可以看电视、上网的。"

小莉的爸爸常常很晚回家，小莉一直以为爸爸在加班，不能准时回家，后来发现爸妈有时会为此事吵架。

最近，爸爸能下班准时回家了，然而他下班一回家就会在家里张罗起来，原来他是个麻将迷，他是在为晚上家里的聚会打麻将做准备。妈妈不喜欢打麻将，于是，家庭"战争"时常爆发……

父母不断地吵架，使小莉非常烦恼。

父母矛盾给我们的启示：

（1）这位爸爸根本就不关心孩子的学习，更不要说给孩子创造一个良好的家教环境了。

（2）这位母亲身为教师，却不能以身作则，只是一味地强调孩子该学习，粗暴武断，也起不到很好的教育作用。

（3）榜样的力量是无穷的。父母如此行为，怎么能对孩子起到良好的教育作用？

给家长的建议之十三

借鉴美国家教方法，培养孩子责任意识

美国整个社会充满着竞争，人人凭本事吃饭，没有人身依附，"靠自己的双手挣钱"，成为孩子们的自觉行为，勤奋、节俭蔚然成风。为了让孩子长大后能够适应竞争激烈的社会环境并成为强者，几乎每一位家长都不溺爱儿女，从小就培养他们独立生存的能力。因此，在美国的家庭教育中，家长从小就尊重孩子，重视给孩子个人自主权，让孩子学会在社会允许的条件下自己做决定，独立解决自己所遇到的各种问题，通过一系列的做法，培养孩子的责任意识。

总结起来，美国的家庭教育主要包括以下几个部分：

一、注重培养孩子的平等意识

美国家庭各式各样的玩具和儿童读物放在能让孩子拿到的地方，墙上、门上贴满孩子们的"美术作品"，父母很少强求孩子的言行，孩子们像伙伴似的称呼长辈的名字是很自然的事，父母与孩子说话永远是蹲下来的。

二、注重培养孩子动手能力

美国父母看见孩子在墙上乱画，用嘴咬玩具，拿剪刀在书本、衣服等物品上乱剪，不是痛惜某件东西被孩子损坏了，而是会感到高兴，然后耐心地告诉孩子一些操作上的技巧和知识。因为他们认为这是孩子学会了某种技能。

三、注重培养孩子的独立能力

在美国，父母从小培养孩子的独立意识，孩子从小睡小床，稍大后单独有一间房间。在孩子打理日常事务上，父母只帮孩子做一些当时年龄还无法做到的事，凡孩子力所能及的事，都尽量由自己去完成。绝大多数18岁以上的青少年，都自己挣钱读书。

四、注重培养孩子的创造能力

美国小学在课堂上对孩子从不进行大量的知识灌输，而是想方设法把孩子的眼光引向校园外那个无边无际的知识海洋；他们没有让孩子们去死记硬背大量的公式和定理，而是煞费苦心地告诉孩子们怎样去思考问题；他们从不用考试把学生分成三六九等，而是竭尽全力肯定孩子的一切努力，去赞扬孩子们通过思考得出的一切结论。

经典案例 爸爸教孩子勇于承担责任

1920年，一个11岁的美国小男孩在踢足球时，不小心打碎了邻居家的玻璃，邻居向他索赔12.5美元。在当时，12.5美元是一笔不小的数目，足足可以买125只生蛋的母鸡。

闯了大祸的男孩向父亲承认了错误，父亲却让他对自己的过失负责。

男孩非常疑惑："可我哪有那么多钱赔呢？"

父亲说："我可以借给你钱，但一年后你要还给我。"

从此，男孩开始了艰苦的打工生活。经过半年的努力，他终于挣足了12.5美元，并将它还给了父亲。

这个男孩就是美国总统罗纳德·里根。他在回忆这件事时说："通过自己的劳动来承担过失，使我懂得了什么叫责任。"

里根父亲给我们的启示：

（1）从小培养孩子的责任意识。里根父亲的做法很有远见，只有勇于负责任的人才能担当重任，有利于成才。

（2）培养孩子责任心要杜绝感情用事。里根父亲的做法，我们看起来似乎有点不近人情。但是，如果细心体会，就会发现这不是无情无义，反而是情深意长，目光远大。

给家长的建议之十四

家长谨言慎行，防止"心理污染"

孩子小时候整天与父母在一起，父母的语言、行为等是他们学习和模仿的主要对象。父母的不健康行为、语言最容易给孩子造成"心理污染"。所以，父母应谨言慎行，不要给孩子造成"心理污染"。

一、思想认知方面

父母要树立正确的人生观。办事讲文明，有礼貌。在家孝敬父母，关心孩子；在外与人为善，邻里和睦；工作勤勤恳恳，乐于奉献；业余勤于学习，知识领先。这些都会给孩子带来正面的影响。如果父母人生观消极，自私自利，做任何事都是金钱万能，利益至上，看问题时歪曲事实，混淆黑白，蛮不讲理等，就会无意中给孩子的心理造成污染。孩子在学校与同学交往，也会自私，蛮横，不讲理。过去有一种说法："龙生龙，凤生凤，老鼠生儿会打洞。"这种观点虽然是形而上学的观点，但是，家长对孩子的影响是不容置疑的，除了遗传的因素外，父母的思想、行为对儿女的影响更为深远。

二、性格方面

《三字经》开篇有言："人之初，性本善。性相近，习相远。"可见一个人的性格形成，虽然有先天遗传的因素，但是，后天环境的影响也是不容忽视的。例如：父母性格懦弱，胆小怕事，孤僻，少言寡语，儿女也会软弱，胆怯，一说话就脸红；父母脾气暴躁，爱骂人，爱打架，儿女也会学得粗暴，狂野，说话办事蛮不讲理；等等。所以，父母一定要注意自己在孩子面前的形象，不要把那种不健康的、或软或硬的性格带给孩子。

三、情绪方面

生活中，每个人都会碰上令人愉快或痛苦的事，产生喜、怒、哀、乐的情绪。每个人对客观事物所持的态度不同，内心体验不一样，情绪也就不一样。如果父母具有良好的心理素质，遇事不慌，处事有条理，孩子就会学习父母处理事情的风度。如果父母一遇到事情就焦虑、多疑、烦躁不安、牢骚满腹等，孩子也会慢慢学得与父母一样，遇事紧张，焦虑不安。

四、品德方面

父母应该树立良好的道德品质，因为道德品质是人生道路上的方向盘。如果父母的道德品质是喜好骂人、造谣、偷盗，遇事唯利是图、不择手段等，那么，孩子也会学得张口骂人、动手打人，很难与小朋友玩到一起。如果父母经常哄骗孩子，孩子就会学着说谎；父母从单位偷了东西，回到家沾沾自喜，孩子见了，就会学着家长偷东西。

五、生活习惯方面

生活习惯都是些日常琐事，但是，也不可轻视。如父母讲卫生，每天早起洗脸、梳头、扫地、整理房间，饭前便后都洗手，晚上漱口刷牙等，孩子就会讲卫生，也会跟着父母一起做。反之，父母不讲卫生，整天蓬头垢面，酗酒抽烟、好吃懒做等，亦会影响孩子这种不良习惯一旦让孩子养成就很难改了。

除了以上五个方面的行为和习惯外，其他方面父母也要注意。总之，不能因为父母的不良习惯给孩子造成"心理污染"。只要父母保持积极健康的心理状态，就能对孩子产生正确的、积极的影响，使孩子健康、快乐地成长。

经典案例：一个母亲的完美答案

有个孩子一直在思考一个问题，就是为什么他的同桌想考第一，结果就考了第一，而自己也想考第一，结果才考了第二十一名？他怎么也想不通是什么道理，就回家问他妈妈："妈妈，我是不是比别人笨？我觉得我和他一样听老师的话，一样认真的做作业，可是，为什么我总比他落后？"

妈妈听了儿子的话，感觉到儿子开始有上进心了，而这种上进心正在被学校的排名伤害着。她望着儿子，没有回答，因为她不知道怎样回答。

又一次考试后，孩子考了第十七名，而他的同桌还是第一名。回家后，儿子又问了同样的问题。这位妈妈真想说，人的智力确实有三六九等，考第一的人，脑子就是比一般人的灵。然而这样的回答，不是告诉孩子你就是不如人家吗？那样不会伤害自己的孩子吗？她庆幸自己没有说出口。

应该怎样回答儿子的问题呢？有几次，她真想重复那几句被上万个父母重复了上万次的话：你太贪玩了；你在学习上还不够勤奋；和别人比起来还不够努力等，以此来搪塞儿子。然而，像她儿子这样脑袋不够聪明，在班上成绩不甚突出的孩子，平时活得还不够辛苦吗？所以，她没有那么做，她想为儿子的问题找到一个完美的答案。

儿子小学毕业了，考上了初中，虽然他比过去更加刻苦，但依然没能赶上他的同桌，不过与过去相比，他的成绩一直在提高。3年后，他又考上了高中。为了对儿子的进步表示赞赏，她带孩子去看了一次大海。就是这次旅行中，这位母亲回答了儿子的问题。后来，这个孩子再也不担心自己的名次了，因为他以全校第一名的成绩考入了清华大学。

故事中母亲给我们的启示：

（1）即使沉默也不要否定孩子。当孩子询问一些涉及自己智商一类的问题时，家长一定不要否定孩子，更不要信口开河伤害孩子。

（2）为孩子寻找"完美答案"。这位母亲一直等孩子大了，才带孩子看了一次大海，而且，回答了那个问题。试想：大海能给出什么"完美答案"呢？值得深思。

（3）爱孩子就要讲究方法。家长这样做了，或许教育效果不一定十分显著，但至少不会伤害孩子。

给家长的建议之十五

家长诚信，孩子成"人"

从古至今，诚信一直是中华民族信奉的做人标准，也是一个人立足于社会和事业发展的基石。

中央电视台《对话》栏目曾请微软公司原高级副总裁李开复做过一期访谈，主持人请李开复按微软聘用员工的标准给"创新、诚信、智慧"排序。李开复毫不犹豫地把"诚信"排到了第一位，并向大家讲述了一次难忘的经历。

有一次，李开复面试了一位应聘者，该应聘者无论在技术上还是管理上都十分出色。在交谈的过程中，应聘者主动向李开复表示，如果录用了他，他将把原来公司的一项发明带过来。李开复说："不论这个人的能力和工作水平怎样，微软都不能录用他。因为他缺乏最基本的处世准则和最起码的职业道德。"

家长应该做好孩子的诚信教育。

一、以身作则，给孩子树立诚信的榜样

家长都喜欢诚信的孩子。但是，孩子是否诚信，在很大程度上取决于家庭的教育。家庭是孩子的第一所学校，父母是孩子的第一任老师，而且是永不退休的老师。家长如果"言必信，行必果"，孩子感受到父母的诚信，就会以父母为榜样，把诚信当作行为的标准。

二、消除疑虑，改变不良的家教方式

有的家长喜欢用严厉训斥或打骂的方式教育孩子，结果造成孩子产生疑虑和害怕心理，总想说假话欺骗家长，为的是少挨骂，不挨打。家长发现孩子说谎时，不要劈头盖脸地一顿训斥，也不要轻易指责孩子不诚实，而要心平气和地问清原因，然后，告诉孩子说谎的害处，促使孩子认真改正错误，逐步养成诚实守信的习惯。

经典案例　曾子杀猪教子

两千五百多年前，有一个人姓曾，名参，字子舆，春秋末年鲁国人。16岁拜孔子为师，他勤奋好学，颇得孔子真传。他积极推行儒家主张，传播儒家思想。他在教育孩子方面，就十分重视用行动影响孩子。

有一次，曾子的妻子到集市上去，她的儿子哭着也要去。她对孩子说："你回去，等一会儿娘回来杀猪给你吃。"

孩子信以为真，高兴地跑回家，喊着："有肉吃了，有肉吃了。"

曾子的妻子从集市上回来，孩子远远地看见了母亲，他跑上前去，喊着："娘，快杀猪，快杀猪，我要吃肉。"

曾子的妻子说："猪还没有长大，怎么可以现在就杀呢？"

孩子"哇"的一声就哭了。

曾子闻声而来，知道了事情的真相以后，二话没说，转身就回到屋子里，过了一会儿，他举着菜刀出来了。

妻子不解地问："你拿菜刀干啥？"

曾子回答说:"杀猪。"

妻子一听就急了,说:"不过年不过节杀什么猪呢?"

曾子严肃地说:"你不是答应孩子要杀猪给他吃吗?既然答应了就应该做到。"

妻子说:"我只不过是哄哄孩子,怎么能当真呢?"

曾子说:"对孩子就更应该说到做到了,不然,这不是明摆着让孩子学着大人撒谎吗?大人说话都不算话,以后有什么资格教育孩子呢?"

妻子听后惭愧地低下了头,夫妻俩真的杀了猪给孩子吃。

曾子的行为直接感染了儿子,一天晚上,儿子刚睡下又突然起来,从枕头下拿起一把书简向外跑。曾子问他去做什么,儿子回答:"我从朋友那里借书简,说好今天要还的。虽然现在很晚了,但再晚也要还给他,我不能言而无信呀!"曾子看着儿子跑出门,会心地笑了。

曾子杀猪给我们的启示:

(1)家长要做到言行一致。曾子用实际行动告诉孩子,做人要言而有信。

(2)榜样的力量是无穷的。父亲的行动果然影响了孩子,他的儿子也成了一个讲诚信的人。

(3)古人的做法依然有价值。历史虽然过去了两千五百多年,但是,曾子的做法,依然是现在家长的榜样,我们都应该学习曾子,用实际行动做表率,潜移默化地去影响子女,不论做什么事,都要讲诚信。

给家长的建议之十六

纠正孩子撒谎要讲科学

发现孩子撒谎,家长都会着急、斥责,但是,家长慢慢地就会发现,曾受

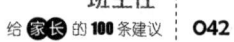

到多次斥责的孩子，撒谎的毛病并没有改正，原因何在呢？主要是方法不科学。要改正孩子撒谎的毛病，就要做到以下几点：

一、弄清楚孩子说谎的原因

当怀疑孩子说谎时，父母首先应该仔细地调查了解，弄清楚孩子是否真的在有目的地说谎，说谎的原因是什么。

二、要分析孩子说谎的动机

发现孩子撒谎，要尽量压住火气，冷静地思考孩子为什么要这样做；静下心来听听孩子的申诉，分析一下孩子说谎的动机与理由；找到问题的根源，明确孩子内在的企图，才能有针对性地对症下药。

三、惩罚孩子撒谎要适度、合理

孩子出现说谎等两面行为，可以采取一定的惩罚措施。如朗诵一个讲诚实的故事，抄写一段论诚实的名人名言，写一篇讨论诚实问题的日记或文章，取消一次外出游玩的安排等。

四、平时注意纠正孩子撒谎的行为

家长要学会肯定、鼓励孩子，不要主观、武断地滥施惩罚。如果孩子害怕家长的训斥、惩罚，就会撒谎，此时的撒谎是为了"自卫"。因此，家长应鼓励孩子说真心话，既要听得令人愉快的事情，也应听得令人伤脑筋的事情。

五、多与老师沟通，形成教育合力

学校教育与家庭教育的不一致，常常孩子导致撒谎。教师与家长"各自为战"，为孩子说谎行为提供了有机可乘的机会，因此家长应经常主动与老师沟通，共同配合，使孩子在家里和学校表现一致。

经典案例 一个父亲的自责

有一个名叫赖特的孩子，在他17岁那年的一个早上，父亲让赖特开车送他到20英里之外的一个地方。那时赖特刚学会开车，就非常高兴地答应了。把父亲送到目的地后，父子俩约定下午3点赖特再来接他，然后赖特就去看电影了。等最后一部电影结束的时候，已经是下午5点了。赖特迟到了整整2个小时！

当赖特到达预先约定的地点时，父亲坐在一个角落里耐心地等待着。赖特心里暗想，父亲如果知道自己一直在看电影，一定会非常生气。赖特先是向父亲道歉，然后撒谎说，他本想早些过来的，但是车子出了一些问题，需要修理，维修站的工人们花了两个小时才修好。

父亲听后看了他一眼，那是赖特永远不会忘记的眼神。

"赖特，你认为必须对我撒谎吗？我感到很失望。"父亲说。

"哦，你说的什么呀？我说的全是实话。"赖特争辩道。

父亲又一次看了他一眼，说："当你没有按预约时间到达时，我就打电话给维修站，问车子是否出了问题，他们告诉我你没有去。所以，我知道车子根本没有问题。"顿时，一种羞愧感袭遍赖特的全身，他无可奈何地承认了看电影的事实。父亲专心地听着，悲伤掠过他的脸庞。

"我很生气，不是生你的气，而是生我自己的气。我觉得作为一个父亲我很失败，因为你认为必须对我说谎，我养了一个甚至不能跟父亲说真话的儿子。我现在要步行回家，对我这些年来做错的一些事情好好反省。"

父亲开始沿着尘土飞扬的道路行走，赖特迅速地跳到车上紧跟着父亲，希望父亲可以回心转意停下来。赖特一路上都在忏悔，告诉父亲他是多么难过和抱歉，但是父亲根本不予理睬，独自一人默默地走着、沉默着、思索着，脸上写满了痛苦。

整整20英里的路程，赖特一直跟着父亲，时速大约为每小时4英里。

赖特父亲给我们的启示：

（1）遇到过错首先承担责任。赖特父亲在孩子撒谎这件事上，一是没有训斥孩子。二是寻找自己教育的不足，把孩子撒谎的责任归咎到自己的身上。

（2）惩罚自己教育孩子。赖特父亲惩罚自己的方法很特别，他的做法将使赖特终身难忘，反而起到了很好的教育作用。

给家长的建议之十七

树立良好"家风"，培育时代新人

"家风"也称为"门风"，实际上是一种不成文的"家规"。一个家庭在世代繁衍过程中，会逐步形成较为稳定的生活作风、生活习惯、道德规范和为人处世之道。它是家庭成员人格品位、文化素养、道德情操、人际关系的具体体现。

有的家庭生活清贫，却精神富有；摆设不多，却井然有序；人际关系，和睦亲密；为人处世，彬彬有礼。有的家庭经济富裕，但精神空虚；追求时髦，却杂乱无章；人际关系，矛盾重重；言谈举止，轻浮庸俗。

根据研究，现代家庭的"家风"有三种基本类型：

第一是进取型。家庭成员都具有严格的、优良的为人标准，学习、工作有明确的目标，而且，靠勤奋和努力来达到目标。

第二是实惠型。家庭成员不论做什么，都讲实惠。工作斤斤计较，有利的事儿提要求干，无利的事儿不想干。个人小算盘打得非常精细，努力追求家庭更高级的物质和精神需求。

第三是拜物型。家庭成员对物质生活的追求非常强烈，为了达到目的，有时可以不择手段，对金钱顶礼膜拜。

我们要培养孩子成为时代新人，怎样树立良好的家风呢？

一、树立较高的生活目标

家长对工作、生活有追求、有目标。而且能帮助孩子树立学习目标，并使之为了实现目标而努力。

二、创造浓厚的学习气氛

家长要有良好的学习习惯，具有自强不息的进取精神，用实际行动影响孩子，培养孩子看书的习惯。

三、培养和谐礼让的良好风气

家庭成员之间和睦相处，互敬互爱，尊老爱幼，使用礼貌用语。遇事摆事实、讲道理。家里充满了和谐、欢乐的气氛。

四、追求合理的物质生活

家长靠自己的劳动获取合理的报酬，生活上勤俭节约。不论在哪里也不贪图便宜，不损人利己，不损公肥私。

经典案例　不吃饭就饿着

这是一个发生在美国的家教故事，是一位中国奶奶到美国后，看到儿媳如此教育孩子，特此记录下来的。她的儿媳教育孩子的做法，很值得我们借鉴。

她的孙子叫托比。一天中午，托比闹情绪，不肯吃饭。他的妈妈苏珊说了他几句，愤怒地小托比一把将盘子推到了地上，盘子里的食物洒了一地。苏珊看着托比，认真地说："看来你确实不想吃饭！记住，从现在到明天早上，你什么都不能吃。"托比点点头，坚定地回答："Yes！"奶奶在心里暗笑，这母子俩，还都挺倔！

下午，苏珊和奶奶商量，晚上由奶奶做中国菜。奶奶心领神会，托比特别爱吃中国菜，一定是苏珊觉得托比中午没好好吃饭，想让他晚上多吃点儿。

那天晚上，奶奶施展厨艺，做了托比最爱吃的糖醋里脊、油焖大虾，还用意大利面做了中式的凉面。托比最喜欢吃那种凉面，小小的人可以吃满满一大盘。

开始吃晚饭了，托比欢天喜地地爬上凳子。苏珊却走过来，拿走了他的盘子和刀叉，说："我们已经约好了，今天你不能吃饭，你自己也答应了的。"托比看着面容严肃的妈妈，"哇"地一声哭起来，边哭边说："妈妈，我饿，我要吃饭。""不行，说过的话要算数。"苏珊毫不心软。

奶奶心疼了，想替托比求情，说点好话，却见儿子对她使眼色。想起刚到美国时，儿子就跟她说，在美国，父母教育孩子时，别人千万不要插手，即使是长辈也不例外。无奈，奶奶只好保持沉默。

那顿饭，从始至终，可怜的小托比一直坐在玩具车里，眼巴巴地看着三个大人狼吞虎咽。奶奶这才明白苏珊让她做中餐的真正用意。她相信，下一次，托比想发脾气扔饭碗时，一定会想起自己饿着肚子，看爸爸、妈妈和奶奶享用美食的经历。饿着肚子的滋味不好受，况且还是面对自己最喜爱的食物。

临睡前，奶奶和苏珊一起去向托比道晚安。托比小心翼翼地问："妈妈，我很饿，现在我能吃中国面吗？"苏珊微笑着摇摇头，坚决地说："不！"托比叹了口气，又问："那等我睡完觉睁开眼睛时，可以吃吗？""当然可以。"苏珊温柔地回答，托比甜甜地笑了。

大部分情况下，托比吃饭都很积极，他不想因为"罢吃"而错过食物，再受饿肚子的苦。每当看到托比埋头大口大口地吃饭，嘴上、脸上粘的都是食物时，奶奶就想起外孙女。她像托比这么大时，为了哄她吃饭，几个大人端着饭碗跟在她屁股后面跑，她还不买账，还要谈条件：吃完这碗买一个玩具，再吃一碗买一个玩具……

妈妈苏珊教育孩子给我们的启示：

（1）不给孩子养成恶习的机会。对于孩子的无理行为绝不姑息，立即给与批评，并且要约定惩罚措施。

（2）有计划地制定惩罚措施。根据孩子的爱好制造诱饵，引起孩子的反悔。

（3）说到做到，绝不违约。我们的家长们一定会问："孩子夜里不饿吗？"事实是一般情况下，一个人一顿不吃饭，绝对不会饿出毛病的。用一顿不吃饭的惩罚，换来孩子今后吃饭态度的改变，应该是很合算的。

给**家长**的建议之十八

家长多措并举，克服孩子厌学

许多家长只关注孩子的考试成绩，为成绩不好而着急，却不关注孩子的心理，其实有的孩子根本就讨厌学习，对学习产生畏难情绪，看不到目标和希望。在这种情况下，如何教育孩子好好学习？科学的做法是：找出孩子厌学的原因，根据原因制定教育措施。

一、厌学心理是如何产生的

主要原因有以下"六差"：

1. 学习基础差

由于种种原因，小学没有打好学习基础，家长的漠视、教师的批评、同学的歧视，造成厌学。

2. 适应能力差

有的学生在小学时成绩较好，上了中学后，生活、学习环境发生改变，新的同学、新的竞争，造成心理压力。由于适应能力差，无法正视挫折和失败，就会丧失信心，从此一蹶不振，慢慢地患上厌学症。

3. 人际关系差

由于性格原因，有的学生人际关系差，经常与同学们吵架甚至打架，最后同学们都不喜欢他，感到在学校没意思，产生了厌学心理。

4. 学习动机差

有些学生不知道为什么学习，还以为是为父母而学。当看到社会上有些没读书而赚了大钱的人时，他们觉得读不读书无所谓，这样自然而然就对学习没什么兴趣，随之厌学。

5. 家庭环境差

有的家长素质较差，打架、赌博、酗酒等，影响孩子不好好学习，混天度日，厌恶学习。有的家庭条件较优裕，家长溺爱孩子，对孩子有求必应，殊不知过分的"娇养"，对孩子的成长极为有害，助长了孩子的优越感，丧失了进取心，厌恶学习。

6. 社会环境差

低俗文化的传播，往往成为流行时尚，对学生具有吸引力，一旦涉足其中，不可自拔。此外，学生有了错误，有的教师处理方法简单，态度粗暴，言辞偏激等，导致了后进生厌学。

二、家长应该如何辅导孩子，消除孩子厌学心理

1. 要学会表扬孩子

如果孩子学习较差，家长一味地批评，甚至经常拿别的孩子作比较，就会使孩子丧失学习信心。要记住：好孩子是表扬出来的。所以，要善于发现孩子的优点，多表扬孩子。即使孩子有了缺点和错误，在批评时，也要注意态度、场合和尺度，以规劝为主，少批评、少责骂为上。对孩子的任何进步都要给予肯定和表扬，让孩子尝到成功的喜悦，逐渐克服孩子的厌学心理。

2. 要让孩子发挥特长

家长要了解孩子的特长，让孩子通过发挥特长，热爱学习。事实表明，有特长的学生，学习成绩一般也不差，因为它们可以相互影响。孩子由于有特长，就会受到老师的表扬和鼓励，产生上进心，这种心理也会潜移默化地转移到学习方面来，从而相得益彰。

3. 要改进孩子的学习方法

孩子学习成绩差，很多时候不是智力问题，而是方法问题。如果家长总责怪孩子不如别人，孩子自己也找不到改进的方法，问题得不到解决就比较容易产生"破罐子破摔"心理。因此，家长要了解孩子的学习方法，找出其中的问题，然后指导孩子改进学习方法。如果工作忙或自己找不出来，可以请家教。只要孩子学习方法改进了，成绩有了进步，孩子就会变得自信起来，学习兴趣也会自然而然地产生。

4.要减轻孩子家庭作业负担

有的家长往往根据自己的爱好,给孩子增加学习项目和内容,使孩子产生厌学心理。有的家长"恐吓"孩子：不好好学习,就考不上好大学,考不上好大学,就不会有好工作,没有好工作就会吃苦。当孩子达不到要求时,就会厌学。因此,家长要尽量减轻孩子的学业负担,让孩子有一个快乐的童年。

5.要教给孩子如何交朋友

孩子人际关系差,也是厌学的一个原因。因此,家长要告诉孩子应当团结同学,与同学友好相处。当同学有什么困难时,要乐于助人。当自己学习上有什么困难时,要主动向优秀学生请教和学习。

经典案例　高中阶段厌学的孩子很可怜

刘老师送走了10届高三毕业生,每一届总有几个学生让他很头疼。他们人坐在教室里,心却不知道在哪里。十几岁正是孩子活力无限的时候,他们听不懂、学不会,就会进行其他活动。班主任单独谈话、请家长协商、根本无济于事。老师、家长如果严厉批评,他们就摆出一副"看你能把我怎么样"的架势。通过慢慢透视这些学生的内心世界,刘老师发现,这些孩子其实很可怜。

刘老师通过与他们交流,发现他们的共同点：家庭矛盾突出、学习没有目标、人生没有理想。刘老师问他们"为什么上普高",他们的回答基本上是一致的：在初二之前贪玩儿,到了初三,家长管得紧了,好好学了一段时间,考的分数虽然不高,家长交点儿择校费就上高中了。刚上高中,觉得升学考试还早呢,没在学习上下工夫,期末一考,成绩中下,越往后越跟不上学习进度,和同学们的差距越来越大。老师上课提问,认为老师故意要他们难看,产生逆反心理,甚至故意捣乱。到高三,老师讲什么根本就听不懂了。

刘老师问他们："在学校学不会,考学无望,为什么还要坚持在学校里？"回答是："家长不允许,家长认为上了高中,就应该参加高考。"可是他们上课不听、下课不记、甚至上课就装病,下课就精神,一天十几个小时与老师周旋，活得一点也不轻松，甚至是一种煎熬。

人生本来就是有差异的，同一个家庭的几个孩子，兴趣不尽相同；同一个老师上课，学生收获各异。但这也正是独生子女时代的父母不愿承认的事实。父母都希望自己的孩子学习好，都希望为孩子打造最美好的人生，所以不管孩子是不是喜欢读书，都要送孩子读高中，哪怕是分数不够，交高价学费也在所不惜。

其实，天生我材必有用。这些孩子并非一无是处，如果是他们感兴趣的事，他们也会下工夫，可是对自己厌烦的事情，就相当抵触。教育发展到今天，可谓百花齐放，职业教育、特色教育层出不穷。如果家长能准确分析孩子的个性，考虑孩子的兴趣爱好，因材施教，让孩子能够尽早学到一技之长，他们的青春会更充实、生活会更自信，人生会更快乐、更成功。毕竟，时代发展了，社会进步了，成功的路不止一条。

青春是短暂的，学习的最佳时机是有限的，希望家长不要等到孩子高考失利，再重新选择出路，还是针对孩子的特点，早作打算为好。

老师可怜厌学孩子给我们的启示：

（1）慎重择校。如果家长不考虑孩子的学习基础，不考虑孩子的爱好，不管孩子的成绩，不惜一切代价在示范性高中门前挤着择校，只能使孩子变得更加厌学。

（2）全面了解孩子。有的孩子虽然学习成绩差，但是动手能力强，家长可以根据孩子的特长和学习成绩，在职业学校为孩子选择一门好专业，让孩子学一手好技艺，也许孩子能成为一名高级技工。

（3）不要过高估计自己的孩子。许多家长总认为自己的孩子很优秀，如果努力学习，就应该考上名牌大学。请不要忘记，我国实行的是九年义务教育，如果你的孩子九年里学习成绩没有赶到前边，全靠最后高中三年超过别人，除非出现奇迹。

给**家长**的建议之十九

家长不要恐吓孩子

有的家长性格暴躁，一生气可能会说一些过分的话来恐吓孩子。其实，恐吓孩子不但起不到积极的教育作用，反而会引起一些副效应，使孩子产生不健康的心理。恐吓孩子可能会出现以下三种情况：

一、家长逐渐丧失威信

我们说父母是孩子的第一任老师，是因为孩子最早接受的教育都来自父母，在孩子的心中，父母的言行都是对的，很有威信。如果家长不注意自己的言行，遇事就是简单粗暴地恐吓，随着孩子年龄的增长，孩子就会发现：父母原来并没有什么，只会用假话、大话吓人而已。父母的威信就会逐渐丧失。同时，孩子还会发现，父母的恐吓并不能落实，随着次数的增加，孩子慢慢体会到家长这块"云彩"是"干打雷，不下雨"。于是，恐吓也就失去了作用。

二、损害孩子的心理健康

孩子们的心理素质、性格特点不一样，恐吓会出现不同的副作用。有的孩子性格内向，胆小怕事，遇到父母的恐吓，一旦信以为真，就会产生极大的心理负担，要经常处在惊恐不安、心惊胆战之中，惶惶不可终日。这样极易引起多种疾病，影响孩子的身心健康。有的孩子害怕家长兑现恐吓，干脆离家出走或自寻短见，造成一幕幕悲剧。家长就追悔莫及了。同时，孩子在不同的年龄阶段，本来就会产生不同的恐惧心理，家长不能再增加孩子的心理负担。

三、容易激起孩子反抗

有的孩子个性倔强，争强好胜，又有胆量，如果家长一味地恐吓，就会伤害他们的自尊心，进而产生逆反心理——你让我往东，我偏往西；你不让我这样干，我就偏那样干。孩子一旦产生这样的情绪，家长也就只有着急的份儿了。还有的孩子干脆离家出走，在社会上接触一些好吃懒做、坑蒙拐骗的不法分子，从此走上犯罪的道路。

鉴于以上原因，家长不要用恐吓来教育孩子。

经典案例　你再不听话就卖了你

一个四岁的小女孩，聪明伶俐。有一次，她与妈妈在村里的商店看到一个玩具，就求妈妈给她买。妈妈不想给她买，就带着她回家了。结果，回到家她还是哭着、闹着要妈妈买，怎么哄也没用，妈妈一着急就说："你再不听话，我就卖了你！"

小女孩一听，突然不闹了，拉着妈妈就往外走，嘴里还说："走，你去卖了我吧！"

这时，妈妈的脸再也绷不住了，她没有想到幼小的女儿会这样，她首先笑起来了。一直在一旁观看的爷爷、奶奶也笑了，说："去吧，看你能卖了闺女呢？"

小女孩有恃无恐地说："卖了我，看我爸爸回来不责怪你！"

原来小女孩心里知道，妈妈的话只是吓唬她而已。由此可见，遇到聪明的孩子，恐吓根本不起作用。

小女孩妈妈给我们的启示：

（1）做不到的事情不要说。凡是做不到的事情，就不要对孩子说。如果家长总是说到做不到，就会使孩子变得有恃无恐。

（2）恐吓孩子更是要不得。恐吓的结果有二：一是遇到聪明的孩子，他不怕，不管用；二是孩子胆小，家长的恐吓最后把孩子吓成胆小怕事、没有主见、遇事慌张的庸才。

（3）了解孩子的心理，讲清道理，以理服人。如果家长能做到以理服人，从小给孩子养成讲道理的习惯，有利于孩子的健康成长。

给**家长**的建议之二十

家长十招教孩子健康成长

一、多表扬孩子

孩子有了自信心，才肯学习。家长要注意发现孩子的进步，及时予以表扬，使孩子每天都有成功的感觉。

二、了解孩子

在学习、生活中，孩子会遇到一些困难，家长要了解孩子有什么困难，鼓励孩子勇于克服困难，相信孩子一定能战胜困难。

三、帮助孩子制定奋斗目标

家长要有意地给孩子制定几个容易达到的小目标，让孩子充满自信地去完成。

四、利用孩子的好奇心理，刺激其求知的欲望

家长要注意抓住生活中的各种机会让孩子学习。

五、教育孩子树立责任心

承诺的事情，一定要做到。属于自己的责任，要勇于承担。

六、家长做事要自信

言必行，行必果，家长应给孩子做好表率。

七、教育孩子尊敬老师

不在孩子面前诋毁孩子的老师。

八、制定家庭学习计划，严格执行

让孩子形成良好的学习习惯。

九、鼓励孩子敢于提问题、善于提问题

鼓励孩子遇到问题多问几个为什么。

十、多与老师沟通

纪律上严格要求，使孩子重视上学，尽量避免请假缺课。

经典案例 **有天赋更需严格培养**

莫扎特是举世闻名的音乐家，从幼年时起就显示出惊人的音乐天赋。他六岁时已能作曲，并开始在欧洲各地演奏旅行，人称"神童"。此后他专攻作曲，留下了多达六百首作品。莫扎特是一个有着奇迹般才能的人，他的才能之所以能得到发挥，其父列奥波德无疑起了极大的作用。可以说，莫扎特的父亲是一流的"教育家"。

莫扎特的父亲列奥波德是个宫廷音乐家，头脑极其聪慧，对音乐情有独钟，如果不是为了孩子，他也许能够成为作曲名家，在音乐史上留下他的名字。

列奥波德先教女儿娜纳尔学习音乐。姐姐练习弹琴时，莫扎特总是在一边听着。练习一结束，莫扎特便抢着也要学。那时他才3岁左右，见他还小，便哄骗他别闹，但儿子不从。无奈，只好试着教他。不料稍稍一指点，莫扎特便记住了。颇感惊讶，便用专为女儿编写的练习册开始正式教莫扎特。可以说，从那个时候起，这个父亲的人生就奉献给了"莫扎特"这个音乐的圣灵。

开始，怕儿子负担过重，列奥波德并没有教他作曲，可是五岁的儿子看到父亲作曲，就开始学习作曲。

一天，走进莫扎特的房间，看到儿子正在专心致志地写什么，列奥波德就问："莫扎特，你在写什么？"当他拿起儿子写的东西一看，不禁大为惊叹，原来儿子在谱写钢琴演奏曲，而且写的完全符合规则。

他故意逗儿子说："莫扎特，你知道吗？你谱写的这个曲子能不能演奏啊？"

小莫扎特回答说："又有哪个曲子在演奏前不修改呢？"

列奥波德对儿子的天赋惊异不已，此后便加大了教学难度。同龄孩子在玩耍时，莫扎特却每天在家练琴，整天埋头于音乐。

为了让儿子增长更多的音乐知识，从1761年秋天起，列奥波德就带着六岁的莫扎特到奥地利的首都维也纳演出。没想到演出获得了巨大的成功。接着，他带着莫扎特到德国、法国、英国、荷兰、瑞士等国相继演出，每到一个地方，莫扎特的演出都会获得观众的好评。

在旅行演出中，列奥波德清楚地认识到莫扎特虽然有过人的音乐天赋，但是因为没有受过正规的普通教育，文化基础太差了，发展会受到限制。而且，已有的名气对莫扎特的成长未必是件好事。列奥波德担心莫扎特沉浸在荣誉里骄傲自满，从而毁了前途。因为只有音乐天赋没有深厚的知识底蕴，要想成功也只能是"水中月""镜中花"。

旅行回来后，列奥波德为莫扎特制定了系统的学习计划，从读写开始，到算术、历史、地理、外语等，要求非常严格，莫扎特每天必须完成学习计划，否则就不能吃饭。

父亲的严格要求，加上莫扎特的勤奋刻苦，莫扎特终于成了世界著名的音乐家。

莫扎特父亲给我们的启示：

（1）必须做到因材施教。谁都知道因材施教，但是真正做到的人却不多，孩子到底属于什么"材"？值得家长深思。

（2）发现孩子天赋，就要不惜代价去培养。莫扎特的父亲发现儿子惊人的天赋以后，毅然放弃了自己的事业，专心培养儿子，精神可嘉。

（3）有天赋的孩子更需要严格要求。俗话说："响鼓也要重锤敲"，对于天赋极高的孩子，更要严格要求。否则，就会成为"方仲永"。

创新篇

智力·智慧·创新

智力,是人认识、理解客观事物并运用知识、经验等解决问题的能力,包括记忆、观察、想象、思考、判断等。

智慧,是对事物能迅速、灵活、正确地理解和解决问题的能力,是由智力体系、知识体系、方法与技能体系、非智力体系、观念与思想体系、审美与评价体系等多个子系统构成的复杂系统。

创新,是人类特有的认识能力和实践能力,是人类主观能动性的高级表现形式,是推动民族进步和社会发展的不竭动力。中华民族需要创新型人才,我们需要培养下一代的创新思维和创新精神。

给家长的建议之二十一

开发孩子智力要掌握关键期

开发孩子的智力,如果掌握住了最佳年龄期,就能达到事半功倍的效果。如果错过了最佳年龄期,不但要事倍功半,甚至会终生难以弥补。那么,什么时间是开发孩子智力的关键期呢?

美国心理学家布鲁姆认为:如果把一个人发展到17岁的智力水平算作100%,那么4岁时就达到了50%,4~8岁又增加了30%,8~17岁再增加20%。由此可见,5岁前是智力开发的关键期,也是最佳期。

有关研究表明:6个月的婴儿是学习咀嚼的关键期;8个月是分辨大小、多少的关键期;2~3岁是学习口头语言的关键期;3岁是计算能力发展的关键期;3~5岁是音乐才能发展的关键期;4~5岁是学习书面语言的关键期;5~6岁是掌握词汇的关键期;孩子上学后,小学1、2年级是培养学习习惯的关键期;3、4年级是纪律分化的关键期;小学阶段是记忆力发展的关键期,也是黄金期;初中阶段是意义记忆的关键期。

同时,家长要善于利用孩子的特性,开发孩子智力。例如:

(1)孩子说话词汇丰富,描摹能力强,说明孩子有艺术天分,宜向文学艺术方面发展;

(2)孩子能说会道,反应敏捷,应变能力强,有心计,点子多,精明干练,办事灵活,是社会政治型人才,宜向行政管理方面发展;

(3)孩子慷慨大方,能把东西分给其他孩子,说明孩子是豪杰之士,仗义疏财,人际关系好,将来干事业容易成功;

（4）孩子有同情心，心胸宽广，且心怀天下，也许能培养成医生或律师；

（5）孩子谨小慎微，胆小怕事，办事叫人不放心，能守成，可是，开创精神不足，家长应该在培养孩子胆量方面下工夫；

（6）孩子品质优良，不贪小便宜，将来必定廉洁奉公，公正无私，适合培养成政界人才。

抓住关键时期，有针对性地开发孩子智力，培养孩子良好的行为习惯，除了家长要重视外，还要让孩子明白小学阶段和中学阶段是人生发展的关键期，一定要奋发图强，苦练本领，为自己的人生奠定坚实的基础。切不可放任自己，贪图玩乐，贻误了成长的黄金期。

经典案例：印度"狼孩"卡玛拉与日本"野人"横井庄一

印度"狼孩"卡玛拉（女）从小被狼叼走，1920年被人从狼窝中发现，当时已经8岁了。

由于她多年与狼生活在一起，她的脾气、秉性和生活习惯已经和狼一样了。她四肢爬行，白天潜伏，夜间活动。每到午夜就嚎叫，完全不会发出人的声音。只吃生肉，不会用手拿，而是把肉扔到地上用嘴叼起来吃。人们对她进行恢复训练，但收效甚微。她两年多才学会站立，六年多才学会直立走几步路，四年内学会6个单词，到17岁（1929年）临死时，智力和能力才达到两三岁孩子的水平。

虽然人们对她实施了良好的教育，但是，却始终未能教会她作为人的才能、习惯。其根本原因就是错过了她的智力开发的最佳期。

1972年，在东南亚大森林里，人们发现了一个"野人"，后来经过了解，原来他是在第二次世界大战时迷失的日本士兵横井庄一。

他远离人类，像野人一样生活了28年，人的一切习惯，甚至包括母语都忘了。可是，当他获救后，人们开始对他进行人类生活的训练，只用了82天时间，就使他完全恢复了人类的习惯，适应了人类的生活，一年后还结了婚。

虽然日本士兵横井庄一的野人生活比"狼孩"卡玛拉多20年,但是对他的教育和训练却比狼孩容易得多,是因为横井庄一没有错过智力开发的最佳期。

"狼孩"与"野人"给我们的启示：

(1)早期开发孩子的智力很重要。"狼孩"幼年时与狼生活在一起,所以她不会按照人的生活方式生活,只会像狼那样生活。日本"野人"由于是"半路走失",所以可以恢复人类生活。

(2)家长要较早地发现孩子的特长。如果能够根据孩子的特长,进行早期开发,孩子就容易在自己喜欢的领域成为杰出人才。

给**家长**的建议之二十二

培养孩子自立，从做家务开始

为了孩子的将来着想,家长应该从小培养孩子学会自立。学会自立最主要的一点,就是让孩子做家务。

一、孩子做家务做什么

首先,教育孩子自己的事情自己做。例如:自己吃饭、自己穿衣、自己收拾玩具、自己刷牙、自己穿鞋、自己洗袜子、自己脱衣服、自己脱鞋、收拾自己的小床或者小房间,等等。

其次,帮助家长做家务。平常让孩子做一些力所能及的家务劳动,是家教不可缺少的内容。一般家庭适合孩子的家务有以下内容:

(1)早晨,可以让孩子扫地、洗小手帕等;

(2)吃饭前,可以让孩子搬饭桌、准备碗筷、放凳子等;

(3)饭后,可以让孩子收拾碗筷、抹桌子等;

（4）放学回来，让孩子参与煮饭、洗菜、做菜等。

二、孩子做家务家长应注意什么

首先，开始这些家务可由父母做，只让孩子帮忙。孩子一开始会显得手忙脚乱，不得要领，父母要有耐心，一项一项告诉孩子怎么做，要边示范边讲解，让孩子看清楚，听明白，只要坚持下去，就一定会熟能生巧，越来越好。

其次，当孩子做错时，不能斥责、挖苦。要鼓励孩子，树立必胜的信念。发现孩子进步了，就要及时表扬。让孩子体会到成功的快乐，今后就会积极主动地去做。

最后、当孩子厌烦，不愿做家务时，不要强迫孩子去做，要多启发、诱导。如果仍不见效，家长要故意冷落孩子几天，让他的心灵受到一点小小的刺激。然后，父母有一人出来解围，给孩子讲明受冷落的原因，让孩子知道，不听话、不做事是不对的，也是不行的，从而使孩子彻底改正错误。

三、培养孩子做家务的好处

首先，有利于促使孩子热爱劳动。教育孩子学做家务，既能增强孩子对家庭的感情，又能使孩子理解、体谅父母做家务的辛苦，培养孩子关心他人。

其次，有利于孩子发展智力。孩子在家务劳动中，需要动手、动脑，需要思维、想象，孩子的智力自然在这些活动中得到开发。

最后，有利于增强孩子的生活自理能力。孩子有了做家务的能力，如果父母因为一时工作忙，没时间做家务，就可以让孩子自己作，一般不用担心孩子没人照顾。更主要的是将来孩子走向社会以后，能够独立生活。

经典案例 罗斯福的故事

有一个小男孩，他非常不幸，因为患脊髓灰质炎，留下了瘸腿残疾，牙齿参差不齐往外突出。他很少与同学们玩耍，老师让他回答问题时，他总是低着头一言不发。

在一个平常的春天，小男孩的父亲从邻居家要了一些树苗，他想把它们栽在房前。父亲就对孩子们说:"你们每人栽一棵,谁栽的树苗长得最好,我就给谁买一件最喜欢的礼物。"小男孩也想得到父亲的礼物,但看到兄妹们蹦蹦跳跳提水栽树、浇树的身影,不知怎地,萌生一种阴暗的想法:希望自己栽的那棵树早点死去。因此浇过一两次水后,他就再也没去搭理它。

几天后,小男孩再去看他种的那棵树时,惊奇地发现它不仅没有枯萎,而且还长出了几片新叶子,与兄妹们种的树相比,显得更嫩绿、更有生气。父亲兑现了他的诺言,为小男孩买了一件他最喜欢的礼物,并对他说,从他栽的树来看,他长大后一定能成为一名出色的植物学家。

从那以后,小男孩慢慢变得乐观向上起来。

一天晚上,小男孩躺在床上睡不着,看着窗外那明亮皎洁的月光,忽然想起生物老师曾说过的话——植物一般都在晚上生长,何不去看看自己种的那棵小树。当他轻手轻脚来到院子里时,却看见父亲正在用勺子向自己栽种的那棵树下泼洒着什么。顿时,一切他都明白了,原来父亲一直在偷偷地为自己栽种的那棵小树浇水!他返回房间,任凭泪水肆意地流淌……

几十年过去了,那个腿脚残疾的小男孩虽然没有成为一名植物学家,但他却成为了美国总统,他的名字叫富兰克林·罗斯福。

爱是生命中最好的养料,哪怕只是一勺清水,也能使生命之树茁壮成长。也许那树是那样的平凡、不起眼;也许那树是如此的瘦小,甚至还有些枯萎,但只要有这养料的浇灌,它就能长得枝繁叶茂,甚至长成参天大树。

罗斯福父亲给我们的启示:

(1)设法树立孩子的信心。罗斯福父亲让孩子们栽树,谁做得好就给谁买礼物。案例没有交代他让孩子栽树到底是什么目的,但是,我们完全可以想象,罗斯福的父亲要树、栽树、买礼物这一活动的目的,就是专门为罗斯福设计的。

(2)注意发现孩子的心理变化。罗斯福微妙的心理变化,被父亲发现了,于是,父亲用爱心浇灌孩子稚嫩的心田,使孩子有一个健全的心理,学会自立。惟其如此,才能让孩子健康成长。

给家长的建议之二十三

要教育孩子学会理财

教育孩子从小学会理财，养成科学的理财观念，对孩子将来处理生活和适应社会都有很大的好处。家长应该从以下五个方面进行教育：

一、教育孩子养成储蓄的观念

培养孩子从小树立储蓄的观念，要从小事做起，从实事做起。例如，孩子喜欢吃冰糕，如果买一根冰糕要花 1 元钱，家长可以告诉孩子："每天只给你 5 角钱，如果你想吃，就要把今天的钱攒起来，等到明天再给你 5 角钱，你才能买来吃。"这样就能促使孩子萌发储蓄观念。

二、教育孩子要助人为乐

在国外，有不少家教书籍反复强调家长要教育孩子参加社会公益活动。美国不少"贵族学校"都是各种社会公益组织的中坚力量，大量中产以上家庭的孩子参加和平队等志愿者组织，认识自己生活圈子外的世界，在与其他阶层的交往中得到锻炼，同时从为他人服务当中寻找自己生活的意义。现在我国也出现了许多富裕家庭，家长也应该教育孩子自觉参加社会公益活动，让孩子体验到捐款和助人的喜悦，从小就要懂得关心和帮助别人。

三、教孩子学会精打细算

在美国，尽管有的家庭富有，但他们花钱也是精打细算，生活比较简朴，开销也是有计划的。现在，我国不少家庭达到了小康水平，也应该教育孩子学会精打细算，比如孩子春节得到的压岁钱，可以让孩子制定一个消费计划，该买什么，花多少钱，如何能用最少的钱购买更多的东西。这样做的目的只有一个，培养孩子有一个正确的消费观念。

四、教孩子学会通过正当手段去获取金钱

古语云："君子爱财，取之有道。"家长要教育孩子，外面捡到的钱要交给警察、老师，家里捡的钱要交给父母。别人的钱不能归为己有，因为丢了钱的人会着急。教育孩子通过正当手段获取金钱。比如：让孩子收集废品卖钱；让孩子参加有偿劳动活动，等等。

五、用金钱奖励孩子的良好行为

为了培养孩子良好的品德，具有助人为乐、无私奉献的精神，家长要制定一个奖励制度，在孩子做了好事后，给予一定的奖励，并告诉孩子，奖励他人的良好行为，也是一种理财方式。

经典案例 教孩子学会控制自己

儿子亚里克刚上大学时，爸爸和他约定：每月15日给亚里克寄500美元的生活费。

亚里克用钱既无计划也不节制。三天两头，找个理由就与同学到校园餐馆挥霍一顿。结果一个月还没过完，亚里克的口袋里就只剩下几个钢镚儿叮当响了。第一个月，爸爸容忍了儿子的无节制做法，提前把第二个月的生活费寄给了他。然而亚里克却不知悔改，第二个月、第三个月依然如此。

在离第四个月的汇款日还有10天的时候，亚里克又捉襟见肘了。万般无奈，亚里克只好写了一封电报给家里，内容很简短："爸爸，我饿坏了。"

爸爸很快回了电报，也很简短："孩子，饿着吧。"

生活真是太奇妙了。在只有20美元的10天里，亚里克绞尽脑汁节衣缩食，出手之前"锱铢必较"，竟然熬过来了。

从此以后，亚里克学会了精打细算，并且发现其实只要稍稍节制一下，每月400美元的生活费就足够了。这样一来，每个月他还可以积攒一些钱。亚里克用这些钱买了许多自己喜欢的书、磁带、唱片，做了一些如旅游、捐款等有意义的事情，当然也没有忘记偶尔和朋友们到餐馆聚聚。

爸爸的办法使亚里克学会了自制，他的大学生活比以前过得充实多了。

亚力克爸爸给我们的启示：

（1）宠爱孩子要有度。亚力克的爸爸没有一味地宠爱孩子，而是在容忍孩子错误行为数次后，果断地采取措施，教育孩子学会控制自己。

（2）培养孩子的自我控制能力很重要。一般来讲孩子的控制能力很差，因此，从小注意培养孩子的自制能力对于孩子形成健全的人格、优良的道德品质有着重要的意义。

（3）有时候家长对孩子要有"狠心"。为了孩子的长远考虑，在一些原则问题上家长必须坚持原则，适当让孩子吃些苦头，不能心软。

给**家长**的建议之二十四

培养孩子像犹太人一样尊重知识

马克思说："没有任何力量比知识更强大，用知识武装起来的人是不可战胜的。"

世界上有一个古老的民族——犹太民族，他们尊重知识，贪婪地学习知识，从而成为世界上最富有的民族。有人说："世界的钱装在美国人的口袋里；而美国人的钱装在犹太人的口袋里。"此话绝对不是盲目的臆断，而是有数据可查的。在美国人口中，犹太人仅占百分之三，而据《财富》杂志评选，在超级富豪中，犹太人却占百分之二十至百分之二十五。

在经济领域，犹太人的成就无人能敌。犹太工商业家先是争夺服装业和百货业的统治地位，20世纪80年代以后，他们进一步控制了皮革、化工等领域。

在金融领域，华尔街是美国的金融中心，有人说："犹太人控制着华尔街。"犹太人在美国金融界的实力雄厚，其中如库恩-洛伯公司、塞利格曼公司、莱曼兄弟公司、拉扎德兄弟公司、所罗门兄弟公司等，都是极具影响的金融巨头。此外，犹太人在纽约证券交易所也具有举足轻重的地位。

在影视领域，美国几个大的电影公司，如华纳兄弟公司、派拉蒙影片公司、米高扬公司等，其奠基者都是犹太人。20世纪六七十年代，好莱坞有半数的导演为犹太人。

在文化领域，当代美国的一流作家中，犹太裔作家占了60%以上。在新闻出版界，《纽约时报》和《华盛顿邮报》都是由犹太家族创办的。据美国社会学家的统计，对美国人最有影响的二百位文化名人中，有一半是犹太人。

在科技领域，美国人不会忘记，是爱因斯坦、冯纽曼等犹太科学家把美国带进了核时代。20世纪80年代初，在获得诺贝尔奖的一百多名美国学者中，有近半数是犹太人及其后裔。在美国的航空航天局，犹太科学家的比例最高时达15%。在美国，有30%以上的犹太男子获得专业职称或学位，而在名牌大学中，犹太教员多达25%。

在司法领域，美国每五名律师中就有一位是犹太人。在联邦最高法院有五名犹太人担任过大法官。美国司法部的犹太大律师比例也高达10%。

在实业领域，犹太人创办或参与创办的公司还有：西方石油公司、哥伦比亚广播公司、三角出版公司、西北工业公司、杜邦公司、联合食品公司、迅捷公司、海湾和西方工业公司、西格莱姆斯公司、大陆谷物公司、联邦广播公司等。

在文化科技领域，他们是伟人、名人辈出，有：马克思、海涅、肖邦、贝多芬、门德尔松、柴门霍夫、弗洛伊德、卓别林、艾伦堡、毕加索、爱因斯坦等。

犹太人之所以能取得如此成就，其原因是：犹太人认为，知识就是力量，知识是开启财富之门的钥匙。没有知识的商人不可能成为真正的商人。这个民族崇拜知识到了无比虔诚的地步。

经典案例　知识是随身携带的财富

一位犹太母亲问孩子们："假如有一天，你的房子被烧毁，你的财产被抢光，你将带着什么东西逃跑呢？"

"钱。"一个孩子回答说。

"钻石。"另一个孩子这样说。

母亲继续问："有一种没有形状、没有颜色、没有气味的东西，你们知道是什么吗？"

孩子们左思右想，却找不到答案。

犹太母亲笑了，接下去说："孩子，你们要带走的东西不是钱，也不是钻石，而是知识和智慧。知识和智慧是任何人都抢不走的，它们会永远跟随着你，无论逃到什么地方你都不会失去它们。"

犹太母亲教子给我们的启示：

（1）教育孩子尊重知识。因为知识是每个人可以随身携带的、最稳妥的财富，而且是终身享用不尽的财富。

（2）教育孩子掌握知识。知识可以使人精神充实、头脑聪明、行为文明，还可以使人善于分析问题、解决问题，变得更加强大。

（3）教育孩子应用知识。实践告诉我们，知识可以转化为智慧，智慧可以促使人富有创新能力，创新可以为人类社会创造更多的财富。

给家长的建议之二十五

要培养孩子的注意力

以色列有位教育家说过："注意力是通向知识世界的窗户，没有它，再多的知识也无法进入孩子的心灵。"所以，家长在培养孩子的注意力时，应做好以下几项工作：

一、创造良好的环境，从婴儿期起培养孩子的注意力

婴儿的主要活动是玩，孩子在玩游戏时，干扰越少越好，环境越静越好。

孩子在玩游戏时，常会全身心地投入进去，在其聚精会神时，家长切不可随意打扰、干涉，因为此时不断地干扰孩子，不仅会使孩子玩得不开心，而且不利于他养成做事专心致志的习惯。

二、培养孩子良好的学习习惯

小时候，孩子思考能力还很差，有时候考虑问题不全面，比如做家庭作业，就容易丢三落四。因此，家长要培养孩子良好的学习习惯。孩子做家庭作业时，除了桌椅外，与学习无关的摆设（如画片、小玩意等）一律撤除。要求他准备好笔、墨水、橡皮等学习用具，也不要坐下写作业以后，才想起喝水、上厕所等琐事。这样做目的是让孩子一坐下来就很快进入思考状态。坚持一段时间，不但能提高孩子的注意力，提高学习效率，也有利于思维的流畅灵敏。对家长来讲，孩子在做家庭作业时，要做到三个避免：一是避免书桌在窗户前；二是避免噪音；三是避免家长打扰。

三、安排好学习、休息、活动的时间

家长给孩子安排学习任务，时间不宜太长。根据心理学的研究表明，5~7岁的儿童，集中注意力的时间为15分钟；7~10岁儿童20分钟，所以学习一段时间后，应让孩子放松或休息一下。孩子疲劳了，就让他们动一动、喝点水、吃点东西，切忌一天到晚强迫儿童坐着一动不动，越是这样，儿童就越不专心。孩子如果睡眠不足或早餐不饱，就会造成上午后两节课注意力不集中，所以，家长一定要让孩子睡好、吃好。有条件的可以吃点补养品，让孩子以饱满的精神进行学习。

四、选择合适的学习内容，集中孩子注意力

人的需要、兴趣和经验，直接影响人的注意力。如果让孩子学习的内容太深，孩子不能理解，就不能吸引他的注意；反之，如果内容太浅，也不能引起他的注意。只有那些"跳一跳能够到"的内容，才能引起孩子的注意。所以家长要擅于从纷杂的现实中，选择孩子尚未掌握、但经过努力能理解的内容教给他，其注意力自然会集中。

五、用明确的目标，吸引孩子的注意力

孩子有了学习目标就能集中注意力。比如：在窗台上种一盆蒜，家长对孩子说:"这些蒜不久会长出绿色的叶子,你看到它长出了绿芽,就赶紧来告诉我。"如果这任务是对两个以上孩子布置的,而且设定先发现者是优胜者,或者设有奖赏,孩子就会经常来观察这盆蒜。为什么呢?因为注意是为任务服务的,任务越明确,对任务的理解越深刻,完成任务的愿望越迫切,注意力就越能集中和持久。如果孩子完成任务后还想再学,也可根据情况适当增加一点,但一定不能因为孩子情绪高,就无限增加,那会引起孩子厌倦、疲劳、失去学习的兴趣,注意力不集中,记忆效果也不好。要在孩子兴趣正浓或刚开始降低时及时停止,使其留有余兴,下次还愿意再学,这样注意力就能持久不衰。

六、尽量避免造成孩子注意力不集中的弊病

一是学习花费时间长。注意力不集中的孩子,完成作业的时间要比一般同学多40%~60%,这样会失去玩耍、运动和课外阅读的许多时间,孩子的学习很难进入良性循环。

二是很难胜任难度大的学习内容。一般来说,解难度大的题需要持续思考较长的时间,好多孩子因为不能持续地思考一个问题,所以解难题很难成功。

三是思维速度和书写速度也很难达到高水准。注意力不集中会导致思考和书写的速度大大降低。高效率和快速精确的思维是优秀学生的重要标志。越到高年级,速度就越显得重要。

所以,培养孩子的注意力,对孩子一生的成长具有重大而深远的意义,家长一定要从小抓起。

经典案例　表扬促进孩子进步

东东上初中以后,学习环境变了,需要掌握的知识多了,他的许多不良习惯也显现出来:一是上课注意力不集中,爱做小动作;二是学习马虎,书写潦草。他的学习成绩逐渐下降了。

东东在小学时成绩很优秀,是父母的骄傲。可是,初中的第一次家长会,老师就给东东的父母泼了一头冷水。东东回到家里,爸爸一顿训斥,妈妈也在一旁唠叨，东东低着头不顶嘴，也不吭声。

又过了一段时间，东东的妈妈又被老师请到了学校，说东东上课不但不注意听，有时还打瞌睡。老师问："孩子晚上休息不好吗？"

东东的妈妈说："他自己一间屋子，应该睡得不错吧。"

老师说："你们晚上查一查，看看他在屋里干什么？"

东东妈说："上次家长会以后，我和她爸爸狠狠地训斥了他，谁知道这孩子不改呢？"

老师说："别总是训斥，要找一找原因，从思想上解决问题。你们要多关注他，发现优点，需要表扬的就要表扬，好孩子都是表扬出来的。"

东东爸爸回来，妻子就给他讲了去学校的情况，并说老师要求表扬孩子，也许效果更好。

东东爸爸突然想起他们单位搞得"三欣会"，要求职工学会"欣赏自己、欣赏同事、欣赏团队"，结果发现每个人听到别人表扬的时候都非常开心。大家心劲顺了，干工作也有动力了。于是，夫妻两个就决定，注意发现东东的优点，多表扬，少批评。

晚上，妈妈到东东的屋里看看他睡了没有，结果发现他在玩手机。于是，妈妈就以关怀的态度说："到睡觉的时候要按时睡觉，不准玩手机。"

孩子回来做作业，父母就注意观察孩子做的怎么样，如：字写得好了，作业准确率高了，做得快了等等，父母都会毫不吝啬地去表扬，同时用他平时喜欢的一些小礼物等作为奖励。

东东爸爸不再训斥孩子，而是给孩子谈心，以朋友方式进行沟通，东东渐渐向爸爸敞开了心扉，成长中的烦恼也会主动向爸爸说，并向爸爸讲了自己上课走神的原因。爸爸则以过来人的姿态给孩子讲道理，帮孩子解开思想上的疙瘩。

在不断地沟通、鼓励和赞美声中，孩子在一天天的进步。老师也打电话告诉家长，东东变化很大，上课注意力比过去好了，也能积极回答问题了。

结果，在期末考试时，东东的各门功课都有了较大的进步。

东东父母给我们的启示：

（1）每个孩子都会有缺点，甚至犯错误，家长要想了解孩子的真实思想，就必须与孩子"交朋友"，尽可能地站在孩子的角度考虑问题，了解孩子的真实思想，惟其如此，才能做好教育工作。

（2）优秀的孩子背后，绝大多数有着优秀的家长。家长要不断地学习家教知识，尝试着转变教育方式，当孩子犯了错误时，不要大呼小叫，不要小题大做，要了解实情，有的放矢，解决问题。

（3）好孩子都是表扬出来的。对于孩子在各方面取得的成绩，哪怕是点滴的进步，也不要吝啬褒奖溢美之词，激励孩子重拾信心。

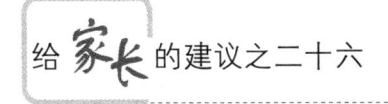

给**家长**的建议之二十六

家长要放飞孩子的创新思维

家长要开发孩子的智力，就必须放飞孩子的思维，为孩子提供创新思维的空间，要做到以下几点：

一、提供机会

家长与孩子之间要培养聊天的习惯。因为聊天最有利于调动思维的积极性。如果家长具有幽默感，语言诙谐，就更有利于与孩子建立平等、亲密的关系，有利于孩子打消顾虑，敢于发言。不管是大人之间聊天还是大人与孩子聊天，家长都不要阻止孩子发表意见，民主的家长还会主动鼓励孩子发言。孩子要发言，必然要思维，爱思维的孩子自然就比较聪明。如果家长再加以正确引导，就更有利于放飞孩子的思维了。

二、提供环境

家长要经常带孩子参加一些有益的活动。如到动物园、植物园、博物馆、科技馆等地方参观，让孩子在观察事物中进行思考。参观时不要走马观花，家长应该边走边问，引导孩子幼小的大脑去思考，增强想象力。家长不但要善于提问题，启发孩子思维，而且要善于引导孩子自己动脑解决问题。那种既有趣又费解，而且尚无定论的问题，最有利于启发孩子思维了。对于孩子提出的问题，家长不要直接给出答案，而是加以引导，让孩子自己通过思考进行解决。

三、鼓励创新

小孩子不但好奇，而且爱思考、爱动手。一般孩子都有这样的经历，就是把父母买来的玩具拆散，看看里边到底是什么。有的甚至敢于改装玩具，搞得"不伦不类"。家长这时千万不要责骂孩子，而是要帮孩子重新把玩具组装起来，还要对孩子敢想、敢干、敢于创新加以鼓励。如果孩子能举一反三，有所创新，家长就更应该鼓励孩子继续干下去，不要怕失败，要告诉孩子：失败是成功之母。只要坚持下去，就会有成功的希望。

四、关注未来

家长要诱导孩子，不管做什么事都不能只顾眼前，而是要通过思考看到今后，看到未来。比如练习写字，这是一件很费时费力的事情，想要写得一手好字，不可能一蹴而就的，有时会感到厌烦。但是，如果明白了写成一手好字，将终身受用，就会不怕一切困难，坚持下去，直至成功。再如写日记，这也是一件需要毅力的事，一般人都坚持不下来。但是，只要孩子动笔，就肯定要动脑筋，要思考。当孩子明白了写日记能锻炼他的思维能力，提高他的写作水平时，坚持下来相对也就容易了。

五、标新立异

家长还要培养孩子的求异思维。求异思维就是善于打破常规思维，敢于想人之不敢想。只有敢于标新立异的人，才能不断展开创造性思维，有所创新。在我们的日常生活中，经常有一些生活小事需要处理，这些小事也能体现出一个人的创新能力和聪明程度。

> **经典案例**
>
> ## 中国的地图像什么？

在一堂地理课上，老师向学生展示一张中国地图，问："同学们请看，中国地图像什么？"

有的同学说："像一只公鸡。"

有的同学说："像一只山羊。"

后一种答案本来是有创意的，没想到老师点名问后一种答案的同学："你们再看看，到底像什么？"

这几个同学依然说："像一只山羊。"

老师急了，狠狠地说："你们再好好看看，像一只山羊吗？"

同学们看老师急了，就不情愿地说："像公鸡。"

老师这才提高嗓门，再问全班同学："中国地图像什么？"

同学们异口同声地回答："像公鸡！"

这时，老师满意地笑了。

地理老师给我们的启示：

（1）有些问题不要统一标准答案。这位地理老师的做法，典型地反映出了我国教育考试制度的某些弊端。为了考试，我们的老师喜欢统一的答案，不喜欢有"异端"思维。

（2）允许孩子有异端思维。当孩子有了异端思维时，一定要问孩子一个"为什么"，因为孩子的异端思维也许是一个很好的创新思维。

给家长的建议之二十七

家长如何培养孩子的创新意识

家长要培养孩子的创新意识。起码要做好以下几点：

一、转变观念，建立民主的家风

首先，家长不要搞"一言堂"。有的家长认为大人对孩子说的话，都是正确的，孩子就应该无条件执行，如果犟嘴，就是不懂道理，轻则训斥，重则殴打。如此家庭的孩子很难具有创新意识的。其次，家长要建立家庭教育的民主作风，鼓励孩子敢想、敢说、敢做。家长应该与孩子交朋友，共同探讨问题，尊重孩子的意见。

二、增加阅读量，拓宽孩子的知识面

创新意识的培养，是建立在丰富的知识基础上的。首先，家长要舍得教育投资，给孩子购买他喜欢的各种书籍。其次，家长要善于抓住机会，引导孩子读书。家长可以假装不知道某方面知识，让孩子通过查找资料给予解答。如端午节快到了，家长可以问孩子"端午节是纪念谁的？"然后让孩子到书中寻找答案。长此以往，孩子有了广泛的知识，培养创新意识就有了基础。

三、养成动手动脑的习惯

教育孩子养成动手动脑的习惯，对培养孩子的创新意识大有益处。首先，培养动手的习惯。家长不但要让孩子参加一些简单的家务劳动，还要教给孩子学习小制作、小创造。其次，培养动脑的习惯。家长可以寻找一些动脑小试题让孩子做，启发孩子动脑筋解决问题。例如：有6棵树苗，要求栽成3行，而且每行必须是3棵，该怎么栽？答案是：按照三角形去栽。

四、鼓励孩子探究问题

有的孩子特别爱提问题，有时家长会感到孩子的问题太幼稚，懒得回答。其实这是不对的。凡是爱提问题的孩子，都是有强烈的求知欲和探索精神的。有人问爱因斯坦：你为什么会有那么多发明创造？他回答说："我没有什么特别的才能，只不过喜欢刨根问底罢了。"好奇才会爱问，爱问就是探索，探索往往是创新意识的先导。所以，家长要保护孩子的探索欲望，积极引导、支持孩子的探究行为。

五、培养孩子的想象力

人类之所以是高级动物，就是因为人有丰富的想象力。可以说想象力是人类创新、创造的翅膀，没有想象力就谈不上创新和创造。有的家长在教育孩子时，乐于教孩子数了多少数、认识多少字、背了多少古诗等。其实，对于孩子来讲，培养丰富的想象力，要比学习多少知识重要的多。因为孩子有了丰富的想象力，将对其一生的学习、工作具有十分重要的意义。

六、走进大自然，探索大自然

大自然的美是不容置疑的，且不要说险峻的山峦、碧绿的海水、茂密的森林、无垠的大草原等，就是北方的秃山、陕北的荒原、西部的戈壁滩也是一种雄浑、苍凉的美。当家长把孩子带进大自然以后，孩子的大脑就会受到环境的刺激。那美丽的环境对培养孩子的观察力、想象力具有十分重要的意义。

培养孩子成为具有创新思想和创新能力的人，是年轻一代家长义不容辞的历史责任。培养孩子敢想、敢问、敢做的精神，让我们的下一代成为真正具有创新能力的人，使我们的国家成为"创新型"国家。

经典案例　我要跳到月亮上去

1930年8月5日，阿姆斯特朗生于俄亥俄州瓦帕科内塔。有一天，阿姆斯特朗在后院开心地玩耍。阿姆斯特朗的妈妈正在厨房准备午餐，她听到自己的儿子在后院蹦蹦跳跳，发出了很大的动静，便大声问他："儿子，你在干什么？"

阿姆斯特朗兴奋地回答："我正要跳到月亮上去呢。"

他妈妈听了，并没有给儿子泼冷水，没有用"小孩子胡说什么""赶快来洗手吃饭"之类的话打击孩子的"异想天开"，而是说："好呀，但是，可别忘记回来吃午饭。"

阿姆斯特朗带着这个梦想,开始了他的飞天追求:1955年获珀杜大学航空工程专业理学硕士学位。1949—1952年在美国海军服役(飞行驾驶员)。1955年进入国家航空技术顾问委员会(即后来的国家航空和航天局)刘易斯飞行推进实验室工作,后在加利福尼亚州的爱德华兹高速飞行站任试飞员。1962—1970年在休斯敦国家航空和航天局载人宇宙飞船中心任宇航员。1966年3月为"双子星座-8"号宇宙飞船特级驾驶员。后来,阿姆斯特朗成为第一个登陆月球的人。

小阿姆斯特朗的美丽梦想,很幸运地被他妈妈幽默地保护了,这才造就了登月第一人。有许多孩子的梦想都被父母轻易地扼杀在摇篮里,从此再也没有飞翔的欲望,成了一个平庸的人。

阿姆斯特朗的妈妈给我们的启示:

(1)做一个智慧、幽默的妈妈。阿姆斯特朗的妈妈是一个幽默、睿智的女人,她巧妙地保护了孩子的奇思妙想,最后使孩子梦想成真,扬名世界。

(2)了解孩子的心理特征。一个人在幼年的时候,如果想象力得不到培养和发展,那么,他不但成不了设计师、发明家、理论家,而且也成不了诗人、小说家、画家。

(3)鼓励孩子想象,引导孩子想象,启发孩子想象,为孩子的思维插上想象的翅膀。让孩子实现自己的梦想!

给家长的建议之二十八

家长如何让孩子敢于创新

时代呼唤创新,创新需要能力。孩子身上潜藏着巨大的能量,需要家长来发掘。那么,如何培养,才能让孩子敢于创新呢?

一、要培养孩子敢想、敢干的精神

因为创新需要胆量,有时候甚至需要做出某些牺牲。其实,培养幼小孩子的胆量,并不需要让孩子做多大、多危险的事情,只是在一些小事上多鼓励就可以了。

二、要培养孩子兴趣

兴趣是孩子从事某种活动的原动力。有了兴趣,才会入迷,入了迷,才会勤奋,直至忘我的境界,最后实现创新的目的。

三、要培养孩子技能

技能教育包括系列工具、模具使用技巧,系列制作材料、配件及各种科技知识原理的综合应用。实际上技能是创新的基本素质,很难想象一个没有一点技能的人能够有什么创新。

四、艺术教育不能替代技能教育

有的家长认为孩子学习音乐、美术也是在动手学技能。其实技能与演奏音乐、学习绘画是有本质区别的。孩子的创新需要多种能力,千万不能一叶障目,只顾一面而忽视另一面。

经典案例 爱刨根问底的爱迪生

1847年2月11日,爱迪生诞生于美国中西部的俄亥俄州的米兰小镇。父亲塞缪尔,是荷兰人后裔。母亲南希是苏格兰人后裔,曾当过小学教师,爱迪生是她生的第7个孩子,也是最小的儿子。

孩子小时候一般都有好奇心,喜欢问东问西。但是爱迪生问的问题太多了,大多数家庭成员都不想回答。但是,他的母亲南希总是不厌其烦,给他解答。

有一次,他问父亲:"为什么刮风?"

父亲说:"我不知道。"

爱迪生又问:"你为什么不知道?"

父亲说:"你去问你母亲吧。"

于是，爱迪生便去问母亲。后来南希对丈夫说："你不能说不知道，这会无形中制约孩子求知欲望的。"

爱迪生不但好奇爱问，而且什么事都想亲自试一试。

有一次，到了吃饭的时候，仍不见爱迪生回来，父母很焦急，四下寻找，直到傍晚才在场院边的草棚里发现了他。母亲见他一动不动地趴在放了好些鸡蛋的草堆里，就非常奇怪地问："你这是干什么？"

小爱迪生不慌不忙地回答："我在孵小鸡呀！"

原来，他看到母鸡会孵小鸡，觉得很奇怪，总想自己也试一试。母亲又好气又好笑地将他拉起来，告诉他，人是孵不出小鸡来的。在回家的路上，他还迷惑不解地问，"为什么母鸡能孵小鸡，我就不能呢？"

母亲就给他讲人为什么不能孵小鸡。

爱迪生经常到父亲工作的碾坊去玩。一天，他父亲正在用一个气球做一种飞行装置试验，这个试验使爱迪生入了迷。他想，要是人的肚子里充满了气，一定会升上天，那该多美啊！

几天以后，他把几种化学制品放在一起，让他父亲的一个佣工迈克尔·奥茨吃化学制品后飞行。奥茨吃了爱迪生配制的化学制品后几乎昏厥过去。爱迪生认为，奥茨飞不起来是奥茨的失败，不是他的失败。

由于他们搬家，由于他的疾病，爱迪生8岁才开始上学。那所学校，只有一个班级，校长和老师都是恩格尔先生。学校课程设置呆板，老师还经常体罚学生。枯燥无味的课程引不起爱迪生的兴趣。他从来没有好好地坐在椅子上过，老师在讲台上讲课，他就在下面走动，有时还跑到教室外面去。

由于他刨根究底的个性，爱迪生对于课业方面的问题非常固执，一个问题未获解答，他就不会继续做下道题目。因此，不了解他个性的老师，便把他当作是一位"迟钝"的学生，斥他为"糊涂虫""低能儿"。一次，在上算术课的时候，教师讲的是一位数的加法。学生们都安静地听讲。只有爱迪生忽然举手质问道："二加二，为什么等于四？老师瞠目结舌，实在没有办法回答。

这样，在校学习不到三个月，老师便把他的母亲叫来，对她说："爱迪生这孩子一点不用功，还老是提一些十分可笑的问题。昨天上算术课时，他居然问我二加二为什么等于四，你看这不是太不像话了吗？我看这孩子实在太笨，留在学校里只会妨碍别的学生，还是别上学了吧。"

他母亲非常生气地说："我认为爱迪生比同龄的大多数孩子聪明，我将亲自教育我的孩子，他再也不会来到这里！"

当她领着孩子走出校门时，觉得一阵心酸，眼泪不觉掉下来。她始终不承认自己的孩子是低能儿。因为当时她正做女子学校的教师，有丰富的教育经验。据她平日留心观察，爱迪生不但不是低能儿，而且时时表现出非常优秀的品质来。在受了这种刺激以后，爱迪生的母亲决心用全力教育孩子，要使他成为世界上第一等人物。

回到家里时，母亲这样问他说："先生说你是劣等生，你以为羞耻吗？"

爱迪生对母亲的问话，回答得很巧妙："不以为羞耻，但觉得悔恨。"他接着又说，"可是我要知道的事，先生一点也不教我，我不要知道的事，偏偏又教起我来。"

母亲接过他的话说："是呀！先生说你是低能儿，但母亲不以为然。你从明天起，不要到学校去了。母亲今天在先生面前已发过誓了：学校里当你低能儿，无法教育，我要在家里好好地教育你。爱迪生，我今天也应该和你立一个誓。母亲已立了决心，无论如何要使你成为世界上第一等人物，你能不能发这个誓呢？"

爱迪生说："母亲，我愿意发这个誓，我一定要做番大事业，使现在说我低能儿的先生听了寒心。"

母亲接着说："从现在起，我就是你的老师，但我有两项约束。第一，你要做什么事必须先告诉妈妈，因为你做的事虽好，但也许会妨碍别人。你要知道，给别人惹麻烦是不好的。第二，就是不可再去妨碍别人，长大后做个对社会有用的人。今后你得好好地用功，妈妈要当你的老师，你必须认真听我的教导。"

爱迪生点点头，眼中充满了泪水，母亲紧紧地抱住爱迪生，母子俩人脸上都闪烁着泪光，两人的心紧紧系在一起。

从那以后，母亲南希便担任了爱迪生的"家庭教师"。爱迪生在母亲的亲自指导下，如饥似渴地汲取着人类先哲的智慧思想。

母亲南希对儿子说:"牛顿和瓦特在学校都不算是优秀的学生,可是他们并不灰心,仍然继续不断的努力,终于发明了对人类有用的东西。所以只要你好好用功,妈妈相信,你也可以发明东西。"

母亲的话一直鼓舞着他,使他不断地向艰深的学问挑战。爱迪生在心中发誓:"我一定要好好用功,将来成为牛顿和瓦特那样的伟人。"

由于母亲良好的教育方法,使得爱迪生对读书发生了浓厚的兴趣。

在母亲的启蒙下,爱迪生在10岁时读完了吉朋的《罗马帝国衰亡史》、休谟的《英国史》、席尔的《世界史》。他还读过托马斯·潘恩的著作,很快,便被潘恩的真知灼见所吸引,并影响了他一生。后来他回忆说:"阅读那位伟大的思想家对政治与神学等问题的论述,我得到了启示。潘恩使我了解了许多新的问题。我可以清楚地忆起读过潘恩的著作后那种如见光明的感觉……他还吃力地读完了牛顿的《自然哲学的数学原理》一书。这本书教会他重视实践,而不是理论,这也就是他后来为什么成了一名伟大的发明家。

爱迪生除了在留声机、电灯、电话、电报、电影等方面的发明和贡献外,在矿业、建筑业、化工等领域也有不少著名的发明和真知灼见。他一生共有两千项发明创造,为人类的文明和进步做出了巨大的贡献。

南希是一位伟大的母亲。可以说,没有南希这位伟大的母亲,就不可能有爱迪生以后的发明与创造。而爱迪生为人类做出的巨大贡献,也让母亲南希备感欣慰。

爱迪生母亲给我们的启示:

(1)孩子爱问是优点。一般家长讨厌孩子无休止地问一些简单的、幼稚可笑的问题,其实这是孩子求知欲旺盛的表现,要加以保护。谁扼杀孩子的求知欲,谁就是孩子成长的罪人。

(2)遇到挫折也要鼓励孩子。学校里总难免有滥竽充数的老师,自己的孩子遇到了这样的老师,除了自认倒霉外,还要鼓励孩子明白自己的优点,不可放弃追求。

（3）让孩子树立远大目标。爱迪生的母亲就是让爱迪生把牛顿、瓦特当成榜样，让他把为人类社会做贡献作为目标的。

给**家长**的建议之二十九

培养孩子创新需打破七个传统思维

家长要培养孩子的创新思维，就必须打破一些传统的思维模式，教育孩子敢想、敢说、敢做，力争成为有所发明、有所创造的人才。

一、名人说的、做的都对

在对孩子的教育中，家长和老师经常引用名人的故事教育孩子，结果把孩子的思维禁锢在名人的套路上，使孩子忽视自己的想象力，不利于培养孩子的创新思维。应该承认名人的结论往往是有道理的，但是，随着社会的发展，事物的变化，有的名人的结论也会发生变化。因此，家长可以借鉴名人的经验和成果，但是不可盲目崇拜名人，要培养孩子敢于对名人的结论提出为什么。

二、干什么要遵守规则

俗话说："没有规矩，不成方圆。"在我们的工作和生活中，制定各种规则是十分必要的。如交通规则、比赛规则、考试规则等。但是，我们不能因为已有了规则，就认为有关规则的一切都是不可变动的，而形成僵化的思维。创新思维需要有破坏性和建设性，就是要审视已经设定的规则，敢于把不合理的部分提出来，并进行改进。有时违背规则不等于藐视规则。由于种种原因，总有违犯某一规则的行为或事件发生。

三、这样做不合逻辑

逻辑学是研究思维和思维规律的科学。应该说，只要是符合逻辑的就应该是正确的。因此，在工作和生活中，每当有人想出一个创新的做法，还没有实施，就会有人说："这个做法不符合逻辑。"使有创新的人失去信心。其实在这一次次地放弃中，我们不仅一次次地放弃了成功，同时也放弃了创新的信心和灵感。家长在培养孩子创新思维过程中，对孩子提出的不合逻辑的问题，不要训斥，要给予引导和鼓励，甚至要敢于让孩子做一些不合逻辑的事。要知道，发明创造需要非常规思维，发明创造就是以不合逻辑的思维方式和违反常规做法来解决问题的方法，是一种更多地依靠非逻辑思维打破常规、另辟蹊径的创造性思维活动。纵观人类的创造发明史，许多重大的发明都是应用非常规思维取得的。

四、这个问题已经有了答案

在我们的生活中，许多问题都有几个甚至更多的正确答案。但是，人们往往在找到一个答案后就停止了，或者认定一个答案，就停止对其他答案的探索，于是我们也失去了大部分的想象力和创造力。所以，家长在教育孩子的过程中，不要让孩子只相信已经有的答案，也不要相信这个问题只有一个答案。要敢于探索问题的多个答案，逐渐培养孩子的创新思维。

五、我的创新思维不行

一个人的局限性，往往是因为对自己提前的设定。培养创新思维绝对不能这样。创新思维必须要相信自己有创造力，并相信自己的创造是最有价值的。否则，就不可能有想象力和创造力。信心有时能产生不可估量的力量。一个人如果自己丧失了信心，不但容易一事无成，而且有时候还会出现悲惨的结局。

六、这事儿已经是既成事实

俗话说：事实胜于雄辩。可见事实是最强大的。因此，我们在处理问题时，经常强调要实事求是。但是，人们在认识事物时，总要受到个人生活阅历、知识水平、周围环境以及社会条件的限制，所认识的事物很有可能不是事实，或者不是事实的全部，而只是事物的一部分或一个方面。

七、隔行如隔山

大学生毕业后，找工作时都愿意专业对口。有人想改行，就会有人劝说

"隔行如隔山"或"改行如倒运"等。虽然这些说法有一定道理,但也不见得绝对正确。看问题不能一概而论。许多敢于跳槽、敢于改行者,都是有知识、有个性、有特长的人才,有的走出自己狭小的天地,做出了杰出的贡献。

总之,家长在培养孩子创新思维时,不要受传统的思想观念所束缚,要教育孩子不迷信权威,不盲目崇拜,对什么事情都敢于问一个为什么。只有自信、敢想、敢干的人,才有可能有所发明,有所创造。

经典案例 26个孩子和一道选择题

在美国新泽西州市郊的一座小镇上,一个由26个孩子组成的班级,被安排在教学楼最里面一间光线昏暗的教室里。他们中所有的人都有过不光彩的历史:有人吸过毒、有人进过管教所、一个女孩子甚至在一年之内堕过3次胎。家长拿他们没办法,老师和学校也几乎放弃了他们。

就在这个时候,一个叫菲拉的女教师担任了这个班的辅导老师。新学年开始的第一天,菲拉没有像以前的老师那样,首先对这些孩子进行一顿训斥,给他们一个下马威,而是为大家出了一道题:

有3个候选人,他们分别——

A:笃信巫医,有两个情妇,有多年的吸烟史,而且嗜酒如命;

B:曾经两次被赶出办公室,每天要到中午才起床,每晚都要喝大约1公升的白兰地,而且曾经有过吸食鸦片的记录;

C:曾是国家的战斗英雄,一直保持素食习惯,热爱艺术,偶尔喝点酒,年轻时从未做过违法的事。

菲拉给孩子们的问题是:

"如果我告诉你们,在这3个人中,有一位会成为众人敬仰的伟人,你们认为会是谁?猜想一下,这3个人将来各自会有什么样的命运?"

对于第一个问题,毋庸置疑,孩子们都选择了C;对于第二个问题,大家的推论也几乎一致:A和B将来的命运肯定不妙,要么成为罪犯,要么就是需要社会照顾的废物。而C呢，一定是一个品德高尚的人，注定会成为精英。

然而，菲拉的答案却让人大吃一惊。"孩子们，你们的结论也许符合一般的判断，但事实是，你们都错了。这3个人大家都很熟悉，他们是第二次世界大战时期的3个著名的人物——A是富兰克林·罗斯福，他身残志坚，连任四届美国总统；B是温斯顿·丘吉尔，英国历史上最著名的首相；C的名字大家也很熟悉，他叫阿道夫·希特勒，一个夺去了几千万无辜生命的法西斯元首。"

学生们都呆呆地瞅着菲拉，他们简直不相信自己的耳朵。

"孩子们，"菲拉接着说，"你们的人生才刚刚开始，以往的过错和耻辱只能代表过去，真正能代表一个人一生的，是他现在和将来的所作所为。每个人都不是完人，连伟人也有过错。从过去的阴影里走出来吧，从现在开始，努力做自己最想做的事情，你们都将成为了不起的优秀的人才……"

菲拉的这番话，改变了26个孩子一生的命运。如今这些孩子都已长大成人，他们中有的做了心理医生、有的做了法官、有的做了飞机驾驶员。值得一提的是，当年班里那个个子最矮也最爱捣乱的学生罗伯特·哈里森，后来成了华尔街上最年轻的基金经理人。

菲拉老师给我们的启示：

（1）忘记过去向前看。即使是优秀的孩子，也不能靠过去的优秀去赢得今后的优秀。如果是有劣迹的孩子，那就更应该忘记过去，寻找自己前途的光明。

（2）浪子回头金不换。这样的事不仅中国有，外国也有。这26个外国有问题的孩子，也证明了这个道理。

（3）优秀老师的能量不能低估。如果不是菲拉老师来了，这26个孩子的命运也许就要重写。她知识丰富，善于归纳，把三个第二次世界大战时期的著名人物归纳在一起举例，起到了很好的教育效果，改变了孩子们对自己的看法，结果，改变了26个孩子的命运。

给家长的建议之三十

生活中如何开发孩子的智力

家长希望孩子聪明可爱，但却不注重在生活中开发孩子的智力。其实开发孩子智力，完全可以融于生活，寓教于乐。专家指出，以学知识为主教出的孩子没有后劲。家长要挖掘生活中的因素开发智力，不能制定目标，要求孩子用心去学，要考虑孩子的特点，让孩子学得自然，学出兴趣。

具体的做法有：

一、多与孩子交谈

美国芝加哥大学心理学教授简奈伦·哈丁罗切尔博士认为，幼儿对语言的早期掌握，对形成幼儿成功的智力机制非常重要。家长同孩子交谈可随时随地进行，走到哪儿说到哪儿，看到什么说什么，还要启发孩子去说、去表达，以提高孩子的语言能力。

二、教孩子喜欢读书

家长给孩子一本书，要问孩子这是一本什么书，它的名字是什么，这本书里都讲了些什么。提出问题让孩子先找出答案，然后父母再给孩子讲述，以培养孩子的观察能力。在讲的过程中，家长也要同孩子一同讨论，不断地提出问题，如他们怎么了？想一想他后来会是怎样的？提高孩子的想像力和语言表达能力。

三、家里摆放的东西要经常换一下位置，对孩子的右脑开发和观察力的培养都有好处

四、家长带孩子外出购物时，不要只从自己的角度出发，应该注意身边的孩子，引导孩子去观察去思考

五、多让孩子同小朋友在一起，不要怕孩子打架、受欺负，即使是打架也有利于孩子的能力培养和智力开发

六、游戏和玩具是开发孩子智力的重要手段，对于三四岁的小孩子，玩具的可变性要强，如沙子和水；游戏对于孩子更为重要。

经典案例 一场离奇的官司

3岁的小女孩朱迪上幼儿园了。一天，朱迪告诉妈妈，她认识礼品盒上的"O"。妈妈听后非常惊讶，于是便问孩子："是谁告诉你的？"

朱迪说："是幼儿园老师克丽丝小姐教的。"

于是，这位母亲表扬了女儿之后，一纸诉状把克里斯小姐所在的幼儿园告上了法庭。理由是：该幼儿园剥夺了孩子的想象力。因为她的女儿在认识"O"之前，能把"O"说成苹果、太阳、足球、鸟蛋之类的一切圆形物体，然而，当她学会了26个字母以后，朱迪便失去了这种能力。鉴于此，这位母亲要求该幼儿园赔偿小女孩朱迪精神伤残费1000万美元。

经过审判，法庭给出的结果是诉求成立，判决幼儿园赔偿小朱迪精神伤残费100万美元。

朱迪母亲给我们的启示：

（1）学会保护孩子的想象力。在我们看来，朱迪母亲打了一场离奇的、好笑的官司，如果这件事发生在我们身边，我们的家长会为孩子这样一件小事打官司吗？或者说家长去申诉，法院会受理吗？也许家长会为自己的孩子能够多认识几个字母而感到欣喜交加。

（2）学会开发孩子的想象力。没有想象力就没有创新；没有想象力就没有发明。在教育孩子方面，我们确实需要学习，学习如何关爱孩子、关爱孩子什么。

（3）家长可以多看一些外国的家教故事，从中悟出一些道理。同时正确对待西方文化，吸收其精华，排除其糟粕，让我们的孩子健康地成长。

> **习惯篇**

兴趣·爱好·习惯

　　爱因斯坦说:"兴趣是最好的老师"。孩子不论做什么事,只要有了兴趣,就会入迷,一旦入了迷,就会达到忘我的境界。天才,就是强烈的兴趣和执着的迷恋。

　　古人云:"知之者不如好之者,好之者不如乐之者"。爱好是兴趣产生之源,在爱好的活动中就是苦,也能感到快乐。孩子如能达到这种境界,距离成功就不远了。

　　行为养成习惯,习惯造就性格,性格决定命运。这话说出了人生的规律,良好的习惯是能够培养的,孩子一旦养成良好的习惯,就会省去家长很多精力。

给家长的建议之三十一

家长要培养孩子的良好兴趣

孩子小时候有许多特点，如好奇、好问、好动等，家长一定要利用这些特点，培养孩子的良好兴趣。家长应该做到以下五点：

一、养成良好的家教习惯

为了教育孩子，家长要有一个良好的心态，做家务时再忙，只要是孩子提出的好奇问题，一定要先回答孩子。如果家长正在会客，这个问题又不能一句话说清楚，就要和气地告诉孩子原因，并承诺以后再探讨解决。切忌嫌孩子麻烦，随意斥责孩子。家长如能养成良好的家教习惯，非常有利于孩子的成长。

二、创设良好的家庭学习环境

首先，要为孩子提供学习的空间。居住条件好的家庭可以为孩子安排专用房间，并且给孩子购买适合其年龄特点的优秀书籍，让孩子业余时间阅读。其次，要有一个安静的环境。孩子在学习时，要给孩子创造一个安静的学习环境。电视是否关了？音乐是否关了？父母说话的声音是否小一点？最后，父母绝不能在孩子学习期间组织打麻将、喝酒等聚会活动。

三、培养孩子良好的读书习惯

首先，家长要养成看书的习惯，带头学习，影响孩子。其次，利用孩子好奇的心理，讲故事诱导孩子读书。给孩子讲故事要有艺术性，善于设疑，像评书演员一样，关键地方该停时要停一下，从而唤起孩子的好奇心和求知欲。告诉孩子，这个故事在某一本书上，让孩子自己去阅读。最后，孩子读了书上的故事，让孩子讲给自己听。孩子为了把故事讲好，就会更加仔细地阅读。试想一下，孩子一踏进家门，就被良好的读书环境所感染，大脑的兴奋点被引导到与学习有关的事上。久而久之，孩子的大脑会形成一种定势，读书的习惯就会逐渐养成。

四、制定切实可行的规章制度

每个人都容易产生惰性，这就需要靠制度来约束。对于家长来讲，应该帮助孩子制定一套制度，例如作息时间、家庭作业的要求、玩耍的要求、读书的要求、写字的要求，等等。一旦定下制度，就要让孩子自觉执行。如果发现孩子不执行制度，家长就要提醒孩子执行，让孩子逐渐成长为一个认真、负责、言必行、行必果的人。

五、适时进行科学指导

孩子在家学习的时候，往往会向家长请教一些不懂的问题，家长要采取恰当的方法进行指导。如孩子有一个字不认识，家长可以让孩子去查字典，这个字的正确读音是什么？有几个读音？有几个义项？在孩子读的文章里是什么读音？哪个意思？久而久之，孩子就会逐渐懂得怎样动脑、怎样探索知识，养成良好的学习习惯。

总之，从小培养孩子良好的兴趣，就是要正确地对待孩子的行为。不要总拿大人的思维去理解孩子的心理。

经典案例

帮爸爸搬书

有一个小男孩，他看到爸爸从楼下往楼上搬书，就跑过来帮忙。在小男孩看来，能帮父亲搬书是件很了不起的事。事实上他不但没帮上什么忙，反而碍手碍脚，使工作进行得更缓慢。

小男孩的父亲看到儿子这么热爱劳动，非常高兴，他不但没有制止孩子的行为，反而夸奖孩子的做法，因为在他看来，让儿子参与劳动的意义，远比搬一大摞书的效率重要得多。在这位父亲的藏书之中，有几本是又厚又重的教科书。对小男孩而言，搬这些书是相当吃力的事。他所抱的那摞书一连掉下好几次。最后，他气急败坏地坐在楼梯上，难过地哭了。他觉得自己笨手笨脚，不能把事情做好，而且不够强壮，无法搬着厚重的书登上狭窄的楼梯。想到自己不能为父亲分担，他简直伤心极了。

父亲看在眼里，一言不发，拾起散落在地上的书本，放回小男孩的怀中，然后，用强有力的手臂一把抱起捧着书的儿子，将书和儿子一并抱上楼来。

就这样来来回回，一趟又一趟，父子俩有说有笑地干活，小男孩负责搬书，父亲负责"搬"孩子。

父亲认为，这样做并不是溺爱孩子，而是要孩子品尝劳动和成功的喜悦。

父亲搬书给我们的启示：

（1）保护孩子良好的愿望。孩子愿意帮父亲搬书，无疑是件好事，因此必须支持。这位父亲无疑是位智者，而且有着博大的爱心。当他发现孩子良好的劳动愿望时，立即改变了初衷，把搬书变成了"搬"孩子，既搬了书，又呵护了孩子良好的劳动愿望，还逗孩子高兴，真是一举三得。

（2）观察孩子的行为，正确评价孩子的行为。生活中孩子会有许多行为，家长要随时随地进行观察，特别要注意孩子行为中苗头性的举动，好的、积极的就要鼓励、支持，培养成良好兴趣；坏的、不良的就要制止、纠正，以防养成不良兴趣。

给**家长**的建议之三十二

爱好是孩子走向成功的动力

一个人不论学什么，只有爱好才能产生浓厚的兴趣，才会克服一切困难去学习。不管是自然科学家还是社会科学家，也不管是表演艺术家还是音乐家，等等，任何领域的专家学者，无一不是对所从事的专业有着极大的爱好，才会有所建树、取得成功。

由此可见，爱好和兴趣是一个人走向事业成功的动力。孩子只有在自己爱好的活动中，才能施展他们的聪明才智，显示出"巨大的"的潜能，从而逐渐形成自己的特长。

家长要从小培养孩子的爱好，做到以下几点：

一、注意发现孩子的爱好

生活中，家长必须注意观察，发现孩子的爱好是什么，然后，因势利导去培养孩子的兴趣。如果孩子的特长不明显，可以跟孩子的老师一起培养孩子的爱好。

二、要善于利用孩子的好奇心培养爱好

孩子都有好奇心，当家长发现孩子对某些事比较有兴趣，但兴趣又不太浓的时候，家长要想方设法利用孩子好奇的心理，逐渐培养孩子的爱好。

三、因势利导，刺激孩子产生爱好

有时候孩子的爱好不明显，家长就要创设环境影响孩子、培养孩子的爱好。例如：家长想培养孩子对美术或音乐的兴趣，除了营造家庭的艺术氛围，使之受到潜移默化的影响外，还应把重点放在激发孩子的学习动机上，并因势利导加以培养。

四、鼓励为主，让孩子正确面对成功与失败

孩子小时候做事一般有两种结果，成功或失败。当孩子成功的时候，家长首先要表扬，表示祝贺，让孩子感受到获得成功的喜悦。其次要鼓励，适当地提出新的目标，希望孩子取得更大的成功，使孩子对现在所做的事情产生更大的兴趣。当孩子失败的时候，家长千万不要批评、讽刺、挖苦，甚至打骂孩子，那样会把孩子对事物的兴趣彻底毁掉。家长应该和气地告诉孩子："失败是成功之母。"在人类社会的发展中，不论哪一项伟大的发明，都不是一次成功的。要告诉孩子不要急躁，要冷静地分析失败的原因，并表示相信孩子的聪明才智，鼓励孩子继续努力，直到成功。

五、不要拿孩子的短处与别的孩子的长处比

俗话说："人比人，气死人。"因为任何人都不可能成为全才。拿孩子的短处与别的孩子的长处比，最容易引起孩子的反感。即使不敢跟家长顶嘴，心里也不服气，"我怎么不如他了？在某某方面他还不如我呢。"一招鲜吃遍天，只要把某一方面搞好了，就可以闯荡世界了。

> **经典案例**

飞翔的翅膀

珍妮·哈伯是三年级学生，老师布置了一份作业，要求同学们写一篇长大后想做什么的作文。

珍妮的父亲在位于北美加利福尼亚州的一个小农场里做农药喷洒飞行员，所以珍妮从小就被那些与飞机和飞翔相关的一切事物深深地吸引着。她非常用心地写完这篇作文，几乎囊括了她所有的梦想，她想驾着飞机喷农药、跳伞、人工降雨，还想做一个真正的飞行员。可是，她的作业得了一个"F"。她的老师说，这只是一个"童话"，因为她列下的任何一个职业，都不是女孩应该做的。珍妮的心差不多被摧毁了，并且感到一种深深的屈辱。

她把作文给了父亲，父亲肯定了她的想法，"你当然可以成为飞行员，看看爱米莉·伊哈尔特。"他说，"你的老师根本不明白你在说什么。"

可是，随着时间的推移，每当珍妮谈及她的未来职业时，都会遭到各种各样的嘲弄和否定，她几乎被击倒——"女孩子是不可能成为飞行员的，现在不可能，以后也不可能，你太不聪明，你太疯狂了。"珍妮最终放弃了梦想。

上了高中，珍妮的英文老师叫多伦斯·斯来顿夫人。斯来顿夫人是一个从不将就、要求很高的老师。她始终认为，作为老师应该给每个学生相同的机会，引导每一位学生自然、健康地成长，同时也给他们充分的自由发展的空间。唯有承认并正视学生个性的差异，才能充分地发挥个性，培育个性的成长和发展。因此，她从不像对待孩子一样对待学生，而是期待他们全部表现得像负责任的成年人似的，就像他们毕业后为了在社会上取得成功必需表现的那样。珍妮起初很害怕，但慢慢地她开始尊敬起这位严格和公正的老师来。

一天，斯来顿夫人给全班布置了一份作业，"你认为10年后的今天，你正在做什么？"珍妮思考着这份作业：飞行员？不可能。空中小姐？自己不够漂亮，他们不会要我的。家庭主妇？谁会愿意娶我？服务生？这我倒可以胜任，这个看起来比较现实一点。所以她就这样写了下来。

斯来顿夫人收上来作文什么也没说。两星期以后，她发回了作业，将作文纸的正面朝下，放在每张桌子上，然后问了一个问题："如果你有足够的钱，并且上了最好的学校，还有足够的天分和能力，你将会做什么？"珍妮突然感觉到一股好久没有的激情带来的冲动，顿时写下了她从前所有的梦想。当学生写完以后，斯来顿夫人又问道："有多少人是在纸的正反两面写下了同样的答案？"结果，没有一个人举手。

斯来顿夫人接下来说的话，改变了珍妮的一生。她说："我要告诉你们所有的人一个小秘密，你们的确有足够的天分和能力，你们的确可以上最好的学校，并且如果你们想要，你们也会有足够多的钱，事实就是这样！如果你们不为自己的梦想奋斗，没有人会替你们做。你们可以得到你们所想要的，只要你们有足够的决心。"

多年的否定带来的伤害和畏惧，在斯来顿夫人所讲述的真相里轰然倒下，珍妮感到一阵狂喜，还有一点点害怕。放学后她留下来，走到老师面前，她向斯来顿夫人表示了谢意，并且告诉她自己关于飞行员的梦想，斯来顿夫人站起来，重重地拍着桌子，说："去实现它吧！"

之后，通过整整10年的努力，珍妮实现了梦想。当然，她中间也曾经面对过暗暗的怀疑和明显的敌意所表示的反对。在遭到拒绝甚至羞辱时，默默忍受并不是珍妮的性格，她寻求着另一种方式。

她成了一名私人飞机的驾驶员，然后取得了必要的证书，从而可以从事航空货运甚至民运飞机的驾驶，但她始终是一名副驾驶，她的老板很直接地表现出提拔她时的犹豫不决，因为她是女性。甚至她的父亲都曾劝过她从事其他行业，父亲说："这是不可能的，别把头往墙上撞了。"

珍妮回答说："爸爸，我不同意你的说法，我相信一切都会改变的，我要做领航员。"

珍妮继续做着她三年级老师认为是"童话"的事情。她从事过农药喷洒，进行了数百次跳伞，甚至作为一个天气调节飞行员，在某个夏天进行了人工降雨。1978年，她终于成为被美国飞行协会认可的全国3名女性飞行受训者之一、50名飞行员之一。后来，珍妮成为一名波音737飞机的国家领航员。

斯来顿夫人给我们的启示：

（1）支持孩子的爱好。对于孩子的爱好，不论家长还是老师，都应该理解、鼓励和支持。在家长和老师的鼓励下，一定会有更多的孩子成才。

（2）切忌打击、挖苦孩子的爱好。小时候的珍妮是不幸的，遇到了一个因循守旧的老师，那么美好的愿望，被老师打击的几乎一蹶不振。

（3）让孩子拥有梦想。珍妮又是幸运的，在高中遇到了斯来顿夫人这样的好老师，在理解和支持下，重新点燃了希望，最终实现了自己的梦想。

给家长的建议之三十三

家长要培养孩子的意志力

"意志力"就是控制人冲动和行动的力量。其中主要是"控制"和"力量"。"力量"是客观存在的，问题在于如何"控制"。意志力并非是生来就有的，也不是不能改变的，它是能够培养和发展的。培养意志力要分"四步走"：

一、明确目标

目标，是人生追求的方向，是力量的源泉，是成就事业的基石。我们不论干什么事，都应该有一个明确的目标，有了目标才好行动。一个人树立的目标越大，志向就越大，胸怀就越宽广，意志就越坚强。反之，目标越小，志向就越小，心胸就越窄，意志就越差。所以，伟人心中都有大志向，而普通人心中仅有愿望而已。制定目标时要切合实际。如果制定的目标无法实现，再坚强的意志力也无济于事。而且，失败一次，心理就受一次打击，失败的次数多了，容易消磨意志力。在许多情况下，将大目标分解成许多小目标，不失为一种好办法。

二、磨练意志

一个人在成长的道路上，总要经受各种磨难。孟子云："故天将降大任与斯人也，必先苦其心志，劳其筋骨，饿其体肤，空乏其身，行拂乱其所为，所以动心忍性，增益其所不能。"古往今来，凡成大事者都曾经受过无数的磨难。所以，家长要教育孩子勇于面对困难，不怕失败，要有一种百折不挠的精神。

三、学会坚持

宋朝大文学家苏东坡曾说："古之成大事者，不惟有超世之才，亦有坚韧不拔之志"。只有坚持不懈，持之以恒，才能圆满地实现自己的人生目标。不少事业有成的杰出人物，都是靠坚持取得突出成就的。坚持是世间最容易的事，也是最难的事。说容易，是因为只要愿意去做，人人都能做到。说困难，是因为能够坚持到底的人很少。不论做什么事情，贵在坚持。许多失败，如果肯再多坚持一分钟，或再多付出一点努力，就可以转化为成功。

四、逐步培养

孩子坚强的意志力不是一时一事蹴然产生的，而是需要经过家长精心地培养。当孩子遇到挫折时，家长要帮助孩子冷静地分析失败的原因，改正原来的不足，走向成功。通过一件件小事的成功，培养孩子百折不挠的意志。

实践证明，孩子的每一次成功，都能使自信心增加一分，意志力更加坚强。在遇到新的困难时，孩子就会想，既然以前能成功，这一次也一定会胜利。如果孩子用顽强的意志克服了一种不良习惯，那么就能获取另一次挑战获胜的信心。每一次成功都能使孩子的自信心增强。

经典案例 做个打不倒的男子汉

一位父亲很为他的孩子苦恼，因为自己的儿子已经16岁了，却意志不坚定，没有一点男子汉的气概。于是，父亲去拜访一位禅师，请他训练自己的孩子。

禅师说："你把孩子留在我这儿吧，3个月后，我一定可以把他训练成真正的男人。不过，3个月里，你不能来看他。"父亲同意了。

3个月后，父亲来接孩子。禅师安排孩子和一个教练进行比赛，以展示这3个月的训练成果。

教练一出手，孩子便应声倒地。他站起身来继续迎接挑战，但马上又被打倒，他又站起来……就这样来来回回一共18次。

禅师问父亲："你觉得孩子的表现够不够男子汉气概？"

父亲说："我简直羞死了，想不到他来这里受训三个月，结果却是他这么不经打，被人一打就倒。"

禅师叹了口气，说："你只看见了表面的胜负，却没有看到你儿子那种倒下去立刻又站起来的勇气和毅力，这才是真正的男子汉气概啊！"

只要站起来比倒下去多一次就是成功。

真正的男子汉气概不在于他是否被打倒，而在于他被打倒后，有没有坚强的意志，能否立刻站起来。面对失败，可以平静对待，积蓄力量重新再来，这种气概体现了真正男儿本色。这样的人可以被打倒，但永远不能被打败。

禅师给我们的启示：

（1）意志比胜负更重要。坚强的意志力，表现在行动上就是不怕困难，百折不挠。当孩子具有了这样的意志，就不怕失败了。

（2）跌倒了要有爬起来的勇气。当自己的孩子表现不佳，遭遇失败时，家长切忌指责孩子，而是要看到孩子又经历了一次锻炼，然后帮孩子总结、分析，找出失败的原因，鼓励孩子站起来继续，直到取得胜利。

给家长的建议之三十四

制止孩子的任性

有的父母说："我的孩子太任性。"有的家长甚至说："我的孩子是天生的'拧种'，真没办法。"孩子任性也许有遗传的因素，但是，后天环境的影响也很重要。所以，家长一定要防止孩子养成任性的习惯。具体办法由以下几点：

一、冷处理

在孩子幼小的时候，只要孩子的冷暖、饥饱等都没问题，家长不要害怕孩子哭闹。但是，有的家长见不得孩子受一点委屈，一听到孩子哭声就跑过去又抱又哄，这种做法是不可取的。如果家长知道孩子不是热了、冷了、饿了、病了，就不要急着去哄他，家长应该既不哄也不批评，等孩子发现"哭闹"丝毫没有引起大人的注意和同情，就会收起"法宝"，渐渐地停止哭闹。

二、不迁就

这是最主要的一点，因为很多孩子的任性都是家长迁就的结果。家长发现孩子有缺点，就要指出来，并督促其改正。决不能因为孩子还小，就容忍、迁就。如果家长的行为让孩子养成认识上的习惯，孩子就会变得任性起来，他会想：以前可以那么做，现在怎么就不可以呢？

三、交朋友

要帮孩子交一两个通情达理、不任性的孩子做朋友。有一两个这样的朋友，经常在一起学习、玩耍、讨论问题，对克服任性大有好处。允许孩子到别的小朋友家里去，让他感受别的小朋友是如何听从父母的教导。还可以让孩子请小朋友监督自己克服任性的毛病。

四、提前警告

对于任性的孩子，当家长预计孩子可能因某种情况任性时，要提前打好"预防针"。如家长准备带孩子到商场去，估计孩子到商场会要求买玩具、买零食，如果得不到满足，就会任性、耍赖。那么在出发前家长就要和孩子"约法三章"：一是看到喜欢的玩具只许看，不能买；二是好吃的东西不能看见什么就要买什么，最多只能买一种；三是一切行动听指挥，不但不能乱要东西，而且不能乱跑，防止走失。如果不能做到以上三点就不带他去商场。等孩子答应了以上条件再去商场。当孩子兑现承诺表现好的时候，家长就要表扬孩子，甚至可以给孩子买个小礼物，作为孩子听话、不任性的奖励。

五、适时教训

列宁曾说："教育不是万能。"有的孩子任性起来，不论怎样讲道理，就是不听。特别是在公共场所，有时会让家长感到很没有面子。这时，就可以对其进行训斥了。

矫正孩子任性，需要家长认认真真下一番工夫，而且家长首先要矫正自己。如果家长没有科学的方法，没有具体的、有针对性的教育措施，恐怕不会成功。

经典案例　**罗伯特母亲的烦恼**

斯罗内克医师是位医术高明的小儿科医师。他有一个小病人，10岁的男孩儿——罗伯特。每逢罗伯特门诊的日子，小儿科同事都会觉得恐慌。说罗伯特攻击诊所一点都不夸张，他抓器具、抢档案文件和电话、打砸桌椅和文件柜。他无奈的母亲常常在一旁难为情地摇头。

有一次，在罗伯特例行体检的时候，斯罗内克医师发现罗伯特有一颗龋牙，罗伯特必须转到牙科治疗。但是，谁有这份"荣幸""伺候"他呢？介绍罗伯特这种病人给同事，可能意味着同行之间的友谊将告终结。斯罗内克医师最后决定，送他到一位据说是很了解小孩儿的老牙医那儿去。接下来的场面，现在看来简直就是人性冲突史上的经典时刻。罗伯特到了牙医的办公室里，准备开战。

"坐到椅子上去，年轻人。"牙医说。

"休想！"男孩儿应道。

"孩子，我要你爬到那张椅子上去，那就是我要你做的事情。"牙医说。

罗伯特盯着对手一会儿，说："如果你硬要我上那张椅子，我就要脱掉我身上所有的衣服。"

"孩子，你就脱吧。"那位牙医冷静地说道。

男孩儿毫不犹豫地脱掉衬衫、背心和鞋袜，然后挑衅地看着牙医。

"好了，孩子，"牙医说，"现在到椅子上去。"

"你没听清楚？"罗伯特激动地说，"我刚才说的是，如果你要我坐到那个椅子上去，我就脱掉所有的衣服。"

"孩子，那就脱吧。"医生应道。

罗伯特继续脱掉他的长裤和内裤，最后光溜溜地站在医生和助理的眼前。

"现在，到椅子上去。"牙医说。

罗伯特照做了，而且在整个治疗过程中都很配合。在龋牙治疗完毕后，他听从指挥，顺从地从椅子上下来。"现在还我衣服来。"男孩儿说。"抱歉，"医生答道，"告诉你妈妈，今天晚上你的衣服由我来保管。她可以明天再过来取。"

想象一下，当候诊室的门打开，罗伯特的母亲见到一身光溜溜像新生婴儿般的儿子时有多么惊讶。候诊室里坐满了患者，罗伯特和他妈妈不理会那些在一旁窃笑的人们，他们经过这些人的身边到达走廊上，搭公共电梯到停车场。

第二天，罗伯特的母亲返回诊所拿衣服，并要求和牙医说话。然而，她不是来抗议的，以下是她的感言："你不知道我多么感谢昨天在这里发生的一切。你知道吗？罗伯特用脱衣服来威胁我已经好几年了。每当我们到公共场所，比如说杂货店，他要是对我提出不合理的要求，如果我不立刻答应，他就威胁说要脱光身上的衣服。你是第一个拆穿这张假面具的人，医生，这件事对罗伯特的影响实在是不可思议！"

罗伯特母亲给我们的启示：

（1）溺爱孩子就会尝到苦头。罗伯特的母亲就尝到了溺爱孩子的苦头。事实就是这样，在亲戚、朋友面前，在公共场合，有些孩子会变得非常难缠而且大胆，经常提出一些过分的要求。如果家长无视他们的要求，他们就会用各种手段来威胁。

（2）原则问题上不迁就孩子。当孩子任性提出不合理的要求时，家长一定不要迁就孩子，让他养成要挟父母的习惯。家长要坚决不答应，不让他留有幻想。

给家长的建议之三十五

如何让孩子喜欢学习

一、激发孩子的好奇心

好奇心是学习的基础，孩子小时候对各种事物充满了好奇心，对任何事物都想探个究竟。于是，孩子就会经常问一些难以回答的问题。家长要积极回答，不能斥责，扼杀孩子的好奇心。

二、保护孩子的自信心

自信心是孩子独立自主的基础。不自信的孩子难以自立。为了保护孩子的自信心，一是家长不要拿自己的孩子跟别的孩子做比较，二是不要过分重视考试成绩。

三、培养兴趣是根本

只要是孩子感兴趣的事，就一定能学好。培养和保护孩子的兴趣，家长要做到三点：一是控制好自己的情绪，二是淡化分数，三是学会鼓励和表扬孩子。

四、培养孩子的好习惯

孩子有一个好的学习习惯，会受益一生。如孩子放学回到家，是先做作业，然后玩耍，还是先玩耍，然后做作业？家长可以帮助孩子制定一个计划，然后监督孩子执行。此举既能保证孩子完成作业，又能培养孩子言必信，行必果的好习惯。

五、孩子错了不要发脾气

如果家长脾气急躁，好发脾气，有一个最好的办法，那就是"回避"。家长可以躲到厨房、躲到卫生间，总之到孩子看不见的地方，迫使自己静下心来，让自己这么想：孩子为什么这样做？我发这个火，是不是能达到让孩子改变的目的？这样会不会对孩子有更坏的影响？当家长想明白了这些，再出来面对孩子的时候，一定会是另一种心情和态度。

经典案例 斯蒂芬森的故事

乔治·斯蒂芬森，出生于1781年，英国工程师，铁路机车的发明家，被称为"蒸汽机车之父"。他父亲是个煤矿工人，在蒸汽机房里烧锅炉，全家8口人，全靠父亲微薄的工资收入来维持生活。

由于家庭贫困，童年的斯蒂芬森和童年的瓦特一样也被剥夺了上学的机会，他

8岁便去给人家放牛，饱受风霜雨雪。但是，与瓦特一样，好奇心强烈的斯蒂芬森从小就对整天轰轰隆隆、永远不知疲倦的庞大机器有着浓厚的兴趣。他每次给父亲送饭的时候，都会出神地看着锅炉中熊熊燃烧着的烈火，听着机器隆隆的响声，对机器上每一个部件都产生了深深的好奇。一次，他出神地看着燃烧的炉火，快速旋转的飞轮和蒸汽机的热气，想到了火车的轮子也是飞转的，他问："父亲，如果把这个有巨大能量的大家伙搬到火车上，火车是不是能开得飞快？"父亲狠狠地说："快，回家去！如果你能想到，人家读过大学的师傅肯定早就想到了。"

斯蒂芬森14岁的时候，跟随父亲到煤矿当了学徒工，工作是给蒸汽机添煤、加油和擦洗机器。这下他能天天与蒸汽机打交道了，心里别提多高兴了。一有空，他就走近机器，仔细地观察它是怎样运转的，工作之余他还常常偷偷地看机械师维修机器。回到家里，他再用泥巴捏成机器的形状，反复琢磨它们的作用。

他看得越多，头脑中的问号也就越多，有些问题他搞不清楚想问技师，又怕技师看不起他，想看书又不认识字，没有文化的苦恼时刻折磨着斯蒂芬森，于是他下决心要学习文化知识。那一年斯蒂芬森已经18岁了，18岁的小伙子报名到矿区里的一所小学上学，孩子们都叫他"爸爸学生"。斯蒂芬森白天做工，工作之余还得给人家补皮鞋、修钟表。每天晚上他就和七、八岁的孩子们坐在一起上课。

孩子们的奇怪、大人们的嘲笑斯蒂芬森全然不顾，只是一个劲地埋头学习，他对孩子们说："读书有什么可害臊的呢？谁不是从学ABCD开始的？我只不过比你们来迟了一步罢了！"经过几年的刻苦学习，斯蒂芬森终于能够看懂书上的文字了。以后，他又找来了不少数、理、化以及机械原理的著作，研究机械理论，探讨蒸汽机的奥秘。由于斯蒂芬森刻苦学习，文化知识和机械理论都有了很大进步，1803年，他被提升为煤矿的机械修理工。

为了更全面地掌握蒸汽机的原理与结构，斯蒂芬森不惜辞去工作，不辞辛苦步行1500多里来到瓦特的故乡苏格兰。在那里经过一年多的刻苦钻研和实践，他不仅彻底搞清楚了蒸汽机的原理，而且掌握了煤矿里的各种机器的性能和结构原理。

1810年的一天，矿上一台机器突然出现了故障，许多机械师都找不出故障所在。斯蒂芬森毛遂自荐，并且熟练地找出了故障修好了机器。因此斯蒂芬森被矿上破格提拔为机械工程师。

从这以后斯蒂芬森开始了大量的科学研究，在机械理论、瓦特蒸汽机的原理与结构方面做了大量研究，并且开始实现他的少年奇想之梦——就是在古诺先生和特里维西克先生的基础上研究起火车来。1814年，斯蒂芬森制造出了世界上第一辆蒸汽机火车。当时，有人驾着一辆马车和它赛跑。新生的火车丑陋笨重，走得很慢，漂亮的马车骄傲地跑在前面，而且火车由于没装弹簧，把路基都震坏了。然而，斯蒂芬森并没有因比赛失败而灰心，他不断改进机车，坚信火车具有马车无法媲美的前途。经过多次试验，他终于制造出世界上第一辆投入商业运行的火车头"旅行号"。1825年9月27日，当由斯蒂芬森亲自驾驶他自己制造的"运动"号机车，载着450名旅客，以时速24公里从达林顿驶到斯托克顿时，铁路运输事业从此诞生了。但是直到1829年，马力运输才被机车运输取代。这一年在莱茵希尔进行的一次机车比赛，参加比赛的有三人，斯蒂芬森驾驶着他的"火箭号"机车以每小时58公里的速度行驶了100公里，战胜了对手"桑士巴里号"和"新奇号"，取得了优胜。

斯蒂芬森给我们的启示：

（1）要培养孩子求知的欲望。一个人如果缺少知识，是完全可以弥补的，但是如果他缺少求知的欲望，不想吃苦，就彻底没有希望了。

（2）要瞄准目标不懈追求。一个人只要有奋斗目标，敢想，敢做，不怕嘲讽，就会成功。假如一个人没有目标，不会想，不敢做，他将一事无成。

给家长的建议之三十六

教育孩子不要太争强好胜

孩子争强好胜本来是好事，但是孩子的好胜心太强，就会容易经受不了失败的打击，引出相反的效果。为了培养孩子胜不骄，败不馁的健全心理，家长应该做好以下几项工作：

一、锻炼孩子的心理承受能力

家长在跟孩子玩耍或做游戏的时候，可以有意地玩一些有赢有输的游戏，有意让孩子输几次，锻炼孩子的承受失败的能力。孩子的心理承受能力越强，在未来的人生道路上战胜各种困难的可能性就越大。

二、用古今中外名人失败的故事教育孩子

古代有"胜败乃兵家常事"的名言，还有"失败是成功之母"的名言。家长要把古今中外名人如何对待失败，如何从头做起，如何最后取得胜利的事例讲给孩子听，让孩子从就小知道做什么事都是有输有赢的，从而正确对待输赢。

三、让孩子学习别的小朋友的长处

当孩子与小朋友玩耍的时候，家长要注意发现别的小朋友的长处，并引导孩子向小朋友学习，告诉孩子只要像小朋友做的一样好，就会受到大家的喜欢。

四、不要让孩子养成骄傲的习惯

当孩子考试成绩优秀或取得什么突出成绩以后，家长要关注孩子的情绪，一旦发现有骄傲的苗头，就要进行教育，帮助孩子克服骄傲的情绪。否则，一个养成骄傲习惯的人，不但会落后，而且会失去许多朋友。

骄傲的代价

文生是一个聪明的孩子，在学校只要他努力学习一段，考试就能拿个好成绩。因此他非常自豪，压根看不起那些学习非常刻苦、成绩却一般的同学。但是他也有一个特点，就是学习成绩总是不稳定。比如，这次考试他的成绩非常好，那么不用猜，下次考试他的成绩准不好。

文生到初中三年级以后，面临着升学压力，确实踏踏实实学习了一段时间，结果在两次模拟考试中连续考出了好成绩，于是，他的老毛病又犯了，觉得中考算不了什么，自己怎么也能拿个好成绩，考上省级示范性高中不成问题。于是，他开始变得非常轻松，只要是自习课，对他来讲就是自由课，不认真做练习题，还和周围的同学嬉闹。

中考到了，文生自然参加了考试，通过答题，他的总体感觉还不错，认为考得很好。几天以后，中考成绩出来了，文生考了503分，而省级示范性高中的录取分数线是512分，也就是说他落榜了。这是他没有想到的结果。本来挺欢快的一个孩子，变得整天沉默寡言，躲在家里不出来，更谈不上去找同学玩了。

他的妈妈在与老师交流时，老师说："文生聪明这是不容怀疑的。但是，他容易骄傲也是不容怀疑的。每次考试成绩一好，他就开始骄傲，下次考试不用考虑，考试成绩准不行。"

他的妈妈说："谁知道这孩子怎么会染上这个毛病的？"

文生考试给我们的启示：

（1）家长要注意观察孩子的动向。在日常生活中，家长要观察孩子各方面的表现，如果发现不良情绪，就要通过说服教育，予以制止。

（2）制止骄傲要从小开始。孩子小时候，有了成绩容易骄傲，家长如果发现了孩子有骄傲的苗头，就要告诫孩子不许骄傲，应明白"虚心使人进步，骄傲使人落后"的道理，教育孩子正确地对待成绩和遇到的挫折。

给家长的建议之三十七

如何让孩子在学习中感受到乐趣

一、告诉孩子学习是一件很快乐的事

对于刚上学的孩子，父母不要把"玩耍"与"学习"对立起来，不要简单地说："把作业做完了再去玩。"这样做就会让孩子慢慢产生厌学心理。要问孩子："你是先做作业然后玩，还是先玩然后做作业？"只要家长给孩子自主选择的权力，孩子就不会产生厌学的情绪。

二、不要总盯着孩子的考试分数和名次

如果每次考试家长都是盯着分数和名次，孩子不但体会不到学习的乐趣，反而会害怕成绩差，名次落后，产生恐惧感，最后的结果就是使孩子厌恶学习。

三、当孩子取得优异成绩时要夸奖

孩子放学回来后，主动告诉家长考了好成绩，家长就要即时给予夸奖，让孩子充分体会到成功的喜悦。这对培养孩子喜欢学习大有好处。要重视精神奖励，不要动不动就进行物质奖励。

四、当孩子考试不理想时不责怪

孩子考试成绩不理想，家长主要看孩子是不是努力了。如果孩子已经付出了努力，就不要责怪孩子，应该帮助孩子分析原因，找出差距，迎头赶上。

五、营造在玩耍中增长知识的环境

家长要树立一个观念：孩子在玩耍中也能增长知识。比如，周末到本地旅游景点玩耍，既可使孩子了解当地文化，还可以让孩子写游记或日记，锻炼写作能力。

家长只有正确对待孩子的学习成绩，并且有计划、有目的地安排玩耍时间，让孩子体会到学习的快乐，孩子才会积极主动地学习，成绩才会越来越好。

经典案例　熊庆来的家庭教育

熊庆来，1893年生于云南省竹园坝。他是我国近代数学的先驱和出色的教育家。

熊庆来的父亲熊国栋从事教育、水利等工作。他思想开明，酷爱学习，喜欢跟受过新式教育的人士交往。熊庆来幼年受其父影响颇大。

熊庆来5岁时即在父亲的指导下开始学习写字。他父亲经常考问他以前学过的字，由于他聪慧好学，每次都令父亲很满意。

小庆来很爱动脑筋，凡事爱问"为什么"，对此父亲总是给予积极地引导。有一次，父亲检查完庆来的学习情况后说："很好，你都写对了，出去玩玩吧！"小庆来却说："不，爸爸，有一件事我弄不明白，请您给我说一说！"说罢，端来一碗水，拿来一根筷子，他把筷子插到水里，问父亲："您看，筷子折了没有？"父亲看了一看，说："好像折了。"庆来说："这根筷子本来没有折，为什么插到水里就像折了呢？"

父亲觉得这个问题提得好，便鼓励他说："爸爸也解释不了这个问题，以后你进了学校，学了更多的知识，就能解释这个现象了。"

熊国栋在工作之余，经常和朋友、同事们聚会，他们在一起谈人文、地理，还谈时局。每当他们谈论的时候，熊庆来总是睁大好奇的眼睛，默默地听。在父亲的朋友中，有两位教师，他们很喜欢聪慧机灵的熊庆来，便主动向熊国栋提出担任庆来的家庭教师，一位教法语，另一位教数学和一些自然科学知识。在他们的精心引导下，熊庆来的学习劲头越来越足。他的好学精神使两位老师深受感动。于是，他们建议熊国栋将庆来送到昆明继续深造。

值得一提的是，熊庆来的祖母也是个颇有见识的人。在昆明学习几年之后，熊庆来经过考试取得了去欧美留学的资格。可是，他的大伯又坚决反对他出国，庆来的祖母力排众议，认为孩子的前程最要紧，支持庆来去走自己想走的路。因为祖母的竭力支持，庆来才得以到法国深造8年之久，将现代数学引入中国。

熊庆来父亲给我们温暖的启示：

（1）注意呵护孩子的学习兴趣。孩子喜欢问"为什么？"就是孩子想敲开知识的大门，家长能认真回答，就是为孩子的心灵打开了知识的大门，也同样打开了通往大千世界的智慧之门。

（2）为孩子树立正面的榜样。家长不但要在读书方面为孩子树立榜样，更重要的是为孩子树立交友的榜样。熊庆来父亲的朋友，都是高水平的老师，平常的言谈话语，都是与知识、学识有关，自然对孩子起着正面的影响。假如家长打麻将、玩牌、赌博，孩子就会受到负面的影响。

给家长的建议之三十八

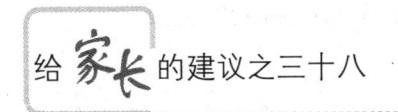

家长要培养孩子的自我约束力

自我约束力在一个人的成长过程中起着非常重要的作用，它能促使智力发挥出最佳的效果，让人能做出超常的成绩来。因此，要从小培养孩子的自我约束力。

一、自我约束力的表现

1. 自觉性

指一个人的行动有目的，使行动服从于目的要求。同时受信念、观点、世界观和客观规律的制约。有自觉性的人同时也具有独立自主性。这样的人既能倾听和接受合理化建议，又能坚持真理，信守原则，排除诱惑，不被困难所吓倒。

2. 果断性

指一个人善于分析情况，洞察一切，明辨是非，当机立断，付诸行动。

3. 坚持性

指一个人能长时间地专注和控制行为，保持精神紧张状态，促使行为符合既定目的的意志状态。

4. 自制力

指一个人能够控制自己，支配自己，并自觉地调节自己行为的能力。它表现为既善于促使自己完成应当完成的任务，又善于控制自己的不良行为。

二、培养孩子自我约束力的措施

1. 要制定规章制度

从幼年起，就应该在卫生、劳动等方面为孩子制定一些"几要几不要"之类的制度，来约束孩子的行为。使孩子知道什么该做，什么不该做，为孩子提供判断自己行为对与错的依据，这样一来孩子就会逐渐地形成条件反射。随着孩子年龄的增长，"制度"也应该逐渐修改、完善，更多地赋予道德品质的内容。要让孩子懂得如何控制情绪。如明明知道对方错了，但是不能武力干涉，不能采取不文明、不道德的方法进行报复，而是要耐心地劝告他。

2. 要增强耐久力和抗干扰能力

家长要有意识地安排孩子参加一些活动，锻炼孩子的自制力。如有家长根据孩子的年龄特点，确定时间，让孩子在规定的时间内看喜欢的画册、画报或文章，刚开始孩子也许不习惯，但是只要他能咬紧牙关坚持下来，品尝到阅读带来的快乐，他的耐久力就会与日俱增，自制力也会很快提高。

3. 加强体能锻炼

现在的孩子体质状况并不乐观，"小胖墩""小眼镜""豆芽菜"之类的孩子不在少数。家长不但要关心孩子的生活，更要关心孩子的体能锻炼。家长应该根据孩子的年龄、身体、爱好等特点，有计划地让孩子参加体育活动。如跑步、登山、游泳、骑车、假日旅游等。这些活动既强健体魄又锻炼意志。家长对于这样的活动要精心安排，循序渐进，不可操之过急。

总之，培养孩子良好的自我约束力，不是一朝一夕的事情，不可能一蹴而就，需要家长耐心地、长期地、有计划地去培养。孩子良好的自我约束力一旦养成，将使孩子终身受用。

经典案例 大手大脚的孩子

过了春节，张××就10周岁了，据他妈妈粗略统计，今年张××收到的压岁钱最少也有2300元。

正月初八，妈妈上班回家后，把张××叫到身边，问："儿子，你打算怎样支配压岁钱？"

张××听了，从兜里掏出一大把零钱，对妈妈说："就剩下这么多了。"

妈妈耐着性子数了数，共计58元4角。妈妈一看就着急了，大声问道："那么多钱都哪里去了？"

张××理直气壮道："都是同学间礼尚往来花掉的，他们都很佩服我。"

原来，自元旦到放寒假，张××先后收到10多个同学送给的新年礼物。

他心里感觉理应"回敬"一下,就先后请同学吃了两顿火锅,一顿肯德基,花掉1300多元;期间,他又请几个同学玩电子游戏,花掉300多元钱。其余则是自己玩游戏、买零食及来回乘坐出租车花掉的。

妈妈很着急,说:"你这孩子怎么就不知道节俭呢?"

张××却说:"压岁钱都是给我的,我就可以自己支配。虽然花了钱,也让我在同学中很有面子。"

张××给我们的启示:

(1)培养孩子的自我约束力任重而道远。张××是个小学生,就如此大手大脚,不懂节制,一旦养成习惯,将直接影响他的一生。他的做法告诉我们,培养孩子良好的自我约束力,不但很重要,而且是一件长远的任务。

(2)教育孩子不要爱慕虚荣。张××之所以大手大脚花钱,一是为了回敬同学,二是感到很有面子。小小年纪就不惜花钱买面子,这种虚荣思想需要加强教育,早日改正,培养孩子树立一个正确的人生观。

给**家长**的建议之三十九

家长要培养孩子良好的习惯

有研究表明,孩子学习成绩的好坏,智力因素只占20%,非智力因素占80%。在非智力因素中,习惯又占有重要的位置。因为习惯是人们行为的自动化。习惯一旦养成,就不需要特别的意志去努力,也不需要别人的监控,不管遇到什么事,孩子都会习惯地、自然而然地去做。

一、重点培养孩子以下四种习惯

第一,喜欢阅读的习惯。阅读不是潜能,而是习惯。只要是习惯就可以培养。一个人一旦养成喜欢阅读的习惯，就会自觉地把各种事物与学习联系起来，在潜意识的作用下，大脑便会对所学的知识进行分析、联想和加工。

第二，集中精力的习惯。有人做过这样的试验：将智力大致相同的学生分为两组，在相同时间内，让第一组同学边听故事边做习题，让第二组同学把两项内容分开进行，先听故事，后做习题。结束后，检查做题的成绩，并请每个人复述听过的故事。结果是：第二组做习题与复述故事的成绩都明显高于第一组。由此可见，一般人不可能同时做好两项或两项以上的事情。如果硬要同时做，必然使每件事的完成质量都有所降低。

第三，按计划学习的习惯。家长要指导孩子制定学习计划，然后严格按学习计划定时定量地学习。一般来讲，目标容易确定，计划也容易制定，难的是执行。

第四，善于思考的习惯。养成善于思考的习惯，有利于提高孩子的学习成绩，有利于增强孩子的能力，特别是有利于培养孩子的发明和创新能力。养成善于思考的习惯，是孩子比较高级的修养。

二、怎样才能让孩子养成良好的学习习惯

英国唯物主义哲学家培根曾说："习惯真是一种顽强而巨大的力量，它可以主宰人的一生，因此，人从幼年起就应该通过教育培养一种良好的习惯。"培养孩子良好的习惯，一般应按下列步骤进行：

第一，要加强教育，启发自觉。家长要想孩子养成一种良好的学习习惯，就必须讲究方法，一定要减少说教，增强趣味性。可通过讲故事、举事例等方法进行，真正使孩子由"要我学"变成"我要学。"

第二，从小做起，贵在坚持。要使孩子养成良好的学习习惯，就必须让孩子从一点一滴的小事做起。如孩子放学回来后，家长可以让孩子回忆一下当天的学习内容——今天学了几科？都学了哪些内容？作业完成了吗？有没有没听懂的？经过一段时间后，孩子会感觉到这样做有利于巩固知识，就不用家长监督，渐渐养成习惯了。

第三，偶有偏离，及时调整。在培养良好的学习习惯过程中，孩子容易出现疲惫、拖拉、放任等现象，家长要严格监督，发现偶有偏离，要立即进行调整。如发现孩子没有按计划学习，边做作业边看电视，趴着看书等，就要立即给孩子指出来，加以改正。

三、教育孩子克服以下几种不良的学习习惯

第一，克服打疲劳战的习惯。人的精力是有限的，如果不注意休息，很容易损害身体。尤其是眼睛，长时间看书、写字，就会使眼睛疲劳，造成假性近视，甚至发展成真性近视。因此，学习时应该劳逸结合，每学习40分钟~50分钟以后，就要休息10分钟，做一些活动，消除大脑和眼肌的疲劳，防止造成疾病。有的孩子一旦学习热情上来了，就废寝忘食，有时想考个好成绩，就不分昼夜地复习；有时得到一本好书，就想一口气看完。这种习惯很容易对身体造成损害。

第二，克服学习不良姿势。首先，不要养成躺着看东西的习惯。躺着看书、看报、看电视，容易引起眼睛疲劳，时间稍长，眼睛就会干涩，甚至会损伤视力。其次，不要养成趴在桌子上写字、看书的习惯，容易损害视力，也容易造成驼背等。

第三，克服一心二用的习惯。有的孩子喜欢边吃饭边写字、边走路边思考、边上厕所边看书等。在学术界，常有人推崇欧阳修的"三上"，即利用"马上、枕上、厕上"的时间构思文章。其实"三上"作为一种治学精神值得提倡，而作为一种治学方法则不宜效仿。

行为养成习惯，习惯造就性格，性格决定命运。良好的习惯对一个人的成长很重要。孩子一旦养成喜欢看书、学习的习惯，就要比那些没有良好学习习惯的人具有较大的潜在能量。

经典案例 布什家族教子的"祖传秘诀"

当小布什"子承父业"被选举为美国总统时，全世界的媒体都哗然了：美国政坛的新贵族布什家族又重振当年的雄风了。那么，老布什夫人是不是有什么育儿诀窍呢？

小布什是老布什和巴巴拉的长子，巴巴拉的一生都在为家庭操劳，即使孩子犯了错误，她也从来不大声斥责孩子，她说：如果孩子们知道自己所敬爱的母亲如此不理解他们的话，会使他们的自尊心受到伤害。所以，巴巴拉与孩子们的关系相处得非常融洽。孩子们有什么心里话也总是喜欢和母亲说。

在教育孩子方面，巴巴拉还有一个独特的"祖传秘诀"，那就是每天晚上"家庭朗读"。巴巴拉小的时候，父亲就经常给她读书，这对她的成长起了关键性的作用。

巴巴拉继承了这个方法，她说：在家中给孩子们朗读课本，会在他们幼小的心灵上留下深刻的印象，这在孩子们的儿童时期是非常关键的一课。她把这种读书经验归纳为四点：

一、读书宜早不宜迟

选择孩子读书的时候，越早越好，早接触听和读，有益于孩子的智力启蒙。

二、养成朗读的习惯

常常在孩子们睡前读书给他们听。她说："父母在什么时候给孩子读书无关紧要，但在每天同一时间里，至少要读上十五分钟，这样孩子会收获很大。"

三、让书籍伸手可及

调查表明，在一间摆满书籍的房间里长大的孩子，容易很早就成为这些书的热心读者。

四、选择好书

巴巴拉认为：孩子需要同他们的兴趣、年龄和能力相适应的书籍，同时也需要多种类的图书。她建议：给孩子读各种各样的文字材料——报纸、杂志、说明书，这样就向孩子展示了各方面的生活文字。孩子还喜欢一遍又一遍地听同一个故事，反复阅读可以扩大孩子的词汇量，有助于孩子理解故事的写作结构。

关于选择书籍，巴巴拉归纳出如下几种选书的原则：

一是三岁以下的婴幼儿，喜欢连环画及与他们熟悉的事物有关的故事书，书中直观的图像和艳丽的色彩能够吸引他们的注意力。

二是三岁到六岁的学龄前儿童喜欢动画图书、幻想故事书，其中贴近生活的儿歌、寓言，易于儿童记忆。

三是六岁到九岁的孩子喜欢读他们感兴趣的书，当孩子自己能读书以后，就选一些较深的书念给他们听。

四是十岁到十二岁的儿童喜欢幽默小品、民间传说、长诗以及情节比较错综复杂的故事和侦探故事。

五是边朗读，边提问题。巴巴拉念故事给孩子们听时，采取启发式教育方式，她边朗读边提一些问题，让孩子来解答。

六是孩子自己能读书之后，仍继续念书给他们听。巴巴拉建议：父母应一直念书给子女听，直到升入中学为止。因为大部分孩子在十二岁以前，聆听能力比阅读能力要高，所以他们听书的收益会很大。给大一点的孩子念书，可以借机把他们自己不会拿来看的书介绍给他们。

巴巴拉认为：让孩子迷上读书，比父母的任何强迫教育都要有效，因为只有自己主动去接受知识，知识才能被源源不断地吸收。培养孩子读书的习惯，会使孩子一生都受益无穷。

小布什妈妈给我们的启示：

（1）培养良好的习惯要早。不仅仅是读书的习惯，想要孩子养成某一种良好的习惯，都要从孩子小时候开始。

（2）联系孩子的实际很重要。不论是给孩子朗读，还是给孩子推荐书籍，都要与孩子的年龄、兴趣相结合。否则，就很难让孩子热爱学习。巴巴拉不但做得很好，而且善于总结经验，值得我们借鉴。

给 **家长** 的建议之四十

家长要注重培养孩子的情商

孩子在学校学习，主要靠智商，情商在其次。但是，当孩子长大走向社会以后，在工作和交际中主要靠情商。由此可见，情商在人的一生中非常重要。那么，什么时候起培养孩子的情商呢？也应该从小培养。

一、教育孩子学会换位思考

孩子受别人欺负，心里就会难受。那么，家长可以问孩子："你如果去欺负别人，别人会不会难受呢？"这样的情绪体会，有助于提升孩子换位思考的能力。从情商教育的角度而言，这是个一举两得的做法。

二、教给孩子处理负面情绪的技巧

美国有些中小学的课程中加入冥想的练习，让孩子闭上眼睛，集中意念静坐20分钟。而最近的实验发现，静坐冥想有助于降低一个人的焦虑感，而且能够强化集中注意力，进一步地提升学习效率。像这些设计得当、适合孩子的放松技巧，早早学会，对他们未来的抗压能力养成及提升就会有所帮助。

三、帮助孩子树立自信

自信是情商能力的基石。自信的孩子，在面对别人的恶意攻击时能沉稳应对，并拥有良好的抗挫及抗压能力，在人际关系上也会得心应手。父母要告诉孩子值得欣赏的优点，这些优点不是和别人比较的成果，而是孩子本身具有的特质。比如，很有爱心，对小动物很好；很有礼貌，会主动和朋友打招呼等。

四、培养孩子乐观积极的态度

父母给孩子的最佳礼物是：一份"无可救药"的乐观心态。心理学研究发现，只要孩子对自己持正面的看法，对未来有乐观的态度，孩子就不会离幸福太远。正向思维能力是在日积月累中形成的，家长只要平时多花点心思，就能帮助孩子培养出乐观的正向思考习惯。

五、培养孩子的人际互动能力

现在的孩子基本是独生子女，所以父母应该多安排些活动，欢迎孩子的玩伴来到家里和孩子一起玩耍、学习，以及共同度过生命中的重要时刻（如生日等）。

初中阶段，是培养孩子情商的重要时期。家长应当抓住主要时机，培养孩子良好的情商能力，增强孩子的心理免疫力，来应付学习和生活中的低潮与挑战，让孩子有一个成功与快乐的美好人生！

经典案例 以情感人的好老师

有一位小学老师，上课爱提问题让学生回答。班里有个学生叫李小全，他和其他学生一样，大家都举手，他也积极地举手。老师说："李小全，你来回答！"

李小全站起来，但是很尴尬，他一句话都说不出来。

老师说："坐下。"

第二天上课了，老师又提问题，全班的同学都举手了。老师一看，李小全又举手了，今天应该能回答，就说："李小全，你来回答。"

他站起来了，还是说不出来，很尴尬。

老师说："坐下。"

第三天，老师提问，李小全还举手，结果与上两次完全一样。

老师心想，事不过三，李小全为什么几次举手却回答不上来呢？下课了，老师把李小全叫到办公室，没有批评他，而是问："小全同学，我想知道你都不会回答，为什么还举手？是不是太紧张了？"

李小全说："老师，我不会回答。"

"你不会回答，还一次、两次、三次都举手？"

"老师你看，全体同学都举手，如果我一个人不举手，那多丢人，所以，我也要举手！"

"但是，你不会回答呀！"

"但是，我要举手！"

老师想了一下说："好，小全，我们两个约定一下。下次你能够回答的，就举右手；你不能回答的，就举左手。我看见你举左手，就不喊你回答；你举右手了，就让你回答。"

"好！"

之后，老师提问时，李小全都举手，他举的左手，老师明白他不会回答，就不让他回答。有一次，李小全举了右手，老师眼睛一亮，抑制住内心的喜悦，说："李小全，你来回答。"李小全回答了，非常高兴。

下课了，老师把他叫到办公室，说："你看，你有四次举了左手，不会回答，但是，这一次你还是回答得很好。我们就这样继续约定，不要告诉你的父母和同学们。"

时间一天天过去了，一开始，李小全举左手可能是八次，举右手是两次，慢慢地右手举了八次，左手举了两次，结果都能回答，就这样，李小全的学习成绩上去了。

有一天，老师把李小全叫到办公室，说："小全，很不错，你的进步很大，现在你已经能回答问题了，今后我们继续按约定做下去吧！"

李小全眼睛含着泪花说不出话来。

这位老师给我们的启示：

（1）靠情商开发孩子的智商。这是一位情商非常高的老师。他与学生之间的秘密，既体现了对学生心灵的爱护，又激励学生去努力学习。在这种充满情感的激励之中，学生的智商之花逐渐开放。

（2）教孩子要因材施教、由浅入深。当家长发现孩子学习有障碍，行为有怪癖的时候，不要讽刺，不要挖苦，不要放弃，而要沟通，了解孩子的内心世界，然后根据这个孩子的具体情况，制定恰当的教育措施，最后达到让孩子健康成长的目的。

理解篇

青春期·关爱·理解

青春期是一个过渡期,青春期是一个成长期,青春期是一个变化期,青春期是一个负重期,青春期是一个反抗期。了解孩子此时的心理特点,家长才能有的放矢地教育好孩子。

关爱就是关心和爱护。对青春期的孩子,不仅要关心其生活和学习,还要关心、了解孩子青春期的心理特点;不仅要爱护孩子的身体成长,还要用爱心了解孩子,呵护孩子的心理变化。

理解的前提是了解,了解的前提是沟通。家长通过沟通,了解了孩子之后,自然就理解孩子了。

给家长的建议之四十一

青春期教育，不可忽视的话题

教孩子认识火柴，并不等于教他玩火！给孩子讲性知识，并不等于教唆他去关注性事。

一、我国的青春期教育现状不容乐观

有调查显示，在青少年遇到有关性的问题时，90%的学生首先向父母求解，希望从父母那儿获得有关性的知识，但遗憾的是只有3%的学生表示，家长给予了他们满意的答复。约30%的母亲，在女儿第一次来月经之前，没有告诉过孩子如何进行处理。一半以上的家长认为，自己只是一般了解或基本不了解性教育的概念，问其有关性的问题时，常常扭扭捏捏，说些似是而非、模棱两可的话，不仅难以正确引导孩子，甚至会造成误导。

二、家长要了解孩子的青春期特性

多数家长知道，对孩子进行青春期教育，有利于促进他们的身心健康发展，但是，很多家庭对孩子性教育的现状却不容乐观。因为多数家长没有接受过正式的、系统的性知识教育，处于性知识贫乏，性教育观念陈旧的状态。传统的性观念不仅使他们羞于谈性，而且也无从谈起，甚至有人认为性可以无师自通。

所谓青春期，是指一个人从童年向成年过渡的时期。我国青少年的青春期，一般是在10岁到20岁，中学生正处于这一时期。青春期的主要特征，是以性发育为主要表现的。随着青春期生理的变化，青少年的心理也同时发生了相应的变化。如认识到自己长大了，喜欢独立行事，喜欢交友往来，性意识开始萌发，对异性产生好奇、感兴趣。这时的少男少女，往往憧憬着自己美好的未来，内心世界与社会外部环境常常发生矛盾冲突，面临着人生课题的许许多多疑问和困惑。因此，对青少年进行正确的青春期教育，家长责无旁贷。

三、为了孩子健康成长，应该给孩子早讲青春期性知识

1963年，周恩来总理在全国卫生科技规划会议上指出："一定要把青春期的性卫生知识教给男女青少年。"

现在，时间已经过去了五十一年，家长对孩子的青春期教育现状却很不理想。性是一种本能，是每个人在青春期逐渐发育形成的。无庸讳言，每个孩子到了青春期，都会遇到性问题，这是不能回避的。在这个时期，如果家长还对青少年实行性知识的封锁政策，那么就好比将一个毫无免疫力的生命，放在一个充满各种病菌的病房，简直是太危险了。所以，应该早点对孩子进行青春期教育。

经典案例　父亲和儿子关于性的对话

我永远不会想到，美国人竟然开放到这种程度了！

好久不见莱恩。今天，这孩子回来时，明显地感觉他瘦了许多。

父亲理查德远远地看到莱恩，立即小跑出屋，热情地拥抱住儿子："年轻人，难道有不开心的事情发生？"

莱恩忧郁地看了父亲一眼，"是的，爸爸。情况差一点就很糟糕！"

理查德抚摸了一下儿子的金发："那么，我们需要到里边好好谈一谈，也许我能帮上你的忙。"

理查德拉着莱恩进了屋。

我看了看表，哦，今天该是轮到我做中餐的时候了。

饭后，理查德对我说："Ailin，我现在需要你帮一个忙。你现在暂时是莱恩卧室门外那把椅子的主人，是的，请坐在门口！记住，不要让任何人靠近或

是进来!"

"是的,先生!"我答应着,看着他们父子进入了卧室,便坐到了椅子上,并舒服地半闭上眼睛。

里面很快就传来了父子二人的对白。

"爸爸,你还在生我气吗?医生说了,丽萨(莱恩的女友)并没有怀孕,只是虚惊一场。"莱恩说。

"你确实很幸运。但是,莱恩,你想过没有,这种幸运只是偶然的……"这是理查德的声音。

哦,原来是这家伙交了女友,还差点留下后遗症!小小年纪就不学好,也难怪刚才理查德在餐桌上就很不高兴。

"那么,爸爸,我该怎么办?你是反对我交女朋友吗?你是在鼓励我'禁欲'?"

里面沉默了一会儿。

"莱恩,我心里很惭愧,我忽略了你已经成长为一个大男人了!有些事,本来我早就应该告诉你的。所以,你今天发生的事情,我也有责任。"

"不,爸爸!"

"我无权阻止你对生活的选择。但是,我有义务告诉你应该怎么做才算是正确的。小伙子,你能帮我把这张光盘放在机器里吗?"

"好的。"

很快,我便听见了莱恩兴奋的声音:"噢,爸爸!这是《野兽》啊?!我们学校里的很多男同学都看过这个片子的!你现在要看这个吗?"

哦,《野兽》是美国著名的赤裸裸地描写性爱的一部电影。难道,难道理查德先生竟然要引导自己的亲生儿子观看黄片不成?!我立即睁开双眼并竖起了耳朵。

"嘘,轻点儿。是的,我们一起来看看这部电影如何?因为接下来,我想告诉你,我们男人应该做什么样的事情!"

我惊鄂了。

理查德疯了?

他真的要与儿子一起看 A 片？

难道这位受人尊敬的理查德先生竟然要用污秽的情色影像来玷污莱恩的灵魂？

这是可耻的，是有违常伦的行为！

这实在让我鄙夷！

哼！这种"精神不洁"的男子将会被天堂拒绝的！

凭直觉，片子已经开演了。

这是多么不可思议啊！

我如坐针毡，要知道，我是个女人，是一个孩子的母亲！

我想要离开，但却不能离开，因为我需要这份工作！我把手里的餐巾纸撕成了碎片之后又揉成了团。谁都可以想像出我当时的尴尬！

里面不时传来莱恩的惊叫声，理查德也时不时地做着讲解，还对片子里的一些情节和莱恩交换看法！

"孩子，我们现在必须坦诚地交流。你和丽萨干过这事，对吗？"这是理查德的声音。但在我当时听来，却像是巫师正在施展诱惑。

"是的，爸爸，我做过，而且不止一次。"

"听着，莱恩！只要是正常的人，性生活对他而言都是人生中不可或缺的美好画卷。"

"是的，这很美妙，令人难忘。"

"我们需要美好的生活，但是，我们不应该把这美丽的画卷涂抹的一塌糊涂！我们不能破坏美好。瞧瞧这儿，这个男主角手里握着的是什么？"

"应该是避孕套，爸爸。"

"你用过吗？"

"没有。"

"为什么？"

"听人说，这玩意儿戴上去之后很不舒服，犹如隔靴搔痒。所以，我从不曾用过。而且，丽萨从来都是想追求一种真实的、完全天然的境界，她也反对用它。"

里面的背景音乐突然停住了，也许是理查德将机器调到了静音，也许是他干脆就关掉了机器。

"我的孩子，问题就出在这里。莱恩，你告诉我，你真的爱丽萨吗？"

"是的，至少我现在是这么认为。"

理查德似乎叹了口气："小伙子，不是每个人都能幸运地找到适合自己的伴侣！所以，当我们一旦找到了心爱的另一半，我们就应该珍惜对方，保护对方，温柔地对待对方，无论是在哪个方面。当然，也包括性爱。在相互快乐的同时，男人一定不要忘记，别给心爱的女人惹麻烦。比如丽萨，在医生确诊之前，她也很痛苦，很担心。人人都知道私生子是件多么可怕的事情！对此，你当然有责任，因为麻烦是你们一起制造的，自然必须共同承担。"

"爸爸，我知道，这是我的不对。"莱恩沉默了一下，回答说。

"是的，孩子，只追求纯粹的快乐是不可能长久的，我们做任何事情都得跟责任连在一起。百分之百的快乐实际上很不现实，它必定会转变成一种罪恶。"

"爸爸，我以后会想起用避孕套的。"

"这才是男人！不过，你还应当知道，如今的美国社会，AIDS（爱滋病）实在是有些猖狂，它足以让人们胆战心惊，对于此事，我想你也不会太陌生！是的，它很可怕，但是，我们又不能拒绝美妙的性。怎么办？莱恩，这些你都想过没有？"

"想过，可是，我和丽萨总觉得AIDS离我们还挺遥远。"

"不，不，你们怎么可以犯这样的错误？莱恩，你是个爱干净的人，丽萨也是。但是，AIDS可以通过另外的渠道进入你们的体内，而且是在不知不觉之中。这些都是基本的常识。当然，还有各种皮肤病，它们的力量是人类不可忽略的。"

"爸爸，这些我都知道。"

"那么，为什么不找一扇合适的大门把敌人关在门外？譬如找一个避孕套？"

"爸爸，我以后一定会注意的，你放心好了。"

理查德再次慷慨激昂："在情爱中还没有忘记责任感的男人才是真男人！莱恩，你一定要学会保护自己和心爱的女人！"

理查德一席话，别说莱恩，听的我都瞠目结舌，受益匪浅！看来我错怪理查德先生了。

不过，接下来的对话又令我吃了一惊。

"现在，让我做一回18岁男人的父亲。我要教你怎样正确使用避孕套……很好，莱恩，像我一样做……"

天啊，这个理查德！这种无师自通的事情还需要教吗？！

但显然，莱恩却非常感兴趣。

"莱恩，请把这盒避孕套装进你的口袋。是的，这是身为父亲的我送给我长大成人的儿子的礼物。年轻人！祝贺你，你已经长大了！上帝保佑你永远健康！"

"谢谢爸爸，真没想到，你能这么理解我！你是我生命中最好的伙伴！"莱恩的声音里充满了感激。

这对父子继续留在房间里讨论一些令人脸红心跳的问题，从青少年的性生理，性心理到男子的更年期问题，甚至女人生孩子，他们竟然无所不谈。理查德则像一位专家，不断地循循善诱。

坐在门外的我，当时的心情就如太平洋上此起彼伏的波涛一样，久久不能平息。

记得小时侯，我经常问妈妈："我是怎么来的啊？"开始妈妈回避，最后让我问急了，就回答一句："大街上垃圾篓里捡来的呗！"

此后，只要母女之间一有小矛盾，哪怕很微小，我都会很伤心！因为我认为，我不是妈妈的亲生女儿。

直到后来结婚了，我才明白那不过是母亲的一句敷衍之答。因为母亲根本不知道如何回答女儿。有时候，儿子小宝同样问我，他是怎么来到这个世界的，我却"如法炮制"，心情好的时候，顶多也就扔给他一本相关的书，让他自个儿研究去。

类似我小时候这种遭遇以及我这种教育孩子的方式，在中国真是太普遍了。

关于性方面的教育问题，大多数中国父母们的脑海里从来就没有这根弦。包括我这个研究生都一向认为，孩子年龄还小，绝不能让他知道这种事情，更不必专门对孩子"开课"，因为对孩子进行性教育无疑是在教唆孩子关注这种事！所以，多数家长视性教育为"洪水猛兽"，谈性色变。

我们一贯相信，孩子们长大了自然就会懂。性，好比一层薄纸，家长的"善意"保护，对孩子们来说，无疑又给性加了一层神秘面纱。

但是，孩子们毕竟会长大，大人们挡不住他们的好奇心。在这种保守的教育背景下，可怜的中国孩子们不得不采取摸着石头过河的方式来慢慢探索"性"。由于没有专人的指引，这就增加了很多的盲目、风险和错误。

理查德对莱恩采用这种父子共同观看Ａ片的教育方式，我不知道在美国是不是很普遍，但在中国，我敢保证，这绝对是没有的！

我羡慕莱恩！因为他生活在思想开放的美国，他可以享受一个青春期孩子应该享受到的一切教育，他不必像中国孩子那样苦苦地摸着石头过河却不知眼前的水到底有多深！

是的，亲耳聆听了理查德对莱恩的性教育，我深切地感受到中国家长对性教育认识的落后。

我在反思，因为我意识到了我对孩子的渎职。

或许我早就应该意识到：教孩子认识火柴，并不等于教他玩火！

理查德教子给我们的启示：

（1）直面孩子出现的性问题。理查德发现孩子在性的方面出现问题以后，没有回避，没有责骂，而是直面孩子出现的问题，有理有据地对孩子进行教育，收到了很好的教育效果。

（2）重视青少年性教育，培养健康的性心理。改革开放已经三十余年，我们家长的思想早该解放了，应该从孩子的儿童时期就开始进行性知识教育。

（3）借鉴外国的做法，别让孩子在性知识方面摸着石头过河。美国从小学一年级起就开始传授生育、两性差异、个人卫生、手淫、性道德等知识。初中阶段讲生育过程、性成熟、月经、遗精、性约束等知识。进入高中时期讲婚姻、家庭、性魅力、同性恋、性病、卖淫、性变态等知识，并向学生发放避孕套。

给**家长**的建议之四十二

对孩子进行青春期教育宜早不宜迟

据调查统计，现在中学生中"早恋""早孕"现象比较严重。在心理专家看来，处于青春期的孩子，对异性的好奇和爱慕行为，包括情欲，都是正常的。如果说"早恋"是青春期生理现象的自然萌动，不必紧张，那么，"早孕"就不能不令人担忧了。

问题出在孩子身上，但是，原因却在父母身上。孩子情感的萌发是自然而然的，又往往是极其微妙的，有时又可以说是莫名其妙的。仅靠警告、限制、禁止是起不了多大作用的。那么，父母应该怎么办呢？

一、把握对孩子进行青春期教育的最佳时期

根据专家研究，对青少年开展青春期教育最佳时间，是从小学高年级开始。同时，应该提前对家长进行青春期健康知识的培训。家长一定要明白，孩子需要规范的、科学的青春期教育，需要成年人进行正确的引导，因此，接受培训是具有深远意义的。

二、不要回避对孩子的青春期教育

在我国，家长一般都羞于给孩子讲性知识。但是，现在的社会已经成为信息社会，大多数孩子受影视剧和不良书刊的影响，过早地接受了拥抱、接吻等行为的影响，如果家长不早点对孩子进行性教育，孩子在好奇心的驱使下就会模仿，等到出现问题时，家长就追悔莫及了。所以，家长要正确对待青春期教育，勇敢地承担起教育的职责，让孩子健康地度过青春期。

三、对待孩子出现的青春期问题，家长要正确对待，科学处理

青春期的孩子容易出现问题，家长既不能掉以轻心，也不要大惊小怪，孩子一旦出现问题，家长要做到"三个多于"，即："理解多于质问，宽容多于指责，探讨多于压制。"

经典案例 "放任"的目的是冷处理

在美国，如果发现孩子早恋了，有的家长教育孩子选择"放任法"，给人留下了深刻的印象。下面是一个留美中国女性讲的故事。

有一天，43岁的秀向全班宣布，她早恋的儿子已经和女朋友分手了，随后便哈哈大笑，教室里的人都充满了好奇，原来这背后有故事。

她的儿子是一个正读高中的16岁小伙子，他的21岁的女朋友前天晚上与他断绝了关系。秀从一开始就不喜欢这个女孩子。她竭力反对他们的交往，她认为他们的家庭背景很不相同，而且儿子还不到谈恋爱的年龄。

"为什么不把他们分开？"我问。

"怎么可能呢？他对自己的这一做法很任性。对我来说，这是一场注定要失败的斗争。"

"于是你就让他安心地与她在一起？"

"是的，但我告诫他这将不会有什么结果。"

"你是否曾经见过她？"

"许多次，当他没有足够的钱带她上餐馆时，他就带她来家里吃饭，有时我真想让他们离我远一点，但我从没有这样说过。我不喜欢她和他的交往，他明白这一切。但你知道这种年龄的男孩会怎样，你说得越多，他越听不进去。如果我老是说反对意见，他就越下定决心与这位女孩子形影不离，我只好顺其

自然，这将使他们的关系结束得快些。"

"他跟你谈论过她的情况吗？"

"有时会。我问他们在一起干什么，我告诉他事情会有什么结局。仅仅像一个正规的交谈，没有批评，即使听到他们去过不该去的本地的酒吧，我也不说一声反对。"

"你没有做过一件试图把他们分开的事？"

"没有，但你不知道我有多高兴。今天早晨当我听到他们已经分手了，虽然我看到他眼中含着泪水，但我还是几乎要情不自禁地笑出来。当他去上学时，我迫不及待地把此事告诉了我的丈夫。我们都从来没有这样开心地笑过。"

"你儿子不是很伤心吗？"

"是的，但他经受得住。他现在只是很伤心不能与她再来往了。相信他经受得住这方面的痛苦。"

"在中国，高中生是严禁谈恋爱的。"我顺便解释。

"无论是在哪个国家，孩子在花费较大的精力用于学习时，谈恋爱都不是一种明智之举。因为他们还太小，不懂得爱的真正含义。但这方面的体验别人无法替代产生，也需要他们自己整理一下思绪，自行走出误区。家长不要把这事看得太重，即使心里紧张，也不要表现给孩子。他们仅仅在一起做游戏，也同样在不断地学习。应该有把握的是，当他上大学时，他将懂得他要找的是什么样的人，并且能找到与他较般配的另一半。"

"你认为这种经历是对未来的准备？"

"可以这样认为。他能有所比较，最终知道什么是次要的，什么是最重要的，这也同样使他能从容地去面对今后的各种打击。"

母亲秀教子给我们的启示：

（1）学会运用教育心理学。这位母亲应该懂得教育心理学，面对孩子的早恋，她反对但不阻拦，警告但不责骂。她耐心地等着孩子觉醒，当孩子终于与女友分手了，她由衷地高兴。

（2）预防孩子的逆反心理。青春期的孩子都具有逆反心理，家长越是强烈地反对，他们就越是坚决地顶着来。家长如果能理解孩子，与孩子沟通，最后孩子反而能给家长一个满意的答卷。

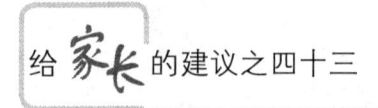

给家长的建议之四十三

尊重孩子的隐私

隐私，就是不愿被他人知晓的事情。青春期的孩子已经有隐私了，但是，他们的隐私常受到侵害，令人遗憾的是那些侵害者，往往是他们的父母或老师。孩子的隐私遭受侵害，会给孩子造成以下危害：

一是自尊心受到伤害；

二是自信心受到打击；

三是麻痹了孩子的羞耻心；

四是削弱了孩子的自省力；

五是破坏了孩子的人际关系；

六是削弱了孩子与亲人的亲密关系。

比如，写日记是一种自省方式，家长偷看或强行看孩子的日记，都是不可取的。孩子这方面隐私受到侵害后，其自省的欲望和能力就会大大削弱，有碍其健康成长。令人遗憾的是孩子的隐私被侵害后，父母不以为然，又不想法补救，其结果必定是孩子对父母反感，不信任。一旦双方形成隔阂，再对孩子进行有效教育就困难了。

那么，孩子的隐私家长是不是不能过问了？对！当孩子觉得这个问题需要保密时，家长就不要刨根问底了。但是，家长并不是放任自流，而是通过沟通，在尊重孩子隐私的前提下，让孩子自愿地和你倾谈隐私。因为隐私有一定的相对性，自己的私事对一些人是隐私，对另一些人可以不是；隐私可以转化，不信任你时是隐私，信任你了就不是隐私。父母要争取孩子的信任，使孩子主动、自愿地披露心中隐私。这就要求尽可能做到：

（1）长期培植孩子对父母的信任感；

（2）培养孩子与父母沟通情感的习惯；

（3）不可偷看孩子的日记，私拆孩子的信件；

（4）兑现对孩子的承诺，不能兑现时也得说清缘由，取得孩子的谅解；

（5）承诺为孩子保守秘密，一定要守信，需要揭密时应动员孩子自己揭露，而不是由父母代办。

当然，如果孩子做了越轨的事、违法乱纪的事，就不再是什么隐私了。家长就要加以过问，严格管理了。

经典案例 孩子的秘密

大卫的儿子与同学出去玩了。大卫来到儿子的房间，发现儿子的书桌上很乱，就走过去想整理一下。此时，大卫突然灵机一动，打开儿子的抽屉，发现了一个蓝色的笔记本。

儿子在日记本的第一页上写道："自从我上初中以后，我的心里就开始十分空虚与孤独。父母除了关心我在学校的表现外，就是把我关在屋里学习，每天当我伏在桌前，永不停止地写那些永远写不完的该死作业时，我就特别的痛苦。我多么想能有时间到外面去打打篮球，踢踢足球，轻轻松松地活动一下啊！"

读完儿子的日记，大卫内心感到了一种强烈的震撼。他原以为自己的心灵与儿子贴得很近，可万万没有料到儿子并没有把自己当作朋友。

傍晚，儿子回到家里，又关上房门独处。晚餐的时候，儿子突然问："爸，妈，你俩谁动我的东西了？"

大卫假装糊涂地说："没有啊。"

见父亲的态度如此坚定，儿子什么也没有说，满脸不悦地走开了。

两天以后，趁儿子不在家，大卫又到儿子的房间，企图从日记里洞察儿子内心的秘密，令大卫惊讶的是，抽屉上安了一把锁。顿时，他的大脑一片空白，他突然意识到自己犯了一个低级错误。

晚上，当儿子回到家后，大卫鼓足勇气对儿子说："儿子，爸爸犯了一个错误，你能原谅爸爸吗？"

儿子沉思片刻，冷冷地说："不就是偷看日记的事嘛，我不想再谈这件事了。"

"如果你原谅爸爸，就请你打开锁，别把爸爸当贼似的。"

儿子气呼呼地对大卫说："这是钥匙，交给你，这回你该满意了吧？"

若干天以后，当大卫无意中再一次来到儿子的房间时，一心想走进儿子内心世界的大卫，又鬼使神差般地想看儿子的日记。大卫惊讶地发现，儿子的抽屉虽然没有上锁，可那日记本不知何时已无影无踪了。

有一天，儿子突然对大卫说："老爸，你是不是很失落？"

"这话怎讲？"

"因为我把日记扔了，并发誓不会再写日记了。"

大卫惊愕地醒悟到：儿子心里有了一把锁。

大卫给我们的启示：

（1）给孩子留有隐私的空间。进入青春期的孩子都有自己的隐私，父母应该尊重孩子，不干涉孩子的隐私。当父母无意间闯入孩子的隐私后，会令孩子感到不安。

（2）与孩子平等相处。任何人都是一个独立的个体，而且人与人之间是平等的，即使是大人与孩子也是一样的。如果父母要强行探究孩子的秘密，孩子就会在心灵上加一把锁。

（3）多与孩子进行沟通。沟通可以相互了解，了解可以提升到理解和信任，得到孩子的理解和信任，才能有效地教育孩子。没有任何理解和信任的教育，其效率是极其低下的。

给**家长**的建议之四十四

关心孩子青春期健康的原则

孩子进入青春期后，如何教育孩子？家长应根据自己孩子的实际情况，采取相应的方法。一般情况下，家长应该坚持三个原则，解决两个矛盾：

一、三个原则

一是坚持"平等"的原则。孩子从小到大，接触最多的是父母，父母教他学说话、学走路，从不懂事到逐渐懂事。因此，我们说"父母是孩子的第一任老师"。但是，随着年龄的增长，进入青春期的孩子不再对父母言听计从，他们一旦不同意父母的观点，就会进行辩论。父母在他们的眼中不再是权威，这时父母一定要认识到：孩子正在长大，敢于发表意见是好事，否则，亲子关系就会恶化，加剧孩子青春期的过激反应。处于青春期的孩子有太多的心理负担和内心烦恼，他们需要父母在感情上给予关怀和体贴、理解和支持。无聊的说教，严厉的指责，最容易引起孩子强烈的抗拒。

二是坚持"无为而治"的原则。进入青春期的孩子最渴望的是自由，最反感的是无理干预。那么，家长就应该了解孩子的心理特点，给孩子适当的自由。有些事情家长故意不去过问，让孩子亲身去经历、体验，从而让孩子了解和掌握一些道理。这对于青少年来讲是弥足珍贵的，是孩子健康成长和人格完善所必不可少的环节。所以，家长不要一味地禁锢孩子的行为，而是要有所为，有所不为。

三是坚持关注心理健康的原则。青春期的孩子正处于"多事之秋"。因此，家长一定要重视孩子的心理健康问题。在心理特点上，孩子最突出的表现是出现成人感，增强了独立意识。例如：在生活上不愿接受父母过多的照顾或干预，否则心里便产生厌烦的情绪；对一些事物是非曲直的判断，不愿意听从父母的意见，而是有强烈地表现自己意见的愿望；对一些传统的、权威的结论持异议，往往会提出过激的批评之词。

二、解决两个矛盾

一是独立性与依赖性的矛盾。青春期的孩子一方面是增强了独立意识，追求独立。另一方面又由于其社会经验、生活经验的不足，在处理事情上不是经常失败就是经常碰壁。再加上经济上不能独立，因此，遇到困难又不得不到父母那里寻找方法、途径或帮助，父母的权威作用又迫使他们去依赖父母。

二是成人感与幼稚感的矛盾。青春期孩子的心理特点突出表现是出现成人感。因而在一些行为活动、思维认识、社会交往等方面，表现出成人的样式。在心理上，渴望别人把他看作大人，尊重他、理解他。但由于社会和生活经验及知识的局限性，在思想和行为上往往盲目性较大，易做不理智的事，带有明显的幼稚性。比如，中学生早恋问题，尽管家长、老师都告诉他们：你们还小，现在是学习的黄金时期，不要过早地谈恋爱。但是，他们却不能自控，认为自己大了，也懂得很多，为什么不能谈恋爱呢？

经典案例 一个农民的教子方法

一个山里的农民，儿子在初中学习很好，后来儿子以优异的成绩考上了县里最好的高中，这个农民把希望寄托在儿子身上，盼着儿子早日成才。可是，没想到第二年的秋天，孩子进入高二以后，居然与一个女同学早恋了。

农民知道后，心里着急，但一声没吭。一个周末，他估计儿子要回来，就来到院子里那棵苹果树下，将树上一些未熟的苹果摘下来，放在桌子上的一个筐里。

儿子放学回到家，他看见桌子上一筐未熟的青苹果，很纳闷：这些果子又不能吃，摘了多可惜呀！

农民看见儿子回来，他又走到院子里的枣树前，拿起竹棍，"噼里啪啦"地敲起了枣树上未熟的枣……

儿子怀疑农民是不是疯了，问："爸爸，现在枣子还没有成熟，又不能吃，你打下来干什么？"

农民看着儿子，静静地说："你也知道不成熟就不能吃？我现在打枣子，跟你早恋有什么区别呢？"

儿子恍然大悟，这时才知道农民的良苦用心，羞愧地说："爸，我错了，我一定改正。"

结果，儿子果断地走出了那场早恋，全身心地投入到学习中去了。

那年秋天，他家的果树上没有收获到成熟的苹果和枣子，但农民知道：在人生的秋天，儿子一定会收获很多很多的果实，包括爱情。

农民教子方法给我们的启示：

（1）训斥不如举例说明道理。这位农民父亲，面对儿子的早恋，没有说教，没有批评，更没有责骂，而是以生活中的实际事例教育孩子，取得了很好的教育效果。

（2）减少说教，相信孩子懂得各种道理。孩子到中学以后，很多道理他都懂，就是自我控制不住。家长如果单纯靠说教，孩子往往不接受。然而，家长如果用比喻、假设等方法去教育，却能取得很好的效果。

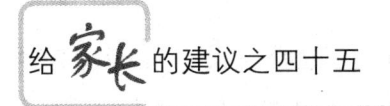

给**家长**的建议之四十五

家长要了解孩子的青春期心理

孩子到了青春期，在心理上有许多变化，如情绪容易波动、爱慕异性、兴趣易转移等。孩子的心理是否健康，家长应该注意观察，发现孩子心理有不健康的表现，就要及时予以纠正。孩子健康心理的表现主要体现在以下七个方面：

一、行为和思维与别人相似

人与人之间的思维都彼此相似。例如，说到夜晚时，就联想到月亮或星星，或者想到睡觉，都是正常的反应。但是，如果联想到外出、劳动等，就不太正常。这种思维出现多了，就应注意他的心理状态是否正常。如果孩子的想法、言语、举止、嗜好、服饰等，与别人相差太大，则他的心理可能不够健康。

二、行为和思维与年龄相符

人的行为是随着身心的发育而变化的。各种年龄的人，在想法、兴趣、行为上都有不同。青春期的孩子，应是精力充沛，活跃好动。而沉默寡言、少年老成的孩子，从心理卫生的角度来看，实际上是不大健康的。

三、善于与人相处

每个人都是社会的一个成员，都需要与家人、亲戚、朋友、同学等交往。一个人不可能脱离社会而单独存在。孩子在青春期，需要扩大社交范围，在交往中，互相取长补短，培养互助合作精神，丰富群体生活经验，锻炼适应社会的能力。如果孩子不善于与人交往，性格孤僻，也是种不健康的表现。

四、乐观进取

孩子情绪愉快，说明心理健康。乐观的人，对任何事物都积极进取，无论遇到什么困难都不畏惧，即使遇到不幸的事情，也能很快地重新适应，而不会长期陷于忧愁苦闷之中。相反，多愁善感、情绪经常忧郁的人，心理是不健康的。而且，情绪愈低，心理不健康的程度也愈重。

五、适度的反应

每个人对事物的反应速度与程度都不相同，但差别不会太大。如反应偏于极端，他的心理就不健康。如孩子因考试失败而一时不悦，是正常的现象；但是他为此而几天不吃饭，甚至有轻生的意念，就可能是心理不健康了。当然，对考试失败无动于衷的孩子，心理也未必健康。

六、面对现实

心理健康的人，都能面对现实。遇到困难，他们总是勇于面对现实，找出问题所在，设法解决。相反，心理不健康的人，由于不能适应环境，往往采取逃避现实的方法。这些都不能解决实际问题，只能达到自我欺骗的效果，久而久之，还会发展成病态。

七、思维合乎逻辑

心理健康的人无论做什么事都按部就班，有条不紊，专心致志，有克服困难的决心和毅力，而不是三心二意，有头无尾。他们的思维合乎逻辑，说话条理分明，而不是东拉西扯，随说随忘。

经典案例 一位妈妈与儿子的对话

有一天，13岁的儿子突然问："妈妈，我应该什么时候结婚？"

这位妈妈没有批评孩子，也没有说你还小，不应该问这个问题。她把孩子看作朋友，平静地说："二十七、八岁吧"。

孩子反问道："为什么？会不会太晚了？"

妈妈说："孩子，二十三、四岁结婚就太早了些，你还没有积蓄，也许还不是很清楚自己到底要的是什么。你还不太成熟，过早结婚，也许会离婚、受到伤害。三十岁以后结婚，又太晚了些。"

孩子又问："妈妈，你说我应该有几个孩子？"

妈妈回答说："两个吧，两个比较好。"

孩子又问："为什么？"

妈妈回答说："一个孩子太孤单，三个以上负担太重。没听说过孩子是吃钱机器，牛奶、尿布、玩具、度假、教育，什么都要钱。"

孩子听了点点头说："好吧，那我就要两个孩子吧。"

妈妈看着儿子问："孩子，到时候妈妈帮你带孩子的话，你会付妈妈工资吗？"

儿子眨眨眼，风趣地说："噢，我以为你一定很享受看管你的孙子呢。"

妈妈听了，心里很受用，高兴地回答说："是的，儿子，等你当上爸爸那天，如果妈妈还不算老，一定乐意帮你带孩子。"

母子对话给我们的启示：

（1）要抓住机会教育孩子。十三岁的孩子问结婚的问题，确实有点早。但是，这位妈妈没有批评、打骂，而是抓住机会给儿子上了很好的一课，给予了很好的引导。

（2）正确对待孩子的幻想。十三岁的孩子正向青年成长，每天都会有些青春的幻想和烦恼。也许在课余时间、在临睡前的枕头上，他已无数次地设计、勾画着未来美好的人生蓝图。上大学、谈恋爱、结婚、生子等。家长应该向这位妈妈学习，对孩子进行正确的引导，让孩子在人生的道路上健康成长。

给家长的建议之四十六

青春期异性交往有益处

在学习和生活中，如果两个异性青少年由于兴趣、爱好相投，接触稍微多一点，就立刻有人传出各种闲言碎语，使他们不敢正常接触。这是封建思想在作怪。其实，异性青少年之间也是可以有友谊的。

在青少年中提倡异性广泛交往，有以下四点好处：

一、智力上可以取长补短

男女在智力方面并没有高低之分，但是，在兴趣、爱好方面却有文理之分。如男生往往比较喜欢理科，女生则比较喜欢文科。男生在应用逻辑思维，解析试题方面具有灵活性，但在掌握基础知识方面要略逊一筹；女生在形象思维、运用词汇等方面可能略占上风，但在立意的新奇和结构的不拘一格上却略逊一筹。正是由于男女在这两方面是不同的，所以，通过交往，可以从对方那里取长补短，从而有助于提高自己的智力水平和学习效率。

二、情感上可以互相交流

人际情感是极其丰富的，除了爱情之外，还有亲情、友情、同情、敬爱之情、感激之情等。这便说明男女之间可以有不带爱情色彩的情感交流，它可以使人感到温暖，达到心理上的平衡。一般来说，女性的情感比较细腻温和，富有同情心；男性的情感粗犷热烈，且比较外露。男生向女生吐露自己的不幸和难堪，可以在同情声中平静下来；女生向男生诉说自己的犹豫和愁苦，可以在鼓励声中振奋起来……这种异性间的情感交流是微妙的，也是在同性朋友身上所得不到的。

三、个性上可以互相丰富

处在集体中的个人，交往范围越广泛，和周围生活的联系越多样，他深入到社会关系的各方面也就越深刻，他自己的精神世界也就越丰富，他的个性发展也就越全面。有项调查从侧面说明了这个规律，那就是有异性同胞的孩子，因为有异性交往的条件，故较少产生对异性交往的羞怯。在生活实践中，人们不难发现，交往范围越广泛，不仅有同性朋友且有异性朋友的人，性格相对来说比较豁达开朗，情感体验比较丰富，意志也比较坚强。这显然不是什么偶然的现象，正是因为多方面的交往对象的个性渗透和反馈，才丰富了他们的个性。反之，只在同性圈子里交往，人的心理发展往往是狭隘的，因为尽管同性者个性之间也存在差异，但这种差异远不如异性间个体差异明显。

四、活动中可以互相激励

"异性效应"是一种普遍存在的心理现象，这种效应在青少年中更明显。所谓"异性效应"，其表现是，有两性共同参加的活动，较之只有同性参加的活动，参加者一般会感到更愉快、干得也更起劲、更出色。这是因为当有异性参加活动时，异性间的心理接近需要得到了满足，因而会使人获得不同程度的愉悦感，并激发起内在的积极性和创造力。

五、心理上可以增进健康

男女交往，可以满足青少年的心理需求，达到心理平衡；反之，缺乏异性交往，是适应不良的原因之一，容易发生性心理扭曲，导致性变态或性功能障碍，不少性偏离患者（如窥阴癖、恋物癖等）的病因，就是由于长时期不敢与异性接触，对异性怀有自卑、胆怯、不满等心理，而通过加强与异性的交往，也往往有助于使他们消除变态心理。

此外，男女青少年加强交往，增进了解，可以淡化对异性的好奇心，掌握友谊与爱情的区别，从而更稳妥地把握自己的情感。

经典案例

留个形象让自己仰望

高中二年级205宿舍的女生都知道，漂亮活泼、性格开朗的杨×心中有了自己的白马王子。她"爱"上了同年级高大帅气、多才多艺的李×。当然，目前只是单相思。

杨×暗恋李×突出的表现就是每天吃饭时，她都要在食堂门口的远处有意无意地站着，不去排队。当李×出现时，她就好像不是故意似的快步赶上，排在李×后面买饭。李×喜欢打篮球，有时刚从球场回来，顾不得好好洗洗就来吃饭。杨×却非常喜欢闻李×身上的汗味，她甚至在宿舍里扬言：如果把李×的汗味经过化学处理，提炼成香水，她愿意做这个品牌的形象代言人。

这只是杨×对李×的"花痴"行为之一。她还煞费苦心地打听到了李×的QQ号，然后加为好友上网聊天。305宿舍的女生多次给杨×出主意，让她接近李×。但是，女孩子特有的矜持，不允许她主动示爱。

有一天，高二年级与高一年级举办篮球比赛，杨×自然不会缺席，她要给本年级呐喊助威。当然，同宿舍的女生知道她是为了谁。结果，机缘巧合，就在杨×站在最前排呐喊时，李×向站在边锋的同学传球，由于球速太快，那位同学没接住，篮球直接奔杨×的面部而来，杨×应声倒下，而且鼻子里流出了鲜血。李×跑过来二话没说，背起杨×就向医务室跑去……

杨×的眼泪不停地流着。李×不停地道歉。他不知道，杨×流着的是激动而幸福的泪水。

之后的一段日子，李×多次问杨×伤的如何，杨×直接把这些当成了爱的开始。305宿舍的女生问她："你告诉他你对他的相思情了吗？"杨×像一个情场老手一样，说："我弱智吗？只有傻瓜才会告诉他的。告诉你们，在男人面前，你就是爱他爱的死去活来、茶饭不思，也不能告诉他。凡是主动示爱的女子在男人的心中，就像低档文艺晚会的赠票，他会拿着思考，值不值得去看那台晚会。反过来，你见过喊着、挤着买到的文艺晚会票不去看吗？总之，我们不能做赠票。"

事情似乎在顺着杨×的思路发展。李×开始在食堂门口等杨×，有时李×还会在女生宿舍楼下喊杨×。而杨×呢？似乎在躲李×。她总是找一些理由婉转地不赴约。同宿舍的女生纳闷了，问杨×："你怎么搞的，购你这张票是不是太难了？要知道，李×的耐性也是有限度的。"杨×说："从现在开始，我不但不做赠票，更不想是谁的购票了。"

同学们都感到诧异，问起原因，杨×说："我越来越觉得'距离产生美'这句话太对了。因为我与李×接触过几次后，发现他的坐姿很不优美，而且指甲里的脏东西也不清理，有时说话还带脏字。于是，我决定不再与他近距离接触了，防备近距离接触长了，让我发现更多不能容忍的缺点，他的形象会在我的心中彻底倒塌。那时，不但没有爱了，连一个可以仰望的人也没了。既然知道了爱不会长久，为什么不保持距离，留点好印象让自己仰望呢？"

大家不能不佩服杨×，她不但敢爱，而且，爱得冷静。总之，大家记住了她的话：一是不做赠票。二是保持距离，留个形象让自己仰望！

杨×同学给我们的启示：

（1）做一个聪明、理智的人。杨×在与心仪的男同学交往中，能够注意观察发现问题，能够冷静地处理，特别是她说的："既然知道了爱不会长久，为什么不保持距离，留点好印象让自己仰望呢？"说明她是一个聪明、理智的人，真是难能可贵。

（2）理解孩子青春期心理。到了高中的孩子，遇到心爱的异性产生想法是正常的，问题是如何正确处理这段感情？希望家长能够告诉孩子，当感情来了以后，学一学杨×，把感情藏起来，留个形象让自己仰望。

给家长的建议之四十七

青春期异性交往中的六"不"

男女同学间的交往毕竟与同性间的交往有所不同,特别是开始进入青春期后,同学们的生理和心理都发生了较大的变化,所以在交往中应注意做到以下几点:

一、不必过分拘谨

在与异性交往中,要注意消除异性间交往的不自然感。应该从心理上像对待同性那样去对待与异性的交往,该说的说,该做的做,不应有任何矫揉造作和忸怩作态,那样反而会贻笑大方,使人生厌。也就是要自然地、落落大方地进行男女同学间的交往。异性间自然交往的步履常能描绘出纯洁友谊的轨迹,特别是中学时代建立起来的友谊,常会延续到成年。

二、不应过分随便

男女间交往过分拘谨固然令人生厌,但也不可过分随便,诸如嘻笑打闹、你推我拉这类行为应力求避免。毕竟男女有别,有些话题只能在同性之间交谈,有些玩笑不宜在异性面前乱开,这些都是需要注意的。

三、不宜过分冷淡

男女交往时,理智从事,善于把握自己的感情是必要的,但不应过分冷淡。过分冷淡会伤害对方的自尊心,也会使人觉得你高傲无礼,孤芳自赏,不可接近。

四、不该过分亲昵

男女交往时要注意自尊自爱,言谈举止要做到文雅庄重,切不可勾肩搭背,搔首弄姿。诸如此类的过分亲昵,不仅会使你显得轻佻,引起对方反感,而且会造成不必要的误会。

五、不可过分卖弄

在与异性交往中,如果想卖弄自己见多识广讲个不停;或者在争辩中有理不让人,无理也要辩三分,都会使人反感。当然,也不要总是缄口不语,过分严肃，使人对你望而生畏，敬而远之。

六、不能违反习俗

男女交往的方式也要适合当前的社会心理。比如，当前绝大多数人认为，男女间经常单独幽会是友谊的例外形式。尽管我们并不赞同异性交往都必须集体地进行，但过多的单独幽会也是有违习俗。所以，男女间交往时，也要注意"入乡随俗"。

总之，异性交往，既要自尊自重，又要相互尊重。不要相互挑逗，搞一些格调不高的小动作，尤其要注意广交，不要个别深交。同学们要关心集体，使每个同学都感到集体这个大家庭的温暖。男同学要养成帮助、爱护、尊重女同学的品格，承担更多的社会责任，女同学要学会体谅他人、端庄、稳重、处事有分寸。

经典案例　一对母女的契约

赵××女士买了张景然著的《中国式性家教（青春期版）》一书，母女共读，并在几家大网站上发了"我与女儿签订'性协议'"的帖子，引起广大网友回应。

《中国式性家教（青春期版）》是一本什么书？有这么大的"魔力"——母亲与女儿可以签订"性教育协议"？

著名性医学专家、中国性医学委员会副主任陶林在《中国式性家教（青春期版）》的序言中写道：

——"一套符合中国国情的性教育丛书"。

——"……是道德、知识和人性有机结合，重点突出了社会责任，提供的性知识准确，教育符合人性，达到了一定高度"。

——"我预见该书将引起波澜，为中国的性教育注入活力"。

……

我预言：这本书将引发与催生中国性教育的一次"革命"！

信否？

让我们拭目以待!

赵××女士的帖子——

网友朋友:

作为一个青春期孩子的母亲,为了女儿的健康成长,我一直在不断地"寻觅"有关青春期方面的书,尤其是青春期性教育的书。

近日,我偶然买到一本《中国式性家教(青春期版)》的书,封面上部醒目地印有"中国第一部性科学教育小说"。连夜一口气读完,我认为这真是一本难得的好书,正像封面上的导语说的那样:"帮助家长指导青春期孩子安全度过青春期,帮助青春期孩子掌握性科学知识,父子共读,母女共读。"

紧接着,我就给女儿看了这本《中国式性家教(青春期版)》的书,出乎意料的是,她不仅认真地看完了这本书,而且归纳出好多条心得体会,还列出了一二三四一些疑问,等等。

昨天是我与女儿共同阅读、沟通、探讨青春期性问题的第三天,我们母女俩签订了一份"青春期性教育协议"。

在征得女儿的同意后,为了让更多的父母和孩子能读到海天出版社出版的《中国式性家教(青春期版)》这本书,让更多的青春期孩子在健康的环境中安全度过青春期,决定在网上公布我与女儿签订的"青春期性教育协议"。

一位青春期女孩的母亲 赵××

附:青春期性教育协议

甲方:母亲赵××

乙方:女儿刘××

为了让刘欣掌握一定的健康性知识,安全度过青春期,赵××与女儿刘××经过"多次"友好亲密的协商,求同存异,达成了如下协议:

一、母女俩把《中国式性家教(青春期版)》这本书共同作为学习"教材",活学活用。

二、女儿身心都处于青春期,各种知识经验缺乏,应主动学习各种科学知识,包括性知识,并要主动向母亲咨询。母亲也要不断学习改变相对滞后的性观念。

三、女儿在学习阶段不能背着父母交男朋友,但可以和谈得来的男生交往，母亲不得干涉。

四、母亲在家庭内也应守法，不得私自拆阅女儿书信（包括网上信件），不得未经女儿允许，私自看女儿日记。

五、在必要的时候，母亲应该向女儿讲解生育知识和介绍避孕措施。

六、女儿不得登陆黄色网站或浏览黄色资讯及阅读黄色书刊。若想进一步学习有关青春期孩子性知识，母亲与女儿一起登陆专门为青春期孩子及其家长创建的——青春期网站及其它有利于青少年健康成长的网站。

母亲（签字）：赵××　　女儿（签字）：刘××

赵爱萍女士给我们的启示：

（1）家长要活学活用读到的有益的知识。赵××女士不但寻找有关青春期教育的书看，而且能够活学活用，值得赞美和学习。她的教育方法，得到了孩子的认可，相信她的女儿一定会与母亲更亲密，安全地度过青春期。

（2）培养孩子健全的人格，比什么都重要。家长对青春期的孩子，就应该多一点儿关爱，少一点儿训斥。让孩子有一个健康的身体、健全的心理，比什么都重要。

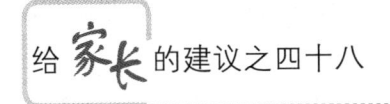

给家长的建议之四十八

教育孩子如何跳出"早恋"的漩涡

我们不鼓励孩子与异性同学亲密交往，反对中学生谈恋爱。如果孩子已经早恋了，家长就要做好两方面的工作。

一、家长要对孩子讲明反对早恋的理由

一是思想上尚未定型。中学生由于世界观尚未完全形成，对世界、对社会、对人生的看法还较幼稚、片面，思想、道德、品质等在今后的人生道路上还会有很大的变化。今天两个人可能一致，明天就可能有分歧，几年后也可能分道扬镳了。在现实生活中我们也不难发现，中学时代谈恋爱者失败的居绝大多数，后来能结合成伴侣的为数甚少。事实说明，中学生早恋极难成功。

二是心理上尚未成熟。中学生的心理尚处在发展阶段。在自我意识方面，存在着一种"盲目的成熟感"，有时自以为是；在情感发展方面，情绪波动大，好冲动，易转移；在意志发展方面，自我控制能力较差。所以，在恋爱时极易感情用事，做出"越轨"的事情来。而一旦"越轨"，对女学生来说，所造成的心理创伤是终生无法弥补的。也许当时并不觉得什么，但日暮途穷后的挫折感、自卑感，却是无法用语言来形容的，也是她们始料未及的。

三是经济上尚未独立。中学生的经济主要依赖父母或他人，自己尚不能自力更生。而从恋爱到结婚、生育，这一切都需要有一定的经济基础。一些中学生由于无力支付恋爱期间的物质需要，铤而走险，误入歧途。

四是事业上尚未定向。中学时期是打基础的时期，将来从事何种职业尚未定向。青少年时代又是读书学习的黄金时代，在这一时期，人的精力最充沛，求知欲最旺盛，观察、记忆、思维、想象等认识能力也最强。因此，中学时代是积累知识、增长才干、奠定人生基础，逐步定向自己将来从事的事业的关键时刻。而中学生谈恋爱后，感情往往为对方所牵制，情感世界满是意中人的身影，没有多余空间容纳学习。学习分心，成绩就下降。少年不奋，涉爱过早，学业难以有成。

二、教给孩子如何走出早恋的漩涡

一是"跳"出来。既然早恋不适合中学生，我们就要学会用理智战胜情感，主动跳出恋爱的漩涡，树立远大的理想和培养强烈的事业心。要经常以英雄模范、先进人物的先进思想和崇高精神境界对照自己，也可以通过抄写一些伟人、名人的警句来鞭策自己。比如，恩格斯说过："有所作为是生活中的最高境界。"

二是"冻"起来。这是要求双方在理智的情况下谈明态度，把早恋的情感冷冻，把精力集中在学习上，这叫做"急速冷冻"；还有一种是"慢速冷冻"，即通过逐步降温的方法进行"冷冻"。比如，双方可以通信，保持感情，但内容必须是健康的，要鼓励对方努力学习、思想进步，但通信次数不宜过频。将感情先冷冻起来，不在中学阶段发展，同时，进行正常交往，珍惜纯真友好的感情。

三是"隔"开来。尽量避免两人单独接触，和其他同学多交往，多参加一些集体活动和自己喜爱的文体、科技活动，用多层次，多角度的同学友谊来淡化这种恋爱关系。通过广泛参加各种集体活动与同学广泛交往，就会不断地发现其他异性同学身上的优点和可贵品质，会发现使自己脸红心跳的同学只是众多各具特色、各有特长的异性同学中的一员，会感到自己当初视野的狭窄、最初的幼稚和情感上的不成熟。

总之，家长应配合学校教育孩子跳出"早恋"的漩涡。

经典案例 高中生失恋想"安乐死"

小伟和蒙蒙是某重点中学高二学生，两人均成绩优异。在交往中小伟和蒙蒙居然相爱了，纸里包不住火，交往不久就被同学和老师发现了，之后遭到老师、双方家长极力反对。可两个孩子并不让步，交往依然如故，学习成绩却一落千丈，退出了优秀行列。

小伟性格内向，执拗，一闹别扭，就对蒙蒙不理不睬。慢慢地蒙蒙觉得小伟并不是理想的对象，就向小伟提出分手。

一天晚上，小伟妈妈王女士接到儿子的短信："妈妈，让我安乐死吧。"王女士接到儿子想"安乐死"的短信，吓得脸色苍白。其实，儿子想死已不是第一次。大年三十晚上，小伟在外婆家吃完团年饭，独自提前回家。他给同学打完"最后一个电话"，在卧室割腕自杀。"感觉不对"的同学及时赶到，破门将小伟送到医院。小伟在给母亲的遗书上说："半月来，我每到晚上就一个人躲着哭泣……可没有她的世界，我活不下去……"两周后，小伟再次割腕自杀。为留住儿子的性命，王女士上门哀求蒙蒙和其母亲帮忙。王女士拿出一封蒙蒙写给小伟的旧信，信中用很大篇幅记录的竟是两个孩子因为一个昵称而吵架的事。

自小伟第一次自杀后，他自闭在屋里，和母亲的交流全靠短信。接到儿子想"安乐死"的信息，王女士被打垮了。她在给儿子的回信中称，"如果你主意已定，等妈妈把工作交代完后，陪你一起去。"王女士说，从小伟出生自今都对他百依百顺。而且小伟一直由外婆带大，在家简直就是小皇帝，连双袜子都没洗过。"他从来都是被无微不至地被关怀着，失恋应该是他长这么大遭受的最大挫折。"

最后，王女士委托心理咨询所的赵所长亲自上门开导小伟。刚开始，小伟倔强地拒绝交流。赵所长耐着性子，对着小伟"自说自话"近3个小时，一直用被子蒙头的小伟渐渐揭开被子倾听，并不时点头。到谈话结束时，小伟主动伸出手与赵所长握手感谢。

赵所长认为，小伟不能遭受失恋的挫折，是因为长期以来他在家中获得了太多的溺爱。他长期处于被爱的位置，永远都是他对别人说"NO"，一旦有人对自己说"NO"，他就很难接受。"怕挫折是如今独生子女的普遍弱点，家长少些溺爱，才是真正为孩子好。"

高中生失恋给我们的启示：

（1）家长应该提前对孩子进行正确地交友教育，要学会控制感情，不要把友情发展成爱情。

（2）家长不要溺爱孩子，要对孩子进行挫折教育，不要让其养成唯我独尊的性格。

给家长的建议之四十九

青春期女孩的日常保健常识

一、学习掌握一定的生理、卫生知识

青春期的女孩应首先认识到：青春期是人生中最重要、最宝贵的时期，是身体各方面变化最大的时期,应了解生殖器官的解剖、生理、病理和其他一些必要的卫生常识,了解性器官的特点和保护其功能正常的卫生知识,能够认识到月经来潮是一种生理现象,消除对月经的不必要的恐惧心理。并能发现发育中的不正常现象,如超过17岁,还没有月经,就要及时检查是否患了妇科病,以便尽快得到治疗。从而保证青春期女孩性器官及生殖、生理发育正常。

二、注意外阴的清洁卫生

女性的外生殖器构造比较复杂,皮肤、粘膜皱褶较多。有多种腺体和宫颈、阴道分泌物,阴阜和阴毛能够黏附一些经血等分泌物,而大、小阴唇同阴蒂之间的空隙也易存污垢,阴道口前后又有尿道口和肛门,极易受到污染。因此必须做好外阴的清洁卫生,养成经常清洗的习惯。清洗外阴要用清洁温水,不宜用凉水或过热的水;用具(毛巾、盆)要专用,不要与洗脚用具混用;洗外阴的顺序是先内后外,从前向后,动作要轻柔、仔细。另外,便后要由前往后擦拭,以免将粪便带到阴道口及尿道口造成污染。而且要经常更换内衣、内裤,尤其是被分泌物污染的内裤和经期用具。

三、乳房保健。

青春期的女孩乳房开始发育时,不要过早地戴乳罩。乳房充分发育后可开始佩戴乳罩,但松紧度要适当,不可因害羞而过紧地束胸。乳房发育过程中,有时可出现轻微瘙痒感,不要用手捏挤或搔抓。青春期女性应认识到:此期乳房发育是正常的生理现象,也是健美的标志之一,应加倍保护自己的乳房,使之丰满健康。具体应做到以下几点:

1. 注意姿势

平时走路要抬头挺胸,收腹紧臀;坐姿也要挺胸端坐,不要含胸驼背;睡眠时要取仰卧位或侧卧位,不要俯卧。

2. 避免外伤

在劳动或体育运动时,要注意保护乳房,避免撞击伤或挤压伤。

3. 做好胸部健美

主要是加强胸部的肌肉锻炼,如适当多做些扩胸运动或俯卧撑,扩胸健美操等。

4. 局部按摩

坚持早晚适当地按摩乳房，促进神经反射作用，改善脑垂体的分泌。

5. 营养要适度

青春期女性不能片面地追求曲线美而盲目地节食、偏食。适量蛋白质食物的摄入，能增加胸部的脂肪量，保持乳房丰满。

四、注意青春期营养

青春期的营养状况影响着少女的身心发育。为防止摄入量不足而导致的营养缺乏，摄入量应根据以下标准：

10~12 岁女孩每天摄入热量 562 千焦（134.32 千卡）

13~15 岁女孩每天摄入热量 595 千焦（142.21 千卡）

16~18 岁女孩每天摄入热量 672 千焦（160.61 千卡）

热量来源于食物中摄取的糖、蛋白质和脂肪，少女应以优质蛋白为主。还应注意维生素和矿物质的摄入，除动物食品外，还要多吃蔬菜和水果，注意补充锌、钙等微量元素。初潮后少女容易患缺铁性贫血，应注意适当多食动物内脏及其他富含铁元素的食物，以满足身体对铁的需要。

经典案例 一堂生动的青春期课

张老师正在批改作业，突然，学生王小梅跑来报告："张老师，快去班里看看吧，桂英说她没脸见人了，在班里哭呢。"

张老师问："她怎么了？"

王小梅立即变得不好意思起来，在张老师的再次询问下，才鼓起勇气说："桂英来例假了，把卫生巾放在书桌的抽屉里，被杜子清看到了，他拿出卫生巾喊：'桂英用卫生巾了'，同学们就大笑起来。桂英管他要，他还不给，在教室里跑着喊，桂英就哭了。"

张老师一听还真有点懵了。他有几次想给同学们讲点青春期卫生知识，但是，总感到有点抹不开，就没有及时讲。没想到尴尬的事情还是发生了。他让王小梅先回去安慰一下桂英,他马上就去。该如何处理这件事呢:按照常规的做法,批评一下杜子清,安慰一下桂英,也就没事了。可是,其他同学怎么办?今后会不会再发生类似事件?思考再三,张老师决定:按照自己原来的想法,正大光明地给孩子们上一堂青春期卫生课,让他们了解它、认识它、理解它、正确对待它。

张老师走到讲台上,扫视了一下全班同学,班里寂静无声,男同学们大概感觉"大祸临头",一脸严肃。女同学面含不满,有的斜眼看一下杜子清,意思是说:有你好果子吃呢。张老师觉得这样的气氛不利于接受新知识,他要活跃一下课堂气氛。于是,他平静地说:"同学们,你们猜一个谜语,什么东西,小时候四条腿走路,大了两条腿走路,老了三条腿走路……"

"人!"不等张老师说完,同学们就喊出答案来了。

张老师说:"对,这个谜语告诉我们,人的一生都在不断地成长。婴儿时期,我们都是爬行,手脚并用。"

有的同学看到张老师用手模仿的样子笑起来,课堂气氛轻松了许多。张老师接着说:"那么,你们知道现在你们这个年龄段,身体会发生什么变化吗?"

"不知道。"同学们一脸疑惑。

张老师说:"每一个人长到十一二岁的时候,身体都会发生较大的变化。特别是女孩子会增加一件麻烦事,叫月经。大家看,这是什么?"张老师拿出一个卫生巾。

全班哗然。男同学大笑,女同学则捂了脸。这种反映在张老师的意料之中。张老师继续平静地说:"这个叫卫生巾。男同学不要笑,你们见过自己的妈妈用卫生巾吗?"

全班立即又安静下来。有的男同学不好意思说:"见过。"

张老师继续说:"你们的妈妈也是在十一二岁时,身体发生了这样的变化,才具有了孕育生命的功能,才在她们成年以后给了你们生命。孩子们,我们的母亲要经历多少痛苦,才能孕育我们?所以说女性是伟大的,母亲是伟大的!桂英,不要羞愧,老师今天在这里祝贺你:你长大了,而且很健康!"

张老师的话音刚落,同学们看着桂英,热烈地鼓起掌来。桂英眼里含着泪花，羞涩地笑了。

张老师接着说："如果班里还有其他女同学来了月经，一定要告诉我，老师一方面要向你们表示祝贺，另一方面要告诉你，月经期间，失血较多，身体比较虚弱，体育课不能剧烈运动，不能参加重体力劳动。所以，男同学们，在班里要多照顾女同学，在家里要照顾好你的妈妈，为妈妈多分担一些家务劳动，这才是真正的男子汉。"

这些男子汉们，听到他们肩负这么庄严的责任，正在自豪时，张老师又说："其实不光女孩子有变化，男孩子到了这个年龄以后，身体也会发生变化，比如嗓音变粗了，还有一种与女孩子类似的变化……"

张老师的话还没有说完，男同学就发出一片惊讶声。有的问："老师，我们会有什么变化？"

张老师想起开始他们笑话女孩子，这会儿一脸急切和迷惑，忍不住笑了，说："当然，你们不会来月经，但会以另一种形式表现出来，这个问题的答案，老师觉得有一个人告诉你们最合适，那就是你们的爸爸。"

……

事情过去几天后，张老师找几个女同学做了调查，她们告诉张老师，现在男同学不再笑话女同学用卫生巾了。而且说："感谢张老师告诉我们那些知识，要不然，真不知道来了月经是怎么回事。"有的家长知道了这件事，打电话对张老师说："谢谢张老师给孩子上了关键的一课，我们正愁没法给孩子讲呢。"

张老师这堂课给我们的启示：

（1）教育孩子认识成长的变化是规律。每个青少年都会经历青春期，这是人类不可回避的事情。那么，告诉孩子成长的规律，不要不好意思。家长不好意思讲，老师也不好意思讲，那么，就让孩子在懵懂中自己摸索吗？

（2）抓住机会，大胆地对孩子进行青春期教育。现在人类精神文明如此发达，医疗卫生知识这么透明，我们应该揭开自己羞涩的面纱，揭开青春期神秘的面纱，光明正大地、科学文明地告诉孩子，正视自己的身体和心理成长规律，科学地呵护自己的身体，从而健康地成长！

给**家长**的建议之五十

如何面对孩子青春期的躁动

现在的中学生，谁没有情窦初开、涉世不深、倾心投入、无法忘怀……如此种种的经历呢？家长和老师把他们这份感情说成是"早恋"，千方百计对他们围追堵截。其实，围追堵截没有任何作用，因为进入青春期的孩子，不可能远离这份情感。科学理智的做法是和孩子交朋友，对孩子进行善意的引导。

一、回忆自己在青春期的感受

当年，你曾经喜欢过什么人？如果家长能找到当年的感觉，就有了和孩子沟通的基础，此时再说理解孩子就不会是一句空话。家长可以试着把当年的经历讲给孩子听，包括当年的成功与失误。

二、学习有关青春期方面的知识

通过学习青春期知识，了解孩子的心理特征。避免强迫命令、粗暴干涉的家长作风。不要把上了中学的少年再当作小孩子，尊重、理解孩子比什么都重要。

三、给孩子一片自由的天空

给孩子一片自由的天空，就是告诉孩子可以广泛接触异性，不要把目光集中在某一个人身上。要给孩子讲清与异性交往的注意事项。如果孩子爱上一位异性，表现为记日记、打电话，甚至是和一位异性单独外出。家长不要急着去反对、偷看日记，更不能每天对孩子旁敲侧击。这样做的结果，只能让孩子反感，从此与家长对着干。而是要给孩子讲清道理，帮助孩子找出解决的办法，让孩子慢慢解脱。

四、青春期的孩子关注异性是正当的

父母要提供给孩子合适的读物。要关心孩子网上的去处，必要时电脑要安装过滤软件；要注意孩子的音像制品、课外读物，防止不健康的事物对孩子的"污染"。

经典案例　和女儿交朋友

罗女士的女儿性格开朗，聪明机灵，学习优秀，在县城一所名牌初中读书。也许是性格直爽的原因，有时候喜欢跟父母顶嘴。

孩子年龄越来越大，应该懂事了，罗女士就想：我们可以严厉地批评她，不让她顶嘴。但是，那样做孩子心里想些什么也就不会告诉大人了。特别是女孩子，一旦有事不跟大人说，那就麻烦了。罗女士平常就喜欢看一些家教方面的书，知道应该跟孩子交朋友，经常沟通，但是，从理论到实践还是有距离的。具体方法该怎么做呢？

有一次，女儿的一个同学过生日，她告诉妈妈要晚上过去，妈妈劝她："她家距离咱家远，又是晚上，还是别去了。"结果，放学后，孩子还是去了。罗女士想：等她回来我不能批评她，我要换一种方式教育她。于是，罗女士给女儿写了一封信，真诚地写了妈妈对她的爱，写了整个晚上担心的心理活动。然后放到了她的卧室。女儿回来看了妈妈的信，虽然什么也没说，但是，在家里有了明显的变化，变得乖了。

为了跟女儿交朋友，罗女士经常主动给女儿讲单位里的事，家里的事也征求她的意见。她想给女儿一个印象：妈妈已经把你当成一个大人了。慢慢地，女儿也把学校里的发生的事告诉妈妈了。每天晚饭的餐桌，成了她们母女聊天、沟通的场所了。

突然有一天，女儿神秘地说："妈妈，有一个男生给我写纸条约会，我该怎么办？"

妈妈没有显得惊慌，而是思索了一番，冷静地说："妈妈相信你能够处理好这件事，但是，妈妈可以告诉你，如果是我的话，我就在纸条上写一句话：对不起，我不能去，我想好好学习。然后还给他。"

后来，女儿按照她的方法解决了这个问题。这件事使罗女士很开心，因为女儿把她当朋友了。否则女儿绝对不可能把这么秘密的事告诉她。

罗女士给我们的启示：

（1）父母要多学习。罗女士爱看家教方面的书，正是这些家教知识让她学会了与女儿交流。应该说，罗女士的做法非常值得学习与借鉴。

（2）给孩子交朋友。既然是朋友，就要放下大人的架子，平等地对待孩子，跟孩子交心，只有这样孩子才有可能在遇到困难的事时与你商量。否则，你不可能知道孩子的秘密。

挫折篇

网络·逆反·挫折

　　网络使世界变小，使人的头脑更加发达。家长不必谈"网"色变，而是应该学习、掌握网络知识，然后科学地指导孩子学习和应用网络。

　　逆反心理就是反叛的思想。反叛是孩子"长大了"的感觉，是一种强烈的自我表现欲，希望引起别人的注意。家长要了解孩子的心理，正确处理孩子的叛逆行为。

　　在我们的学习和生活中，挫折是无法回避的，家长有责任教育孩子如何正确看待挫折、应对挫折、解决挫折。

给家长的建议之五十一

家长应该正确认识网络

20世纪后半叶，人类有三大发明，即核能航天技术、生物基因工程和网络信息技术。其中网络信息技术使世界变小，使人的头脑更加发达。某种程度上讲，我们现在的中小学教育，在网络教育方面是滞后的。如果要培养社会主义建设的有用人才，恐怕不学习网络技术是不行的。

作为家长，总担心孩子染上"网瘾"是不够的，而是应该主动学习网络知识，应用网络知识教育孩子。网络文化作为人类未来的一种生存方式，具有以下八个特点。

一是虚拟性，即各种网络行为、形式，没有现实社会行为的实体性、可感知性，是虚拟的、非真实的。

二是互联、互动性，即网络传播提供了一种开放的双向信息交流方式，并以此改变人们的思想品德及行为人格。

三是多元性，即文化传播的多元性和网民选择的多元性。前者指各种不同价值取向的文化共存于网络之中，后者指接受信息的公众可以得到全方位的信息。

四是快捷性，即任何一种网民关注的现象，瞬间便可传遍世界。

五是开放性与非中心全球性，即网络传播是开放的、无中心的，没有把关人的控制功能。任何网民都可以成为中心。

六是自主性，即任何网民都可以自由、自主和不受约束地在网络上发表意见和吸取信息。

七是创意性，即网络为所有人提供了各种潜能发挥的机会。

八是交互式思维，即多元性和互联性的网络文化特点，为网民提供了交互思维的条件。

经典案例 孩子上网要防患于未然

杨树茂的孩子已经上小学三年级了,他看到"上网"已经成为社会的一种时尚,网络游戏已经使很多中小学生陷入其中,不能自拔,甚至走上犯罪道路。面对自己逐渐长大的孩子,怎么办呢?他唯恐孩子陷入网瘾,到那时后悔就来不及了。

为了了解网络,杨树茂开始找懂网络的人聊天,网络到底是个好东西,还是坏东西?当他知道在信息社会里,人们不可能不学习网络知识后,干脆让人家教他上网。通过一段学习,杨树茂初步掌握了一些上网的知识。然后,他买了一台电脑,不但自己在家里上网,还教给孩子如何上网。为了使孩子能够安全上网、健康成长,随着自己对网络的认识提高,杨树茂给孩子制定了一些上网纪律。

首先,告诉孩子上网以"用"为主,以"玩"为辅。杨树茂教育孩子作为学生,要懂得网络的作用——是用来求知的,因此要会"用"。玩游戏只能玩电脑自带的、适合孩子玩的游戏,而且只能在节假日玩,时间控制在1小时以内。不能上网玩游戏,那些用网络来玩游戏、瞎聊天等行为是错误的。在网上乱交友对求知的学生来说是不适宜的,会影响自己的学习成绩,影响到自己的前途。

由于杨树茂经常与孩子探讨这些道理,他的孩子上网一般都以搜索知识为主,或收发邮件,不看与学习无关的内容。

其次,杨树茂给孩子讲网络虚拟特性。他告诉孩子,网络上很多的所谓交友、聊天、游戏等,均是虚拟的,不能当真。你是学生,不要参与,一旦陷入其中,非常有害。上网,要遵守网络安全要求和上网规则,不发布不文明信息,要注意保守自己和家人的秘密,不被坏人所利用等。让孩子懂得网络的虚拟性,可以避免孩子误入歧途。

最后,杨树茂帮助孩子制定上网目标计划,规定孩子上网只能做与学习有关的事,或了解时事新闻等。告诉孩子他现在正处于长身体时期,长时间坐在电脑前,视力会下降,脊柱会弯曲,睡眠会受影响,体质会下降,注意力不集中，与家人交流减少，甚至会诱发犯罪等。他把网络的害处告诉孩子，让他从小明白上网要注意身体健康，不能长时间上网。

为了便于监视孩子上网，他把电脑放在客厅里，孩子上网时，处于"大庭广众"之下，明处不做暗事，孩子头脑中有约束，不会浏览不健康网站。后来，他在别人的指导下，给家里的电脑安装上了安全上网软件，这样不健康的网站就被过滤掉，对孩子的健康成长非常有好处。

杨树茂给我们的启示：

（1）正确认识网络。计算机的应用已经基本普及，网络已经成为人们生活中不可或缺的东西，家长不但要正确认识科学发展的形势，而且要学习网络知识，以便更好地与孩子沟通。

（2）防患于未然。只是担心是没有用的，最好在孩子小时候尚未接触网络时，家长就主动教孩子上网，并告诉孩子在网上该做什么，不该做什么，让孩子开始就能正确应用网络。

给家长的建议之五十二

家长要了解孩子迷恋网络的原因

孩子为什么会迷恋网络呢？其原因主要有以下五点。

一、"蔡戈尼效应"使然

一个人办事，天生有一种有始有终的"完成欲"，也就是"蔡戈尼效应"。1927年德国心理学家B.B.蔡戈尼克曾做过这么一个实验：她交给一些人22种不同的任务，有一半任务要他们坚持完成，完成后才结束；另一半任务则在中途打断，不让其完成。允许完成和不允许完成的任务的确定，是随机的。

做完实验后，让他们立即回忆刚才做了些什么任务。结果未完成的任务被回忆起的平均概率为68%，完成的任务被回忆起的平均概率为43%。这种对未完成任务的记忆，比对完成任务的记忆保持得更好的现象，称作"蔡戈尼效应"。

玩网络游戏一般都是"升级""过关"，孩子们在"完成欲"的驱使下，自然会坚持完成整个游戏过程。而有的游戏设置的最后程序，就很难"过关"，所以造成孩子沉迷网吧。家长如果不了解孩子的心理，只是一味地指责、打骂，不但起不到教育的作用，反而会使孩子染上网瘾。

二、青少年的好奇心作怪

青少年时期，好奇心、求知欲最强，对于外界的各种新鲜事物都想探索一番。网络的神奇性、虚幻性和私密性正好符合青少年的好奇心需求。但是，由于网络里边充斥着色情、凶杀等不健康内容，而青少年的自制力较差，价值观和人生观尚未成熟，一旦上网，很容易被一些光怪陆离、稀奇古怪的游戏、信息所吸引，进而染上网瘾。

相对来说，男孩子比女孩子容易染上网瘾。因为男孩子更富有好奇心和冒险精神，容易被网络这个新事物吸引；同时，男孩的独立性较强，与父母之间的沟通较少，这也是他们选择网络的一个原因。作为父母，我们要了解孩子的这种心理，多与孩子沟通，引导孩子正确使用电脑，千万不要盲目压制，从而引起孩子的逆反心理，造成亲子关系的破裂。

三、学校教育的压力

在学校里，考试成绩排队压得孩子们喘不过气来，于是，他们就想寻找能够获得释放压力的途径，而网络正好满足了孩子们这种需求。在网络上，他们的心理压力和不满情绪获得了发泄，所以就沉浸在这种轻松的、舒适的环境中不能自拔。

通过对40名中学生进行不记名问卷调查，结果显示，将近半数的学生选择，上网没有目的；40%的学生选择"为了打发时间"。也许家长会产生疑问：中学生学习那么紧张，还有时间需要"上网打发"吗？难道他们的学习压力还不够大吗？事实正好相反，孩子的学习、生活压力太大了，他们的压力没地方释放，所以，孩子们一到网络上，就被网络所吸引，在那里他们可以得到充分的释放！

四、家庭教育有问题

华中师范大学特聘教授陶宏开说,"孩子上网成瘾,主要原因是家长的教育方法出了问题。家长的爱多表现在物质的慷慨,而忽视了精神、情感上的关爱。"

通常在家里得不到温暖的孩子,和父母之间缺少沟通的孩子,内心渴望和别人沟通交往。他们在网络上提出的任何一个小小的请求,几乎都会得到回答和呼应。现实和虚拟生活的反差,很容易让"问题"孩子躲进网里。

一般情况下,有三种家庭的孩子容易染上网瘾,一是单亲家庭和重组家庭。单亲家庭和重组家庭的家长缺少与孩子的沟通,而这样家庭的孩子心理最敏感,最容易出问题。二是父母忙于工作的家庭。父母忙于工作,没时间与孩子沟通,大人与孩子之间缺失了亲情。三是教育方向不当的家庭。父母的教育方式不当,对孩子"重智轻德",一看到孩子考试成绩不理想,就会唠叨、批评,造成孩子反感。这三种家庭,都会导致孩子心情烦闷,上网后通过与人交流,感情就会达到释放,一旦陷进去就会成瘾。

五、社会环境的影响

我国的网络发展速度非常惊人,而且大量低级媚俗的网络文化产品在网上大肆传播,对于未成年的孩子来说,危害很大。部分网络经营者利用这些身心未成熟的孩子,赚取昧心钱。

国家出台了《互联网上网服务营业场所管理条例》,明确规定:互联网上网服务营业场所经营单位不得接纳未成年人进入营业场所。接纳未成年人进入营业场所的,由文化行政部门给予警告,可以并处15000元以下的罚款;情节严重,责令停业整顿,直至吊销《网络文化经营许可证》。但是,严格按照法律行事的网吧少之又少,管理部门应接不暇。因此,在这种社会环境下,孩子们被迷惑着、引诱者,最终迷上了网络。

每个家长都不希望孩子成为网络的牺牲品。作为父母,我们很难禁止他人迷惑孩子,但是,我们一定要跟孩子交朋友,多沟通,提高孩子的自控力,引导孩子正确使用电脑。

> **经典案例** 粗心父亲使孩子染上"网瘾"

小男孩晨晨13岁了,是一个标准的"网瘾少年"。

晨晨4岁时,父母离婚了,他随父亲生活。6岁时,父亲给他找了一个后妈,刚开始家里还算比较和睦。一年后,小弟弟出生了,后妈关心自己的孩子,父亲当然也要关心老婆和幼儿,晨晨在家里难免被冷落,幼小的心灵受到伤害。粗心的父亲并没有及时发现晨晨的心理出了问题,因此,家庭关系逐渐出现不和谐。

在学校,他上课注意力不集中,经常发呆,搞小动作,扰乱课堂秩序,常常不交作业,并且经常逃学,出入网吧。他总是与流浪小孩为伴,与网友为伍,一进网吧,两眼放光,兴奋异常,"夜以继日""废寝忘食",多次卖书包、卖课本,换钱上网。

在家里,他无精打采,情绪低落,少言寡语,对父母的批评极为反感,态度非常敌对,家庭关系日益紧张。后来,他不回家的次数越来越多,外出的时间越来越长,由最初的一两天到后来的十多天。他说谎,不好好学习,偷家里钱,偷贵重物品换钱,偷别人的钱等。家长关他禁闭,他就大声嚎叫,砸东西,把家里的东西往楼下丢,搞得鸡犬不宁。

由于不正常的生活,晨晨的身体状况也急转直下,贫血、胃肠痉挛、头晕、头疼、双手震颤。面对晨晨的现状,父亲彻底绝望了。

晨晨陷入网瘾给我们的启示:

(1)重组家庭、单亲家庭的家长要关心孩子。这些家庭的孩子心理都比较敏感、脆弱,他们需要更多的关怀。但是,情况往往相反,重组家庭的家长往往忽略孩子的心理活动,结果造成"问题少年""网瘾少年"。

(2)孩子更需要心灵关怀。有的家长认为,我们已经让孩子吃得好、穿得好了,孩子在学校就应该学好。其实孩子更需要的是亲情,是心灵的关怀。

给家长的建议之五十三

加强对孩子的网络道德教育

网络文化的特点表明，它会对青少年思想品德的形成产生巨大的影响。孩子们既可以在网上开拓视野、学到新知识，也会受到网上错误的、不健康思潮的负面影响。因此，网络道德教育是家长们不可忽视的。这里主要应注意以下六个方面。

一、加强网络公德与自律教育

教育子女自觉遵守网络的有关法律、规则及公德。加强自我约束、自我管理，培养良好的网络道德人格，成为合格的网络公民。

二、加强网络免疫力教育，增强对不良信息的辨别能力

教育孩子正确分辨、判断网络色情、暴力、诈骗、犯罪等有害信息，以免受到侵蚀、传染，主动拒绝不良信息。

三、加强社会教育

加强对孩子网外社会生活、社会实践指导与辅导，引导孩子积极参加社会实践和社会交往活动，避免沉溺于网络，染上"网瘾"。

四、积极参加学校组织的绿色上网承诺等活动，树立网络责任意识和道德意识

五、教育孩子做到"六不"

不浏览不良网页；不制作不良信息；不传播不良信息；不进入营业性网吧；不登录不健康网站；不玩不良网络游戏。

六、自觉抵制网络不法行为，慎交网友，懂得在网络环境下维护自身安全和合法权益

鼓励孩子在使用互联网和手机过程中，及时举报不良信息。

经典案例

一个网瘾少年的觉醒

涛涛14岁了,沉迷网吧,网瘾很深。他曾经扬言:自己活够了,只是有几件事情还没有做:一是要杀掉所有的仇人,二是强奸最心爱的女人,三是把最喜欢的游戏《魔兽世界》玩到最高级,最后就自杀!这是何等可怕的一种变态心理。

父母没有办法,只好把他送到戒除网瘾中心。涛涛来到中心的第一个月,拒绝任何治疗,别的患者痛哭流涕地讲述自己的"历史",他却睡着了,醒来还骂网友幼稚。

开始刘医生只是耐心地观察他,从不逼迫他干什么。一天,刘医生从他妈妈那里了解到,涛涛对他爸爸积怨已深,当初,涛涛就是被他爸爸打了以后,没地方可去,才去网吧的。刘医生把这件事记在了心里,在当天晚上的心理课堂上,就把涛涛的爸爸请来了。涛涛的爸爸当着所有人向涛涛道歉:"儿子,我很后悔打过你。以后我保证不再打你,请你再也不要去网吧了!"涛涛不看爸爸,低着头,谁也不理。

这一招不行,刘医生又请涛涛的妈妈讲述她冬天寻找涛涛的经历,可涛涛仍是不为所动。当天晚上,他在戒瘾中心里写了第一篇日记:"……妈妈是骗我的吧?她傻呀,下着大雪挨冻!我来中心一个多月了,不知道奶奶怎么样了……"

从日记里,刘医生注意到在涛涛的感情世界里还有一点温情。于是在一次心理点评课上,刘医生当着所有人的面,讲了一个故事:

"去年夏天,一个13岁的男孩,因为挨了爸爸的一顿打,没吃晚饭就跑了出去,一头扎进网吧里。最疼爱他的奶奶拄着拐棍到处找他,给他送包子,找了好多家网吧都没有找到。天早就黑了,一场雷阵雨落下来,奶奶全身都淋湿了,可是奶奶想孙子,雨水搅着泪水,不停地流下来。路滑,奶奶腿脚不灵便,摔倒在地,满身泥水。幸亏爸爸找过来,把奶奶硬拉上车,奶奶上了车还在骂爸爸,'都是你个王八羔子,把我的孙子打跑了,你去给我找回来……'

奶奶大病一场，孙子却在网吧里泡了一个星期才出来。"

　　刘医生一边讲，一边看着涛涛的反应，涛涛起初高昂着头，慢慢地，头低下去，又过了一会儿，开始用手抹眼睛。这是一个多月来他第一次流泪。刘医生抓住机会，接着说："这位奶奶无时无刻不在惦记着自己的孙子，大家回头看一看……"涛涛随着众人一起回头，奶奶正坐在最后一排抹眼泪。涛涛控制不住，大叫一声"奶奶"，扑过去跪倒在奶奶膝下，呜呜地哭起来……

　　奶奶的出现彻底改变了涛涛。从第二天开始，涛涛像变了一个人，穿上迷彩服，与大家一起军训，自己整理内务，每天写戒网瘾日记，讲述他沉迷网吧后的各种行为，发誓坚决戒除网瘾。

刘医生给我们的启示：

　　（1）教育问题少年，寻找其情感世界里的秘密是关键，否则，很难取得理想的效果。刘医生正是发现了涛涛对奶奶特别的感情后，请奶奶到现场，才使涛涛有了转变。

　　（2）教育孩子要注重方法。倔强的孩子不是靠打骂能教育好的，涛涛就是被父亲"打"进网吧的。事实告诉我们，亲人之间维护好亲情关系非常重要，否则，就会反目成仇，形成对抗。

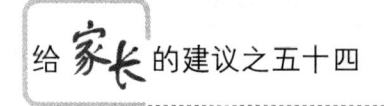

给家长的建议之五十四

预防"网瘾"不是"堵"而是"疏"

　　当前，有些家长为了防止孩子上网成瘾，采取的方法主要是"堵"，其答案是："不可能！"正确的方法是"疏"，就是疏导孩子正确使用网络。

　　目前，不包括那些对孩子撒手不管的家长，凡是关心孩子学习的家长，基本采取以下两种方法：

一是"堵"。具体措施是：第一，家里不买电脑，彻底断绝其在家上网的可能。第二，规定放学回家的时间，不给其上网的机会。第三，不断与老师沟通，掌握孩子在学校的动向。如果发现有偷偷上网的行为，轻则批评、训斥，重则挨动手打骂。

二是"疏"。具体措施是：第一，家里购买电脑，而且能上网。第二，要求孩子一般不要到网吧上网。第三，给孩子讲清楚网络的神奇，要好好利用。给孩子规定上网的条件和时间。比如：做完作业才可以上网，周末、节假日才能上网，等等。第四，规定上网的内容。比如：玩什么游戏，浏览什么网页，禁止看什么网页，如何使用电子文档等。

以上两种方法的结果：

第一种采取"堵"的方法，造成孩子对网络有了极大的好奇心，总是偷偷地到网吧上网，结果一看，啊！太有意思了，于是，沉迷其中，不可自拔。

第二种采取"疏"的方法，使孩子的好奇心得到了满足，在父母的辅导下，知道网络是多么神奇，而且利用得好会对学习很有帮助，并且把网络很好地应用到了学习生活当中。孩子在网络中，提高了计算机的应用水平，锻炼了思维能力和动手能力，获得了许多知识。

经典案例　美国八所大学争抢的阳光女孩

上小学时，被老师认定为差生而被迫转学，初中时因听不懂数学而逃课，17岁却走进了北大；1999年成为最年轻的微软认证系统工程师；2000年获"新千年阳光女孩"总冠军；2001年本科毕业即被哈佛、普林斯顿等八所美国名牌大学同时录取为博士研究生，长沙女孩陈元的生命中有太多的奇迹。但在奇迹之外，她是一个普通的女孩，贪玩好动，迷恋电子游戏、卡通、金庸以及小虎队。

被父亲纵容着玩大的孩子陈元走在北大燕园的湖光塔影里，她是个普通的女孩：棉布衣裙，简单的马尾，脸上是所有女生都有的属于青春的气息，还有那么一点点因矜持而显出的傲气。

2001年3月，离她21岁的生日还有3个月，她收到了来自美国8所大学的通知书，他们无一例外地认真而诚恳地邀请她前去攻读天体物理学博士，并免除所有学费及为她提供全额奖学金。在陈元看来，她仅仅是寄出了10份申请材料收到了8封回音而已，但这些回音却因为它们的分量再一次使陈元站在了一个夺目的位置。它们分别来自：哈佛大学、麻省理工学院、普林斯顿大学、佐亚治理工大学、柏克莱大学、哥伦比亚大学、伊利诺斯州立大学、耶鲁大学。哈佛为她提供的年度奖学金总计49666美元。

陈元出名了。因为这样的事情，即使在北大、清华依然极为罕见。但是出名却是陈元和她的家人近20年竭力避免的一件事。陈元说："我只是个平凡的女孩。"而她的父亲陈小放则从来就坚定地认为："我不要天才，我只要一个快乐的女儿。"

1980年，陈元出身于书香世家，爷爷、爸爸、姑姑都从事教育事业，奶奶在图书馆工作，爷爷能讲一口流利的牛津英语。也许后来的成功都得益于出生在这样的家庭。

陈元刚会说话，奶奶便教她背一些诗词，而爷爷和姑姑也用英文和她简单对话。陈元早慧，几乎过耳不忘。

两岁的时候，陈元展现了她生命中的第一个奇迹。陈元跟着在图书馆工作的奶奶去"上班"，奶奶忙活的时候，她就捧着一本书，似乎和所有人一样认真地在看。一次适逢外宾来参观，见到如此小的孩子在图书馆看书，外宾觉得可爱又有趣，忍不住打了个招呼："HOW DO YOU DO？"陈元闻声抬头回答："HOW DO YOU DO？"外宾的嘴还没有合上，陈元再出惊人之语："WELCOME TO CHINA！"于是周围惊呼四起，赞声不绝。

从此陈家出了一个小"神童"的消息不胫而走，在长沙教育圈里炒得沸沸扬扬。爷爷、奶奶和妈妈齐动员，忙着教她认字、写字。不久，陈元又在长沙市举办的"健美儿童大赛"中脱颖而出，凭借表演的诗歌朗诵和有板有眼的英语，博得了评委们的阵阵掌声。于是报纸、广播、电视一齐出动，"神童"陈元名声大振。

全家人都处于喜悦当中，唯独父亲陈小放双眉紧锁。有一天，他召开家庭会议，出人意料地宣布："从此以后，不准再教孩子英语，不准再让孩子背诗。"他说："我不要什么神童或天才，我要我的孩子快乐！快乐的办法只有一个，那就是玩！"

于是陈元又成了"常人"，不再学诗词或者英语，就只是尽情地玩。一直玩到上小学，终于玩出了麻烦。刚入长沙浏正街小学，陈元却常常被罚站，原因是同班同学大都上过学前班，学过一年级的课程，陈元因贪玩没上学前班，到了一年级"跟不上"，被老师定为"差生"。对此，陈小放找到老师讨说法："一个小孩子，入学才两个月，怎么就可以判定她一定很差呢？"因老师固执己见，于是陈小放果断做出决定：有这样的老师，转学！

转学以后，陈元果然魔术般优秀起来。到毕业时，她同时被长沙一中和湖南师大附中超常班录取。陈小放为女儿选择了六年制的长沙一中，却放弃了四年初高中连读的超常班。在很多人包括亲友们不解的目光中，陈小放给了一个更叫他们不解的回答：4年要学那么多的东西，孩子哪儿还有时间玩？

上中学后，陈元在父亲的纵容之下，成了一个"不务正业"的孩子，她看《三国演义》，写出了一系列三国人物点评；继而迷恋武侠小学，和爸爸一起挑灯夜读金庸；足球、集邮、漫画，什么好玩她就玩什么。每个周末，与别的学生在家长的陪同下埋头读书时，陈元却随爸妈四处游山玩水，而且不用写"游记"。因为，"旅游就是玩好，玩的时候还非得记录、思考，还不把人累死？"

在所有的玩乐中，陈元玩得最疯的是电脑游戏。陈家是长沙较早买个人电脑的家庭之一，而电脑的主要用途就是给陈元玩游戏。陈元在玩游戏时，陈小放陪着她一起玩，父女俩比赛过关斩将，玩得昏天黑地。直到上了大学，陈元觉得北大物理系开设的计算机课"没意思"，因为内容她早就熟悉了，这时候她才明白，这么多年来爸爸领着她玩游戏，其实是一件多么有意义的事。

2000年3月，好玩而有余力的陈元报名参加了MCSE的考试。MCSE即微软认证系统工程师，获得这种证书，就等于拥有了全球认可的计算机高级专家身份，全世界许多专业人士都想攻克这一"堡垒"，但绝大多数最终只能望洋兴叹。非电脑专业的陈元面对的是六本砖头一样厚的微软认证考试系统丛书，每本900页，全部是英文原版。几个月以后，她通过了全部六科的考试，成为了中国最年轻的微软认证系统工程师，而她认为自己最扎实的电脑基础来自于电脑游戏。

90厘米的电话卡和30万字的家书

在大学里，陈元得到的最多的评价是"奇怪"。同学们不能理解她的很多习惯，她是这么听话不叛逆，她和家人总是亲密无间，温情脉脉。

上学的第一天，大小事情全部都是父母一手操办，陈元几乎不用插手。大学生活步入正轨以后的很长时间，陈元依然是热衷于向父母汇报、请示，征求家人的意见。大学四年，她给家里打电话用去的电话卡如果一张张叠起来，足有90厘米高。

陈元18岁的时候，陈小放写给女儿一封生日贺信——

我们的小女儿：

再过几天，就是你18岁的生日了……在我们的眼里，这世界因你的微笑而美丽、而生动……我们一直以你为骄傲。你身上有许多闪光的东西：你心地善良，乐于助人，答应了的事就一定努力去做到；你对知识的敏感性，你的学习控制能力。18年来，我们从你身上得到的，恐怕不会比你从我们身上得到的少……

我们的小女儿，18岁，是羽翼渐丰、开始翱翔于天空的幼鹰，是花园里含苞欲放的花朵……当你一个人独自在首都点燃18支蜡烛时，你的亲人们为你寄去遥远的祝福！

祝你生日快乐！

无时不刻不在想着你的爸爸妈妈

1998年6月16日凌晨1时

爷爷、奶奶也写来了贺信，祝贺她的长大，却没有一句教导她要"如何做人"的话。长沙的家时有更现代化的通讯工具，电脑、电话、传真，但4年间，陈元珍藏的家书，依然有一尺多高，30多万字，相当于一部厚厚的名著。

陈元每次出远门，妈妈总会给她准备一个手提袋，袋里放着一张便条清单：

1.民族花背心两件；2.豆豉辣椒一瓶（每餐少吃）……

和所有成长中的普通孩子一样，陈元身上也存在着不少这样或那样的缺点，然而爸爸妈妈从没有按照大众的标准要求她"纠正"。陈元粗心大意、不拘小节，直到上北大后，她的宿舍里仍乱糟糟一片，到处扔的是漫画、VCD和书籍等。陈小放和妈妈肖兮曾讨论过："我们不能要求自己的孩子处处完美。人都有缺点，我自己的缺点就一大堆。"他甚至为女儿的这一缺点辩护："要是我们元元处处仔细小心，说不定还会影响她看事物比较长远的眼光。"陈元在家很少做家务，爸妈对这一缺点也"容忍"了。在他们看来，孩子读书本身就是一种比成年人还繁重的劳动，就算没有时间让女儿吃到苦，这也不是一种罪过。

阳光女孩走进哈佛。

1999年12月31日晚，北京海淀体育中心人声鼎沸，在新千年即将来临的时刻，"首都大学生形象代表、新千年阳光女孩"评选活动也进入了最后的决赛阶段。中国第一个阳光女孩将在这里诞生。

这次活动由北大、清华等首都18所大学共同发起，以智慧、青春、创造来评选出最能代表新时期女大学生形象的阳光女孩。所有选手的资料将由大学老师组成的评委会初选，选出22名选手，然后将这些人的资料上传到网络上，由任何愿意参加评选的网民进行大规模地"评头论足"，再根据得票数选择出5名决赛选手。选手的票数每天都在"众目睽睽"之下发生着变化。

看到竞选的海报，陈元觉得肯定挺好玩的，她提交了自己的资料。几轮票选下来，陈元成了5个幸运儿之一。到决赛后期，选手作为网站嘉宾，通过网络与网民直接对话，其他4名选手都采用口授方式，由工作人员帮助录入，唯独陈元独自面对数不清的网民，答复千奇百怪的咨询，手指在键盘上飞快地敲击，由此人气直线攀升。决赛的最后一道程序是同观众直接见面，抽签回答观众的提问。5名选手依次上阵，各显其能。

轮到陈元登台亮相，她抽的签是"用上网、钻石、美国大兵"这三个词连成一段富有逻辑和文采飞扬的故事。陈元仍然从容、平和、笑容可掬。讲故事是她的拿手好戏，面对台下无数的观众，她说："说到上网，大家一定不会陌生流行的网络爱情。说到网络爱情，大家一定熟悉《第一次亲密接触》……"几分钟的时间，一段浪漫的网络民事纠纷故事感染了数以千计的台下观众。

20世纪最后的时刻终于来临，新千年的钟声敲响了。在音乐声中，主持人宣布："新千年阳光女孩第一名得主是北京大学——陈元！"欢呼声四起，有同学凑着她的耳朵问："陈元，你想到了吗？"

陈元低声回答："其实我料到了。"呵呵傻笑，却有精灵一样的狡黠。

在陈元小的时候，陈小放最不愿别人说女儿是神童，但当女儿当选阳光女孩之后，陈小放却直言不讳地对媒体说，女儿当之无愧。因为她从小文理兼修，全面发展，拥有个性，不成功才怪。

陈元在家算得上传统意义上的乖乖女，但她同时又是个任性的女孩，和大多数的少男少女一样，曾热衷于"追星"，为台湾的小虎队疯狂得彻夜不眠。爸妈对她什么都不加限制，唯独对"早恋"警钟常鸣。陈元似乎并不怎么买账，仍同男生们打得火热，中学时曾与三个男生死党纠集在一起，人称"四人帮"。陈元高中时在合肥参加物理竞赛时，"四人帮"之一曾写来一信："陈元君：每天看到你空着的座位，我们真是……好高兴、好轻松啊！哈哈哈，你问我们好不好，好得很！除了成绩不好，什么都好！只有昆仔每次考试都拿高分——所以经常挨打。我们都祝你GOOD LUCK，万一没考好千万要哭一场，闷在心里是不好的，回头又会拿我们出气。好了，说笑了。如无必要，下次不要再让我们写信了。当然如果你闲来无聊，写一封不用回的信也可以，只是不要写什么陈苏吴杨共阅了，结果差点变成了全班共阅。那场面实在是热闹啊！"

陈元几乎很少做家务，永远不知道如何保持房间的整齐。在14岁的一次作文中，她说："我的房间简直像个狗窝。"她甚至不许妈妈收拾自己的这个"狗窝"，理由是一整理一收拾就乱套了，就这也找不到那也找不到了。收拾就是搞乱，这就是她的逻辑。

刚到北大的时候，有次外出买苹果，她花15块钱买回3个苹果，其中还有一个是烂的。在那之前，关于金钱，她唯一知道的是长沙租一本漫画书需要多少钱。

这个看起来几乎什么都不懂的陈元，却在 2001 年 3 月，同时被美国八所名牌大学录取为博士研究生。到美国之前要签证，这是必经的程序，这个程序简单又复杂。正因为它的复杂，各种"出国咨询公司"漫山遍野应运而生，没有几千元的人民币莫想出关。许多出国的人大都是通过咨询公司才跨出国门的。爸妈给她汇去了 10000 元咨询费用，陈元把钱装进腰包，偏要让自己为自己办事。一个"阳光女孩"若连自己的事也办不成，她觉得"没面子"。她一个人在北京跑来跑去，在各个机构见中国人和外国人，讲中文和外语，把事情一件一件办得漂漂亮亮。拿到签证后的几分钟，她兴奋地给爸妈打长途："爸爸妈妈，我现在基本可以做一个出国咨询公司的经理了。你们若想漂洋过海，只管把佣金给我好了，我给你们打折！"

2001 年 8 月 3 日，陈元离家赴美，到哈佛大学攻读天体物理学博士。之所以最终选定哈佛，除了这里有最好的物理学研究的条件和环境外，还因为哈佛是一所富有人文精神的综合大学。临行前，爸爸妈妈给她打点的行装是：《笑傲江湖》、动画片 VCD、游戏软件……

陈元父亲给我们的启示：

（1）寓教于玩，使孩子兴趣盎然。幼儿的陈元展现出来的聪明才智，没有让父亲冲昏头脑，而是冷静地停止一切培养神童的举措，他说："我不要什么神童或天才，我要我的孩子快乐！快乐的办法只有一个，那就是玩！"

（2）给孩子快乐的成长环境。陈元是快乐的，她玩电脑游戏，看小说、爱好足球、集邮、漫画等，什么好玩她就玩什么。正是这种自由快乐的成长环境，成就了陈元各方面的出类拔萃。

（3）培养孩子广泛的爱好。沉迷网络的孩子，一定没有其他什么爱好。我们要向陈元父亲一样，从小培养孩子多种爱好，有利于孩子健康成长。

给家长的建议之五十五

教育子女安全上网十个准则

教育孩子不要上网是很难操作的，因为现在的网络无处不在，所以，家长应该配合学校，抓好对学生的网络教育。

一是通过网络与朋友交谈或写电子邮件时，要保持礼貌的态度；

二是邀请父母和自己一起上网，并把有趣的事告诉他们；

三是上网时间不超过一小时，以免影响正常的学习和生活；

四是不把自己和家长的照片、地址、电话等自然情况告诉对方；

五是千万不要与从未谋面的网友约会，除非有人陪伴，见面地点一定要在公共场所；

六是未经网站管理人员允许，不要任意使用网站上的图片、文字，也不可随意张贴文章、图片等，以免侵犯他人著作权；

七是收到来历不明的电子邮件不要回信和保存，尽快删除并告诉父母；

八是不要将自己网上使用的密码告诉别人，以免别人冒用；

九是只要看到感觉不舒服的网站或邮件，马上离开并告诉父母；

十是在公共场所上网离开时一定将浏览器关掉，以免别人有机会使用自己的个人资料。

经典案例　网络的诱惑

农村孩子雷×，学习成绩优秀，考入全县最好的初中，第一次接触互联网是为了给班里办壁报。雷×是小组长，为了寻找资料和图片，身为组长的他常常上网查资料，有时熬到凌晨两三点，把他认为有用的资料全盘下载，或在电脑里装下容量大的数码图片，以供打印出来作筛选及摘要使用。上网时，他常常迷失，有时不小心就浏览了一些莫名其妙的网站，而且内容让他脸红心跳，不能自拔。

私底下，他也和其他死党互相交换上网经验，从他们身上，他甚至学会了上网聊天，用电邮服务向朋友转寄一些三级笑话及图片。

雷×的父母看见雷明沉迷电脑，也没有太多过问，雷明对他们说："用电脑做功课嘛！"门外汉的父母深信不疑，把教育工作都托付给了电脑。

雷×虽然还没有到染上网瘾的地步，但是，上网已经影响到了他的成绩，他也苦恼，但是又不能彻底拒绝网络。他感到有点迷茫。

就这件事来说，也许有人认为，家长其实没有错，因为电脑和互联网这些先进的科技，毕竟不是他们年代的产物，要他们在这个年龄学习年轻人的玩意儿，简直就是为难他们！但是，家长的监管是不可或缺的。

网上陷阱无处不在。子女能独立上网而不需要援手，并不代表你可以因此对子女的学习置之不理，因为孩子非常需要父母的指导。

优秀生雷×给我们的启示：

（1）家长提高自身的知识水平很重要。所以说："家长好好学习，孩子才能天天向上。"

（2）学习优秀的孩子，也需要经常关注。不要总认为迷恋网吧的都是学习成绩差的孩子，成绩优秀的孩子，也非常容易受到网吧的诱惑，沉迷其中，受到伤害。

给家长的建议之五十六

怎样预防孩子染上"网瘾"

"网瘾"：全称叫互联网成瘾综合症，是一种现代的心理疾病。患者的表现是将网络世界当成现实生活，脱离社会，与周围的人没有共同语言，孤独不安，情绪低落，思维迟钝，自我评价降低等。集中表现就是网上聊天和网上玩游戏。

那么，怎样预防孩子染上"网瘾"呢？

一、教育孩子有一个正确的是非观

在孩子小的时候，家长就应该培养孩子正确分辨美与丑、善与恶。据调查，在中小学生中，凡是品德优秀、学习上进的学生几乎没有迷恋网吧的。染上"网瘾"的多数是一些纪律散漫、不爱学习、品行低劣的学生。所以，家长如果能教育孩子树立正确的是非观、人生观，对孩子自觉抵制不良风气的侵蚀，具有不可估量的作用。

二、家长可以参与网络游戏

因为家长与孩子一起玩游戏，就能够与孩子交朋友，取得信任，与孩子有共同语言。更主要的是：家长能有效地控制孩子玩游戏的时间，还能了解孩子在网上的交友情况，随时监督孩子，使之不要上网成瘾。

三、家长要培养孩子多种爱好

有的孩子之所以迷恋网吧，主要原因是没有其他兴趣爱好。沉重的课业负担使孩子苦不堪言，一旦觉得上网有趣就容易逐渐成瘾。所以家长可以培养孩子多种爱好。比如：打篮球、踢足球、登山、学书法、画画等，避免孩子长时间上网。

四、帮助孩子制定上网计划

家长如果彻底杜绝孩子上网，就容易使孩子产生强烈的好奇心，到外边偷偷上网。与其这样，倒不如与孩子达成协议，确定上网时间，到规定时间该上的就上，该停时就要停止。

五、家庭放置电脑要科学

家里的电脑可以放在客厅或父母的卧室，有条件的可以放在书房，就是不要放在孩子的卧室。因为在孩子的卧室就不好控制夜间的时间，同时，父母如果上网也会影响孩子休息。

经典案例 富孩子离别穷家时为什么下跪

湖南卫视有一档生活互换类节目《变形计》，采用纪录片＋真人秀的创新模式，让贫富悬殊很大的两少年交换角色，通过七天时间，彼此体验对方的生活。

魏×，来自长沙，不珍惜富足的生活，整日迷恋网络游戏，初一时已经辍学，现在已经专职打了两年多游戏。他这样说："网络就是我的全部生活，网吧就是我的家。学习、前途、期望……都太遥远了。"在他的世界里，能让他有兴趣的，只有攻克一个个不同的游戏，生活的挑战就是将每一个新游戏玩到最好，然后，再开始下一个新游戏，继续下一个新的挑战。魏×与家人的关系淡漠，每一个人对他的劝解、开导，得到的都是他无理的漠视。

青海农村少年高××，境况完全不同，目盲的父亲，病弱的母亲，贫瘠的土地，闭塞的交通……除了穷，还是穷，他将所有的希望都放在了学习上，希望通过读书改变命运，但是，他的父母根本没有能力再供他升学。

互换前，两人顾虑重重，魏×不愿离开网吧半步，高××担心被城市人拐卖。费尽周折后，两人实现互换。

魏×在青海的新家里受到了最诚挚的照顾。农村父母借钱给他买吃的，可是，他还是将那粗劣的食物呕了出来。他也睡不惯当地的热炕头，一夜无眠。

交换后第一天，魏×走进学堂。他成了最引人注目的人物，在课堂上当起了电脑老师，在新同学面前，他大谈网络游戏的坏处，赢得了同学们无比的崇敬。但是，他在随后的英语课上，睡着了。第二天，魏×在电脑课上，辅导同学用 word，送给同学礼物。之后上课，他没有睡觉。第三天，魏×在数学课上得到老师的鼓励。

青海农家进入农忙时节，魏×帮爸妈拔了一天的麦子。忽然，他想去黄河看看，对于这个在湖南水乡生活的孩子，看看奔腾的黄河是他的梦想。

第五天中午，魏×出门挑水遭遇大雨，但是，他不会挑担子，狼狈之中，萌生退出互换之意。让他没有想到的是，农村的父亲拿出几年的积蓄，让他去黄河玩。魏×眼角红了，他感受到了父爱的伟大。第六天，魏程到工地打工，筋疲力尽后领到二十元工资。这个时候，他开始理解起自己的亲生父母来，他说自己要悔过自新。

第七天，拿着农村父母塞给他的积蓄，魏×来到了黄河。他因想家而痛哭，说出辍学的缘由。

一周的时间即将结束，农村爸爸为了让他在回家前洗个澡，给他挑水。但是，在挑水回家的路上，这位失明的父亲摔倒了。魏×心中愧疚不已，痛哭失声。这个时候，他农村的妈妈和弟弟也在为魏×一家准备礼物。

农村的爸爸坚持要送魏×下山，途中，他们碰上骑车往家赶的高×。离别时刻，魏×用工钱买了一个水瓢，送给农村的妈妈，因为农村家中水瓢已经漏水。随即，魏×突然做出一个惊人的举动，他跪在农村爸妈跟前，泪如雨下，久久不肯起来……

乡里孩子高×走进了城市，角色变换后的第一夜，他大开眼界，平生第一次坐了飞机，看了高速路。奇怪的是，坐进城里爸妈的宝马车里，他的兴奋突然转变成了偷偷地流淌泪水。剪头发、打手机，高×接连落泪。面对丰盛的晚餐，他紧张得五次掉筷子，回家后收下200元零花钱。第一天的城里生活，高×被电视剧所吸引，全然忘记了看书。第二天，他爱上了卡丁车游戏。这时，他城里的表弟、表妹特意赶来陪他。晚上，高×很豪爽地请表弟表妹吃饭。第三天，高×买了一大堆零食，他似乎开始学会花钱了。第四天，高×逛公园和动物园，买了四本书。第五天，高×到妈妈的印刷厂帮忙，觉得很无趣。

又是一天过去了，高×喜去卖报，他发现，城市里并非都是繁华，也有人活得很辛苦。

临走前的一天，高×收到了城里父母送给他的自行车，他兴奋不已。晚上，他意外得知亲生父亲摔伤脚的消息，决然马上打包，要求回到那个贫瘠的农家院子。

第八天，高×拿出自己全部的钱，拉着城里的爸爸妈妈，请他们吃面，还花了很长的时间，画了代表一家人的画，送给城里爸妈。

在机场，高×拒绝了城里妈妈的拥抱，挥泪离开。

高×平静地回到了原来的生活当中，他说读书是唯一的出路，只有考上大学才能走出大山。

魏程变化给我们的启示：

（1）富养孩子容易造成恶果。古语云："自古雄才多磨难，从来纨绔少伟男。"过着富足生活的魏×，精神上却是一个十足的"孤儿"。走进农村学校的课堂，他成了引人注目的人物，还当起了电脑"老师"，得到同学的崇敬、老师的鼓励。农村父母最诚挚的照顾，打工的艰辛，20元微薄的工资等，使他开始理解自己的亲生父母了。

（2）贫穷让孩子懂得道理。魏×的下跪，应该引起城里父母以及老师的思考。为什么优越的生活条件、良好的育人环境，将孩子教成了"网虫"？为什么七天的农村生活，能够使"浪子回头"？我们在家教中到底缺失了什么？如果乡下的孩子高×长期在城里生活，会不会成为"网虫"？

（3）有必要让孩子体验生活。城里的家长经常带孩子到农村去，体验一下农村生活，或者让孩子参加一些必要的劳动，有利于孩子的健康成长。

给**家长**的建议之五十七

戒除网瘾的"三心四步"法

在现实生活中，我们教育孩子科学上网，不要染上网瘾。但是，总有一些孩子沉迷于网络，染上"网瘾"。那么，对于那些已经染上"网瘾"的孩子，怎样才能戒掉"网瘾"呢？华中师范大学陶宏开教授有独到的办法，即"三心四步"法帮助孩子戒除"网瘾"。

"三心"就是：爱心、耐心和诚心。培养爱心就是教孩子爱自己、爱父母、爱家乡、爱祖国。这不是一朝一夕的事，因此家长要有耐心。在与孩子交谈时，态度一定要真诚，要让孩子感觉到家长是在与他平等交流，从态度到眼神，从声音到语速，要让孩子感觉到家长的关心和爱护，这样孩子才能向家长打开心扉，畅所欲言。

"四步"就是：

第一步，选择合适的地点，让刚有"网瘾"的孩子认同、不反感。一般来说，上网成瘾者主要集中在11岁到15岁这一年龄段，他们的共同特征是"没有理想、敌视父母、不爱学习"。辅导人员与他们交谈时，最好不要直接谈上网、游戏的话题，而是选择他们感兴趣的话题，逐渐过渡到中心问题。当然，每一个孩子的情况不同，所以，具体问题还要具体分析，真正做到有的放矢，让孩子接受辅导人员的观点，主动戒除"网瘾"。

第二步，在确定了孩子对辅导人员的认同后，要把这种认同感转移到孩子的父母身上。在陶教授接触的那些孩子中，不少已经和家里闹翻了，与父母的关系也处于僵持状态。而陶教授在与孩子细致入微的谈话中，常常会以"你觉得父母这样做错了吗？""他们这样做是为了爱你还是为了害你？"等问题，让孩子反省自己对父母的态度是对还是错。

第三步，将孩子对父母的这种认同感再转移到对学习重要性的认同上来。从而激发孩子对学习的兴趣，鼓励他们多读对自己有意义的书，逐渐树立学习成才的信心。

第四步，让孩子自己认识到上网成瘾的坏处，自觉戒除"网瘾"。

戒除"网瘾"需要一个过程，切忌让孩子参加那些无资质、无水平、只收费的"辅导中心"。孩子能够脱离"网瘾"，不仅在于孩子自身的决心，还在于家长的配合。许多家长要改变教育方法，赢得孩子的信任和尊敬，不要过多地干涉孩子，否则，会让孩子反感，产生逆反心理。家长更多的是理解、关爱孩子，建立起良好的亲情关系，在与孩子的交流中，赢得信任，帮孩子戒掉"网瘾"。

经典案例: 15岁网瘾少年疑被辅导教师殴打致死

2009年8月2日凌晨3时许，刚刚初中毕业、尚未满16岁的学生邓某某，被南宁市吴圩镇卫生院宣告不治身亡，打死他的是广州番禺励志体育活动策划服务部的几名所谓的"辅导教师"。

邓某某是昨天（8月1日）下午进入该服务部在南宁市吴圩镇设立的"广州励志青少年成长辅导中心"的。晚上，邓某某被辅导教师关禁闭，凌晨三点多被宣布死亡。卫生院的病历显示，邓某某被送到医院时已是奄奄一息，测不到血压和脉搏。

据了解，目前尚有100多名孩子在这个中心接受同样的"辅导和训练"。

邓某某的家长与该服务部签署了《委托辅导、培训协议书》，期限为2009年8月1日至2009年9月1日，收费7000元人民币。目的是"为了帮助孩子树立自信、自立的人生观，矫正孩子成长过程中出现的不良习惯"。辅导、训练方式为24小时全天候封闭式管理，前几天有教员24小时监视孩子一举一动，"甲方不排除对孩子进行适度的苦难教育、惩戒教育，以不虐待孩子或不损害孩子的身体健康为限。"

邓某某的父母介绍说，他们的儿子身体强壮，身高约155厘米，体重约65公斤。7月31日，父母带他到北海游泳，曾游出海岸线100余米，时逢退潮，还救回一个随潮水冲离海岸线五六十米远的中年妇女。其父介绍说，邓某某除有网瘾外，无任何犯罪记录，无任何传染性疾病。

据南宁市公安局江南分局第二刑侦大队负责人介绍，施暴数人已被警方拘留，案件在进一步审理侦察中。邓某某在桂林资源县的父母及亲友已于傍晚赶到南宁。（摘自新闻报道）

邓某某父母给我们的启示：

（1）给孩子报培训班一定要慎重。凡是以盈利为目的的辅导中心，都不要随便参加。一个月 7000 元人民币，是不是太贵了？这样的辅导教师，很难通过他们的"辅导"彻底戒除"网瘾"。

（2）家长最好还是自己教育孩子。如果自己不具备那样的水平，最好跟孩子的老师结合，制定教育方法，有针对性地进行教育。

给家长的建议之五十八

培养孩子抗挫折的能力

有人对近千名中小学生进行了心理测试调查，在被测试的中小学生中，约三分之一的中小学生神经系统较为脆弱，常会导致许多消极思想品质和习惯。主要表现有：

一是只能享受成功的欢乐，不能经受失败的挫折；

二是只能接受较少信息的刺激，难以应付众多信息的刺激；

三是雄心壮志很大，但不能理智地调控行为和心理，以达到理想的彼岸；

四是性格内向、懦弱，易受不良行为的暗示，缺乏抗干扰的能力；

五是听到赞扬的话喜笑颜开，稍有批评就哭鼻子；

六是一次考试成绩不好，就吃不下饭，睡不着觉，甚至涕泪交流，骂自己不争气，觉得没脸见人。

造成以上问题的原因，主要是家庭、学校和社会在整个教育中，过分强调获得成功的好处和光荣，而忽视了对孩子抗挫折能力的教育。没有告诉孩子，不论做什么事，失败总是难免的，但是，失败是成功之母。其实，家长应该告诉孩子，碰壁后的成功，失败后的胜利，经受挫折后达到目标是最快乐的。尝尝失败的滋味、体验成功的艰辛，更能激起巨大的内在动力。

怎样培养孩子抗挫折的能力呢？

一、教育孩子正确对待挫折

告诉孩子，人的一生，总会遭遇到各种困难和挫折，战胜苦难和挫折也是人生的财富。

二、要教育孩子向强者学习

在古今中外的成功人物中，有不少几经挫折，最后终于成大事者。家长要买一些这方面的故事书给孩子看，如前苏联的奥斯特洛夫斯基瘫痪在床，双目失明，口述了鼓舞人心的《钢铁是怎样炼成的》杰作；高士其、吴运铎等老一辈科学家、革命家，他们与困难、挫折斗争，坚定信念，自强不息，不屈不挠，从而改变了自己的命运。

三、创造艰苦环境磨练孩子

现在，人们的生活越来越好，孩子们经受艰苦环境的体验也越来越少。再加上家长的溺爱，孩子们的生活条件越来越优越，无形中使孩子的心理素质非常脆弱。国外有些学校定期将孩子送到荒僻的海岛上，学学鲁滨逊，自己去克服困难，创造生活，感受生活的艰辛，这确实是明智之举。一个人只有在更加恶劣的环境中经受锻炼，才能在应付一般困难和挫折的考验时，不会手忙脚乱。

经典案例 甘地夫人对孩子说真话

印度前总理甘地夫人，是一位非常出色的女性。作为领袖，她对印度有着杰出的贡献；作为妈妈，她是孩子心中最好的导师。

甘地夫人认为：生活中有幸福，也有坎坷。教育的目的就是培养孩子健全的个性，使他们以后能够从容不迫地适应生活中的各种变化。作为母亲，她必须帮助孩子平静地接受挫折，发展自我克制的能力。

大儿子拉吉夫12岁时，因病要做一次手术。面对紧张、恐惧的拉吉夫，医生打算说一些"善意的谎言"，安慰孩子手术并不痛苦，也不用害怕。

可是，甘地夫人却认为，孩子已经懂事了，那样反而不好。所以，她阻止了医生。随后，甘地夫人来到儿子床边，平静地告诉拉吉夫：

第一，手术后有几天会相当痛苦；

第二，谁也不能代替他受苦，因此，他必须要有精神上的准备；

第三，哭泣或叫喊都不能减轻痛苦，可能还会引起头痛。

结果，手术后拉吉夫没有哭，也没有叫苦，勇敢地忍受了这一切。

甘地夫人给我们的启示：

（1）不要哄已经懂事的孩子。对于已经长大懂事的孩子，不要一味地去哄。甘地夫人没有哄孩子，而是教育孩子勇敢地面对挫折。这样有利于孩子在今后的生活中面对困难，树立信心。

（2）相信孩子的承受能力。实际上每个人都有很强的承受能力，当孩子面对困难、挫折的时候，为了锻炼孩子的意志，家长要实话实说，告诉孩子应该承担什么，孩子一定能够承受的。

给家长的建议之五十九

父母应该怎样对待孩子的"淘气"

孩子在玩耍中，往往会有许多"淘气"的行为。但是，这些"淘气"又往往有点"创新"的意思，面对孩子的"淘气"，有的父母在处理的方法上，往往会扼杀孩子的创新意识。所以，父母要正确对待孩子的"淘气"。

一、在孩子的"淘气"中，往往潜在着求知的渴望、认识的提高和智能的发展

他们在"淘气"中通过观察、触摸、谛听以及联想，使视觉、触觉、听觉、嗅觉、味觉都得到锻炼和发展。正是在"淘气"中，由于经验的积累，思维能力的提高，他们才逐渐认识了纷纭复杂的大世界，从无知变为有知，从幼

稚发展为成熟。

二、正确认识孩子的"淘气"

在大人看来"淘气"的孩子中，正孕育着未来的各行各业的能手，甚至是独树一帜、卓有成绩的专家、学者。可见"淘气"并非坏事，它绝不等同于捣蛋与过失。有些家长却对孩子的"淘气"横加限制，把孩子管成低眉顺眼、垂手呆立的"少年老成"，这是不可取的。

三、要预防孩子"淘气"的危险性

在孩子的"淘气"中，有时也存在着一定的破坏性，甚至是危险性，而这一点是孩子始料不及的，所以不能说是故意的。当孩子们被强烈的好奇心驱使，一心一意地去探究时，往往是"忘我"的，不计后果的，待到严重的后果呈现后，他们才会有惊恐的心理产生。

四、正确处理孩子"淘气"中的过失

当孩子"淘气"有了过失时，如果家长总是制止、训斥、打骂，那就必然会扼杀他们的求知欲望，挫伤他们的探索精神，这对孩子智力的发展、智能的提高无疑是种窒息和摧残。孩子盼望的是对他们不计后果的谅解，对他们失误的惋惜。他们会认真吸取教训，并在家长的真诚"合作"中受到巨大鼓舞，智能会得到新的开启和发展。

为了培养下一代，家长有必要走进孩子们的生活中，去引导，去鼓励，把孩子培养成具有创新思维、创新能力和创新精神的人。

经典案例

未来的小画家

有一对外国夫妇在中国打工，他们住着漂亮的房子，室内装饰的非常豪华。他们有一个聪明、活泼、可爱的孩子，由于他们都忙着上班，没时间照顾孩子，就请了一个小保姆照顾孩子。

有一天，这个孩子趁大人不在家，小保姆没注意，就拿着父母给他买的画笔，在一面洁白的墙壁上开始了他的美术"创作"。他画了高山、河流、树木、楼房等。

小保姆发现后，吓得惊慌失措，她怕主人回来后责怪自己，就回房间收拾东西，做好了被"炒鱿鱼"的准备。

下班的时间到了，孩子的母亲先回来了。小保姆急忙向女主人进行汇报，并让她看那面墙壁。令她没想到的是女主人根本没责怪小保姆，更没有责骂孩子，而是异常高兴得抱住自己的孩子，亲吻了一遍又一遍，还夸奖说："孩子你太聪明了，你怎么会有这么好的创意啊！你一定能成为画家的。"

之后，又让孩子给她讲画的都是什么，是什么意思……

小保姆在一旁看呆了。

外国母亲给我们的启示：

（1）孩子的创造力比什么都重要。这位母亲知道：一面洁白的墙壁，与孩子的创举比起来，孩子的创举更有意义！

（2）一定要容忍孩子的"异端"行为。小孩子在玩耍中，经常会迸发出意想不到的思维，有些思维正是孩子的天性使然，如果家长能及时发现，并进行有益的开发，也许孩子能成为一个天才。反之，如果家长只知道责骂，就把孩子的天性扼杀了。

给家长的建议之六十

家长应预防孩子产生逆反心理

一、正确认识孩子的逆反心理

孩子的逆反心理是客观存在的。其原因是：当客观环境与孩子的需求不相符合时，孩子就会产生强烈的抵触情绪。孩子从少年到青年，正处在身心发育成长的不稳定时期，其大脑的发育由不成熟逐渐向成熟发展，特别是思维方式、思维视角已超出童年期简单和单一化的正向思维，向着逆向思维、多向思维和发散思维等方面发展。因此，逆反心理会随着年龄的增长呈上升状态。

到了青少年时期，孩子的成人意识就会逐渐增强，但是，由于阅历和经验的不足，在认知事物和看问题时，就会出现认识上的片面化和较大偏差，因此，很容易与家长的意见不同。如果家长为了维护自己的尊严，采取武断、粗暴的压制方法，就会使孩子产生强烈的逆反心理。

家长要正确认识孩子的逆反心理，与孩子建立平等、理解、和谐的关系，经常与孩子交流思想感情。遇到问题能够采取科学、合理的方法教育孩子，就能避免与孩子冲突，使家庭和谐，使孩子健康成长。

二、造成孩子逆反心理的主要原因

首先是求索意识增强；其次是自立意识增强；第三是家长期望过高；第四是教育方法不当。

三、孩子逆反心理的调适

孩子的逆反心理是需要适时调整的。家长必须及时洞察孩子的心理动向，消除孩子的心理障碍，不让其产生逆反心理。

家长要了解、顺应孩子生理、心理成长的规律。孩子的童心和爱心是非常宝贵的，家长一定要善加保护。

家长要与孩子平等相处。家长平时要经常同孩子进行交谈、商量、讨论，培养孩子积极思考的习惯。孩子小时候对什么事情都充满了好奇，对孩子好问、好表现的行为应给予肯定和表扬。家长如果能正确地引导，不仅可以保护孩子的好奇心，而且还可以激起孩子主动探索的兴趣。

3. 与孩子进行心理沟通

重点要做到以下三点：首先，家长要理解孩子。著名教育家陶行知先生说："一个人不懂小孩的心理、小孩的问题、小孩的困难、小孩的愿望、小孩的脾气，如何能教小孩？如何能知道小孩的力量而让他们发挥出小小的创造力？"可见了解孩子、理解孩子是十分重要的。同时家长也要告诉孩子，学着从积极的意义上去理解大人，父母的唠叨、批评都是善意的。父母也是人，也有正常人的喜怒哀乐，也会犯错误，也会误解人。孩子学会以宽容的态度去理解父母，就不会产生逆反心理了。其次，要提高孩子的适应能力。可以鼓励孩子多参加学校的各种课外活动，让孩子多参加走亲访友活动，在活动中学会与人相处，并发展兴趣，展现自我价值。最后，家长要注意自己的形象，为孩子做出榜样。榜样的力量是无穷的，家长要理解孩子，关心孩子的心理健康，为孩子树立榜样。并要经常教育孩子虚心接受老师、同学以及父母的意见，遇事要尽力克制自己，学会冷静地处理问题，要知道"退一步海阔天空"的道理。这样，逆反心理也就容易克服了。

经典案例　更年期母亲遇到青春期女儿

一位四十多岁的母亲，进入更年期后，变得多疑、心烦意乱、好发脾气。这时，她在某重点中学的15岁的女儿进入了青春期，表现得非常叛逆。于是，更年期的母亲与青春期的女儿"战事"不断。

女儿叫丽丽，聪明伶俐，活泼好说，每天从学校回来喜欢讲班里的事儿。有一次，在饭桌上，她滔滔不绝就开始讲起了班上某个男生的事情，说什么球打得好，人也长得帅，歌唱得还一流，声音特有磁性，还说他们班的女生都快迷疯了。母亲一听就气不打一处来，吼道："不把心思用在学习上，你管人家男生怎么样干吗？挺大个闺女不知道害臊！你能有什么出息！"

丽丽听了觉得特委屈，反驳说："我给你说并不代表我就喜欢那个男生，再说喜欢别人也不是什么应该害臊的事，更和有没有出息沾不上边。"

母亲看到女儿倔强的样子，气得心直颤，拿起筷子就打了她一下。

丽丽大声说："有理讲理，为什么动手打人！"

这件事像导火索一样，最终使母女间的矛盾全面爆发，两人几天不说一句话，也不正眼看对方，后来女儿干脆搬到了亲戚家住。

母亲很痛苦，但又不知该怎样处理此事。咨询学校的心理咨询师后，心理咨询师建议母亲给女儿写了封道歉信。

在信中，刘女士对自己进行了检讨："因为你弄丢了东西，在课堂上说话，成绩下降，剪了一个妈妈不喜欢的发型，和同学煲电话粥，妈妈是多么粗暴地对待你，大声地斥责你……孩子，感谢你的宽容，即使我刚刚责骂过你，过后你还是会依偎在我身边，亲热地叫我妈妈；更感谢你的存在，使妈妈意识到生活的责任，为了得到你的尊重和敬爱，妈妈努力成为一个值得你尊重的人。我多么希望我们母女二人能够永远和睦相处，成为彼此最亲密的人……"

母亲还写道："孩子，你长大了，在很多事情上有了自己的想法，妈妈支持你，永远是最爱你的人。以前，妈妈总是数落你的不对，说你犯的错误，说你如何让妈妈伤心，其实，还有很多别的话，妈妈没有对你说过。"

丽丽看到母亲的信，眼里噙满了泪水。回到家，她扑到母亲怀里，说："妈妈，我错了，今后我不再跟你顶嘴了。"

更年期母亲给我们的启示：

（1）了解自己很重要。知道自己到了更年期，就要克制自己的情绪，避免与孩子发生矛盾，如果一味地训斥，将使孩子更加叛逆，难以管理。

（2）互相沟通很重要。不论遇到什么情况，首先要与孩子沟通，了解孩子的真实思想，然后循循善诱教育孩子。

安全篇

玩耍·规则·安全

　　玩耍是孩子的天性。孩子在玩耍中可以迸发出许多奇思妙想，丰富他的智慧。因此，家长不要杜绝孩子玩耍，而是要设法让孩子在玩耍中扩充知识，增长智慧。

　　没有规矩不成方圆。不论是明文规定的规则，还是大家约定俗成的不成文的规定，都应该教育孩子认真遵守。让孩子做一个学规矩、懂规矩、守规矩的合格公民。

　　人的生命重于泰山。当社会发展的越来越先进的时候，生活中不安全的因素反而越来越多。因此，教给孩子如何防止受到伤害，就显得越来越重要。

给家长的建议之六十一

孩子玩耍益处多

儿童时期就是玩耍时期，孩子在玩耍中逐渐长成少年。如果家长能正确指导孩子的玩耍，对孩子的健康成长起码有四大好处。

一、有利于锻炼身体技巧

婴儿不会走路，慢慢地从爬到走、从走到跑，玩游戏由简单到复杂，在玩耍中学会越来越难的新技巧。正是在这些玩耍中，孩子逐渐掌握和控制了自己身体各部分的配合和技巧，锻炼了肌肉，增强了胆量，强壮了身体。可见玩耍有利于成长，有利于孩子在轻松、愉快的气氛中锻炼身体。

二、有利于开发智力

哥斯达黎加儿童教育学专家加夫列拉马德里说：玩耍是儿童学会观察、认识、理解、说话和活动的最佳"工具"，能促进儿童的大脑智力开发。因为在玩耍的过程中，儿童要掌握平衡、协调心理活动、处理问题等等，要完成几十种与大脑思维活动有关联的动作。几乎所有的孩子在玩耍时，大脑都处于一种高度兴奋的状态，而在这种兴奋状态下，学习兴趣浓厚。因此，家长应该通过游戏开发孩子的智力。

三、有利于培养创新思维

有一些创造性的游戏，非常有利于培养孩子的创新思维。比如：孩子喜欢到沙堆上玩，用沙子堆沙山、挖沙洞；喜欢用碎砖搞建筑、用树枝搭架子；还喜欢拆散旧玩具改装成新玩具等等。所有这些活动，都是孩子感受生活、改造世界，达到自我表达的体现。

四、有助于发泄情感和调整情绪

孩子在玩耍中经常会对其他小朋友产生不满或发生冲突,有时是语言冲突,有时是动手打架。如果家长能及时教育孩子,告诉孩子有了不满和冲突不应该打人的道理,孩子就会逐渐变得理智。如果下次孩子没有动手,而是生气地用脚踢玩具或皮球之类的东西,说明孩子发泄情绪的方式有了很大的进步。这时,家长就要表扬孩子的进步,让孩子享受到进步的快乐。同时,家长还可以继续教育孩子,告诉孩子踢东西也是不好的行为,并告诉他如果能控制怒火,通过别的方式解决与小朋友的冲突,就更好了。具体方法要根据具体事例来定。

总之,对孩子在玩耍中发生的矛盾,家长教育时应该态度和蔼、心平气和、耐心开导。孩子有了点滴进步,就要以表扬为主,千万不要动不动就训斥,更不能一着急就责骂、体罚或拳脚相加。研究表明,孩子经常受到严厉训斥和体罚,心灵就会逐渐扭曲,丧失对自己处世能力的信心,严重的还会让性格倔强的孩子产生逆反心理,与家长结仇而对着干——你不让我怎样做,我偏怎样做。这是家长教育最大的失败。

经典案例 在玩耍中增长知识

晓林已经是三年级小学生了,爸爸决定要让孩子在玩耍中增长知识。有一天,他问孩子:"晓林,想不想出去旅游?"

晓林一听,高兴地说:"当然想了!"

爸爸说:"咱们制定一个计划,每个周末不是有两天时间吗?你用一天时间做作业,一天时间去旅游,目标就是咱们当地的风景点,你说好不好?"

晓林当然高兴得不得了,为了旅游,说什么也要提前把作业做完,不能让作业耽误了旅游。

孩子的积极性调动起来了,爸爸也忙起来了。他把县域内的旅游景点全部梳理了一下,排了一个顺序,并且通过看《县志》,全部掌握每个景点的形成、历史、传说、意义,为的是讲给孩子听,以此来增长孩子的知识。并计划让孩子每一个景点写一篇日记，提高孩子的写作能力。

半年过去了，他们几乎游遍了县域内的自然风光和人文景点，晓林不但对每一个景点写了简单的游记日记，而且还学习爸爸吟诗呢！

后来，这爷俩又制定更远的计划，向周围县的景点进发。

晓林爸爸给我们的启示：

（1）旅游促进了孩子学习的积极性。孩子为了做自己喜欢的事，就要扫清各种障碍。那么，作业也是旅游的障碍，于是，孩子总是积极地完成作业，自然养成了热爱学习的习惯。

（2）旅游增长了孩子的知识。通过旅游不仅增长了孩子的见识，而且通过写日记，提高了孩子的写作水平。

（3）旅游锻炼了孩子的意志。在旅游中，通过长途跋涉、登山，锻炼了孩子的吃苦精神，增强了孩子的意志。

给**家长**的建议之六十二

善待孩子收集的"废物"

很多孩子喜欢收集"废物"。他们见到"废物"就收起来，视若珍宝。像一个废盒子、一根冰糕小木棒、一颗小石子、一片树叶等，都像宝贝一样拿到家保存起来。但是，他们往往是一个优秀的"收集家"，而不是一个收藏家。收集起来的"废物"，很快就会放到一边，不再去理它。

对于孩子的这一爱好，家长不要横加干涉，而是要善待孩子的"废物"。

一、理解孩子的行为，因势利导教育孩子

父母如果看到孩子喜欢上某个东西，而作为家长并不十分喜欢，家长可以"不闻不问",稍停一段时间后,问孩子是不是可以扔掉,让孩子决定取舍。如果孩子把收集的废物放在箱子或抽屉里,父母不但不能随便扔掉,还要帮孩子分类、整理。通过这一活动,培养孩子分析、理解、归纳的能力,变"坏事"为好事。

二、参与孩子的收集,密切与孩子的关系

有情趣的家长,可以参与孩子的收集活动。下班或出差回来,发现一些能引起孩子兴趣的东西,就帮孩子带回来。如果你带的东西孩子非常喜欢,就会建立更加亲密的家庭关系。

三、切忌简单粗暴地训斥孩子

如果家长一边训斥,一边把孩子收集的东西统统扔掉,孩子就会十分伤心。同时,很可能把孩子的好奇心、求知欲和探索心扼杀掉了,这对培养孩子学习习惯和刻苦精神是十分有害的。

四、鼓励孩子做好"废物"利用

如果家长能够根据孩子的兴趣,教给孩子利用"废物"进行小发明或手工制作,那么,孩子就可以发挥丰富的想象力去创造,同时还可以养成发现问题,探索奥秘,按自己的想象去解决问题的习惯。长大以后,他就可以成为想象力丰富,有独立见解,有创造性的人才。

经典案例　孩子的创造力为何从捡垃圾开始

2009年,12岁的华莱克参加了美国"垃圾变宝物"的设计发明大赛,结果获得大奖。华莱克赢得了一台手提式计算机和1万美元的奖金。华莱克是在垃圾桶里找材料、找灵感,最终做到把垃圾变成宝物。

由美国PBS电视台主办的这次发明设计大赛,要求参赛者使用的材料是被人们废弃不用的材料,也就是日常人们要处理掉的垃圾。根据美国环保署的统计,一个人每天要扔掉4斤左右的垃圾,其中1斤多的垃圾会被回收或是制成肥料。垃圾回收和再利用将有利于保护自然资源,也避免地球上更多的土地成为垃圾场。这一发明大赛的目的，不仅是鼓励孩子们的发明意识，同时也增强环保意识，让孩子们在发明的过程中加强社会责任感。

华莱克在他6岁时就有一个梦想，要成为一个发明家。在麻萨诸萨州的家中，华莱克的发明作品摆满了会客厅。许多发明是他为奶奶和太奶奶而做的，这两位老人既是华莱克发明的"幕后推手"，也是这个小发明家作品的第一个尝试者。

在屋角，华莱克展示了被他称之为"老奶奶阶梯"的小发明，这是一个可以折叠的木制阶梯，两边带有扶手，每次奶奶上家中的汽车时，就可以踩着阶梯登车，十分方便。这个小发明在2003年获得"工匠小发明家"头等奖。

华莱克看到太奶奶腿脚不便，用藤条制作了一个可携带的座椅，平时用手拎着走，而当老人在等车的时候，只要将藤条中折叠的座位展开，一个座椅就出现了。

2003年，当华莱克在芝加哥接受可折叠木制阶梯小发明奖时，芝加哥不少无家可归者的境遇深深印在他的脑海里。从那以后，他从未忘记那些人露宿街头的惨状，这也成为激励他完成2009年发明大赛作品的最主要动力。华莱克提交给发明大赛的作品是：用丢弃的塑料废品为无家可归者建造的小屋。

华莱克说："6年前的景象印刻在我的心中，我始终在想要为那些无家可归者做点什么事。我想到如果用被丢弃的聚苯乙烯泡沫塑料和塑料袋，将他们连在一起，做成一个帐篷的形状，即可挡风又可避雨，而且看起来也像个家。"像华莱克先找来一些废弃的铁丝，做成帐篷的框架，然后在塑料袋中装上聚苯乙烯泡沫塑料做成屋顶，帐篷中并设置了一张简易的床。

华莱克的小发明按大人的眼光衡量算是个小儿科，但专家在评审中却充分肯定了华莱克的创意。首先，这一发明为无家可归者提供了一个成本不高和可移动的居住之屋。其次，塑料废品是垃圾中最难处理，如果能有效利用，也为废物处理提供了新的思路。

对于发明家而言，最美妙的事情是自己的发明能够被广泛应用，华莱克为无家可归者发明的帐篷屋，被麻萨诸萨州的发展实验室相中，该实验室将按照华莱克的设计，生产在生活中适用的帐篷屋。

虽然华莱克在许多发明大赛中获奖，但他仍在不断地构思新的小发明。每天放学后，家里的车库就是他的实验室，他的所有发明都是在这不起眼的车库里完成的。现在，华莱克正准备参加另外 5 项小发明大赛，大赛要求发明作品一定要有新意和创意，对此华莱克说他充满信心。

那么，华莱克对发明最感兴趣的是什么？他说，对他而言发明带来的乐趣是能够帮助别人，每次要做小小发明前，他会了解人们需要什么，然后找到一些解决办法满足人们的那种需要。

华莱克捡垃圾搞发明给我们的启示：

（1）可以通过废物利用可以开发孩子大脑。这可以起到一箭双雕的效果，就是既培养了孩子的节约精神，又开发了孩子的智力。

（2）激发孩子的爱心。华莱克之所以能够不断地发明创造，就是因为他有一颗纯洁的爱心，否则，他就不会为无家可归者发明一个成本不高又可移动的居住之屋。所以，一定要培养孩子的爱心，有了爱心，就能从生活中发现许多需要创造的东西。

给 *家长* 的建议之六十三

家长要教孩子学会交际

现在，独生子女越来越多，孩子在家里没有兄弟姐妹可以玩耍。住在单元房又使孩子失去了与邻居小朋友玩耍的机会，如果家长再溺爱一点，有些孩子从小就养成了喜欢独处、不和群的习惯。即使偶尔与别的小朋友玩，也不善交际，而是以自我为中心，稍不合意就会闹翻。为了培养孩子友爱团结，擅长交际，家长要给孩子创造与人交流的机会。

一、为孩子提供与小朋友交往的平台

（1）节假日，父母可以带着孩子到亲戚、朋友、同学家里做客，也可以邀请他们带着孩子来家里做客。这样，既增进了大人之间的友谊，又为孩子创造了交朋友的机会，一举两得，好处多多。

（2）让孩子到幼儿园学习。孩子在幼儿园不仅能跟幼儿园的老师学到许多知识，更主要的是能认识很多小朋友，增加交际能力。

（3）欢迎孩子带小朋友到家里玩。即使住房很紧张，家长也不要嫌麻烦而训斥孩子或显得很不耐烦。要认识到孩子会交友了，应该高兴，并且应主动认识孩子的朋友。

（4）父母要教孩子几种技能。孩子有了技能，就为孩子创造了交友的条件。如打篮球、打乒乓球、下棋等。孩子有一技之长不仅能与同学交往，而且还树立了自己的威信。

二、教给孩子与小朋友交往的方法

1. 学会分享

家长首先应在日常生活中做出榜样，并创造机会让孩子尝试，同时对孩子的日常行为给予积极的引导。比如：当孩子和小朋友为了某件玩具发生争吵时，家长可以启发他自己想办法解决矛盾，要么两人轮流玩，要么大家一起玩，关键是小伙伴在一块儿要友好相处。

2. 耐心等待

当其他小朋友成为大家关注的焦点时，当自己喜欢的东西还不能立刻拥有时，家长要教育孩子应耐心等待。不要在此时此刻比高低、争输赢，家长可帮助他逐渐理解社会生活中的秩序，学会"依次"办事。

3. 遵守规则

首先是在家庭内，父母与孩子游戏时，要给孩子讲清游戏规则，以及大家为什么要遵守。执行时尽量严格，不要随意迁就孩子的好恶。如果孩子仅仅是为了取胜而多次破坏规则，家长完全可以停止游戏，避免滋长孩子的自我优越感。一旦孩子养成了遵守游戏规则的好习惯，在与别人交往时，也就容易运用普遍的行为准则来约束自己。

4. 学会沟通

鼓励孩子说出他的想法，表达自己的感受。这样，当他想玩其他小朋友的玩具时，他就可以比较容易地去说："能不能让我玩玩你的玩具？"而不是粗暴地把玩具从别人手中夺过来。孩子学会沟通，尽量用平静的语气与人交流想法，这会使他赢得更多的朋友。

5. 赞赏朋友

鼓励孩子赞赏对方。当其他小朋友做了好事时，要由衷地赞扬他们。除了通过语言外，也可以用拥抱、牵手之类的友好举动，表达对小伙伴的好感。如果一个孩子能经常地以积极态度来对待别人，就能获得社会的接受。

6. 发挥特长

有一位母亲曾对孩子说："如果你不会游泳，别人就不会邀请你到游泳池玩。"这位母亲说得很有道理。如果孩子有某方面特长，可以结交更多的朋友。专家认为：友谊是以共同爱好为基础的，如果孩子的朋友不多，你可以帮助他以某种爱好赢得更多的朋友。

7. 与人友善

在日常生活中，有些动作表示攻击性，如叫喊、皱眉和紧握拳头等；而有些动作则表示友善，如微笑、赞赏、拥抱等。对于刚学步的幼儿，由于认知能力和语言发展上的局限，他可能无法适当地表达自己的意思，在与年龄相仿的孩子交往时，会做出有些笨拙甚至粗暴的举动。父母要多加引导，让孩子学会与人友善。当然，对年龄大一点的孩子，父母不能强迫他摆出一副看上去快乐的面孔，但可以跟他讲清楚，如果他总是愁眉苦脸的话，其他小朋友会不愿意和他一起玩。

8. 注意仪表

教育孩子在吃饭、外出时都养成礼貌、整洁的习惯，才更容易被别人的接纳。如果一个孩子穿着脏乱的衣服，这可能是父母的责任，而不是他的过错，但这会极大地影响他与其他孩子的交往。因此，父母教育孩子与人交往时，一定要注意孩子的仪表。

交友要交真朋友

从前，有一个犹太年轻人，整天不务正业，结交了一群酒肉朋友，父亲劝他不要与这些人来往，年轻人不听，反而认为，多个朋友多条路，有事的时候他们会帮忙。

于是父亲与他打赌，让儿子约这些人来喝酒。在这些人到来之时，儿子躲在屏风后，父亲出面慌张地对他们说："大事不好了，我儿子刚才出去买酒，与店老板争吵起来并把他杀了。你们是他的朋友，帮助他逃走吧。"

这群狐朋狗友一听出了这么大的事，纷纷找借口跑掉了。父亲对满脸羞愧的儿子说："我的朋友很少，一生只交了一个半朋友，你去见识一下。"

儿子纳闷不已。

父亲贴近他的耳朵交代一番，然后对他说："你按我说的去见我的一个半朋友，朋友的含义你自然会懂得。"

儿子先去了父亲的"半个朋友"那里，对他说："我是某某的儿子，现在正被仇人追杀，情急之下投奔你处，希望予以搭救！"这"半个朋友"听了，对眼前这个求救的人说："孩子，这等大事我可救不了你，我这里给你足够的盘缠，让你远走高飞，快快逃命去吧！我保证不会告发你……"

儿子明白了：在你患难时刻，那个能够明哲保身、不落井下石加害你的人，可称作"半个朋友"。

然后，儿子去找父亲认定的"一个朋友"，把同样的话说了一遍。这人一听，不假思索，赶忙叫来自己的儿子，让他和朋友的儿子互换了一下衣服。

儿子明白了：在你生死攸关的时刻，那个能与你肝胆相照，甚至不惜割舍自己的亲生骨肉来搭救你的人，可以称作"一个朋友"。

父亲交友给我们的启示：

（1）交友要慎重。在社会上，不会交际，没有朋友将寸步难行。但是，在交友中，不分"青红皂白"，交一些狐朋狗友，最后都不会有好结果。因此，交友一定要以诚相待，唯其如此，才可能交到真朋友。

（2）交友看人品。故事中的父亲用实际事例告诉孩子，什么样的人才能称作"一个朋友"。家长在教育孩子交友时，一定要告诉孩子把人品当作交友的首要条件。

给**家长**的建议之六十四

培养孩子的规则意识

在我们的生活中，除了要遵纪守法之外，还有许多生活规则需要遵守。家长就要从小培养孩子的规则意识，这对于孩子的成长大有好处。例如：在路上行走，要遵守交通规则；到学校上学，要遵守校规、班规、《小学生守则》《中学生守则》等；参加各种考试，要遵守考场规则；参加各种比赛，要遵守比赛规则；参加大型集会，要遵守会场规则；就是玩游戏，也要遵守游戏规则，等等。

家长在给孩子讲规则时，要做到以下四点。

一、讲清楚遵守规则的好处

要告诉孩子，规则无处不在，一定的规则能保证人们更好地生活。家长可以向孩子提问，如果不遵守规则会怎样，让孩子设想违规的后果，引起他对执行规则的重视。

二、培养遵守规则的习惯

国有国法，家有家规。要培养孩子的规则意识，就要从小、从家里做起。例如，在家里，物品用后要归回原处；离家出门要和家人打招呼；按一定的时间作息（定时进餐、睡眠、起床），等等。

三、培养执行规则的技能

有时孩子具备了一定的规则意识，但仍会时常违规。如有时"起个大早，却赶了个晚集"。并非孩子故意拖拉，而是穿衣、洗漱等动作太慢，不得要领。那么，家长就要教孩子做事的方法，培养孩子的自理能力。寻找又快又好的做事方法和规律，提高孩子的生活技能。

四、培养自律精神

他人制定的规则是强加的，属外力约束，而自己制定的规则有内省成分，易于自律。家长不妨和孩子一起商量制定家庭规则，以便共同遵守。例如，进别人房间前要先敲门；下棋、玩游戏要按规则决定胜负；说错话或做错事时要礼貌道歉；看电视时不要干扰别人，等等。即使家长违规也要自觉受罚，让孩子懂得规则的严肃性。

只要我们坚持长期教育，让孩子养成遵守规则的习惯，就有利于孩子融入社会，健康成长。

经典案例 美国人的规则意识

我国的一位外贸官员，女儿在美国生活，他曾经几次去美国，亲身经历了美国孩子的规则意识。

他第一次到美国时，将洗过的小外孙的小衣服晾晒到阳台上，女儿叫他收进来，晾在家里。她说阳台晾晒衣服，影响小区的美观，房主会有意见，因为会影响客户对住宅小区的评价。

去年冬天，他第二次到美国，腌了一些咸肉，准备过冬时烧做咸肉菜饭，又晾晒到阳台上，这一次他用鲜艳的装饰包装纸将咸肉裹起来，做成喇叭状，远看、近看都非常艺术。有一天刮大风，吹掉的包装纸落在楼下邻居家窗外，他的女儿赶紧下楼去收拾包装纸。女儿说，不能将废纸掉在邻居家门前屋后。女儿的行为，使他想到，规则意识是可以培养的，因为女儿在国内时，并没有如此认真过。

有一次他上厕所，出得门来，被一位年轻女士拦住，询问他可曾见到一个小男孩在厕所里。她说儿子进厕所很久了，还没有出来。外贸官员想起，他刚才确实听到厕所里有敲击声，他折回头循声找去，看见男孩在修理水箱拉杆，因为拉杆突然失灵，冲不下水。男孩认为，自己用过厕所如果不冲干净，对不起下一个如厕的人，也有失自己的尊严。这就是规则意识。社会是一个整体，人与人之间遵守规则，会使生活变得愉快、和谐和安定。

客居美国时间稍久，他发现美国人很注意对孩子规则意识的培养。一次，他看见一个稍大的男孩凭借"武力"抢了一个小男孩的玩具，大男孩的父亲对儿子说："赶快将玩具还给小朋友，并向小朋友道歉！"大男孩不依，父亲又说："你如果不去道歉，我就只好代你去向小朋友道歉了！"过了一会儿，这位父亲果然认真地将玩具交还给小男孩，并代儿子向他道歉。

美国人的规则意识给我们的启示：

（1）严格遵守规则。既然是规则，不管有没有人监视，都要坚决执行。

（2）树立为他人着想的意识。在公共场所，不做损人利己的事，不做影响别人的事情。发现损坏的东西，如能主动修理，则更应该鼓励。

（3）严格要求孩子改正错误。告诉孩子既然错了，就要勇于承担错误，该道歉的一定道歉等。

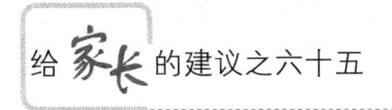

给**家长**的建议之六十五

正确处理孩子之间发生的争执

几个孩子在一起玩耍，开始还热热闹闹，叽叽喳喳，有说有笑。一会儿，不知是什么原因，突然争吵起来，继而打起架来。这时，家长看见就着急了，特别是看到自己的孩子吃亏，就不问是非，训斥或推搡别人的孩子，并由此引起家长的争吵，造成邻里不和。其实，家长护短、着急都是多余的。

生活告诉我们：争斗是孩子交往中不可避免的现象，争斗也是一种锻炼。孩子正是在打打闹闹中，学会评判自己与别人的行为，学会全面考虑自己和对方的需求，学会以适当的方式与人相处，逐步提高处理、协调人际关系的能力，同时也锻炼了孩子的意志和性格。专家认为，当家长帮助孩子学会自己解决争端，就是教给了他很重要的社交技巧，孩子将会从这样的技巧中终生获益。

一、孩子之间发生争执家长要妥善处理

1. 教会孩子保持冷静

孩子 4 岁的时候，家长就可以教他一些让自己从争执中平静下来的方法了，比如背诵一首诗，或者慢慢地深呼吸。帮助孩子找到最能让他平静下来的方法。

2. 明确问题

询问孩子为什么和朋友打架，然后听孩子讲述情况，先不要提供建议，给孩子机会发泄情绪。

3. 事先想想解决办法

建议孩子想出几个他认为解决问题的办法。对孩子的想法不做评价，不要说"不行，这样做不好"。

4. 检查结果

让孩子好好思考他的每个想法，问问他如果采用其中一种办法可能会发生什么。

5. 选择一个解决办法进行尝试

让孩子尝试他认为解决问题的最好办法。告诉孩子如果这个方法行不通，他还可以尝试别的办法。

二、国外的父母应对孩子争执的招数

1. 尝试用贴纸作为奖励

有个家长的孩子两岁半，为了让她知道与人分享的重要性，他在女儿房间的墙上贴了一张表格。只要女儿和小朋友一起玩的时候，能和小朋友一起玩她的玩具，而且不从小朋友手里抢玩具，他就在表格上贴一张贴纸，奖励孩子。

这种小小的奖励真的很有用。

2. 用音乐来使孩子们停止打架

用音乐使孩子们冷静下来，或者让打架停下来。家长可以好好问问孩子们，他们希望彼此如何补偿自己。有时候，两个孩子会希望对方向自己说"对不起"。家长可以让一个孩子做另一个孩子要求他做的事，一会儿，他们就又高高兴兴地玩起来了。

3. 事先考虑清楚规则

当要有小朋友来家里玩，家长可以事先让孩子决定，哪些玩具是不愿意让别人玩的，可以先把这些玩具收起来。这样使孩子明白，其他的玩具就要和小朋友一起玩。然后，小朋友到家里玩的时候，家长要告诉两个孩子不许打架或者推搡，不许互相取笑或者骂人。

4. 教给孩子学会与别人分享快乐

现在的家庭子女少，孩子和其他孩子接触不多，所以让他学会和别人分享东西很困难。为了让孩子学会合作，在家里与爸爸、妈妈玩时，可以练习和爸爸、妈妈分享他的玩具。

家长一定要正确处理孩子之间的争吵打斗，力争达到既制止了孩子的打斗，又解开孩子思想的矛盾，达到增进孩子友谊的目的。

经典案例　生气时，我不说气话

高女士脾气很大，所以从小到大，她的人际关系都不太好。大学毕业参加工作后，曾因与同事关系紧张而被开除。

有了一次教训以后，她决心改变自己的坏脾气。有一次，她跟一位同事生气，就想按照自己脾气挖苦同事几句。这时，她脑海里面蹦出几个字："住口！你一句话也不要说！"于是，她把到嘴边的话给吞了回去。后来，她发现原来是自己误会了那个同事，幸好及时管住了自己的嘴巴，否则，她与这位同事的良好关系就全完了。

那件事后,她明白了一个缓和矛盾的方法。当遇到冲突,她先不说话,而是马上找个僻静的地方冷静一下,之后再搞清楚事情的真相,努力用自己的智慧去面对矛盾。渐渐地,她的坏脾气没有了。不仅每个同事都喜欢她,而且,她还成为同事间矛盾的调解人。

她知道,要做到不发脾气,关键是冷静。为了告诫自己,她在自己的办公室悬挂了一幅字:"竞、静、警"。意思是说:在工作中,难免有竞争;在竞争中,要做到冷静;要保持冷静,就要始终提高警惕。

高女士给我们的启示:

(1)常言说:"人贵有自知之明"。所以,一个人一定要了解自己,优点是什么,缺点是什么。

(2)努力改正自己的不足。在明白自己的缺点以后,要制定措施,坚决改正,使自己成为一个受人尊敬、喜欢的人。

(3)遇事要冷静。不要动不动就与人争斗,要学会理解人、团结人,擅于与朋友一起创业,一起奋斗!

给家长的建议之六十六

家长要正确对待孩子的"恶作剧"

"恶作剧"是一些小男孩的专利,不少男孩子喜欢搞"恶作剧"。大人告诉他不要这样,不要那样,他就越是趁人不注意,搞点"恶作剧"。

德国儿童心理学家托马斯说:"淘气的孩子大多聪明。"这个说法已经被科学研究所证明。有资料显示,爱搞"恶作剧"的孩子,富有创造性和想象力,日后成才的可能性较循规蹈矩的孩子更大。

当然，家长必须搞清楚，哪些是有创新思维的，有创造性成分的"恶作剧"，哪些是单纯的、淘气的"恶作剧"。孩子不是成人，没有那么明确的理智，他们的一切行为都以好玩为出发点，如果有些"恶作剧"没有创造性的因素，也没有思考的成分，就必须坚决制止。

为了教育孩子不搞那些无意义的"恶作剧"，家长要从小对孩子进行道德教育，培养他们善良、友爱、助人为乐的品德。

一、教育孩子与小朋友建立友谊

孩子与小朋友玩耍的时候，告诉孩子怎样才是帮助小朋友，如何去关心小朋友。如果小朋友到家里玩，就要告诉孩子：人家是客人，可以把你最喜欢的玩具拿出来，让小朋友玩；也可以把你喜欢吃的糖果、饼干等零食拿出来，招待小朋友。

二、教育孩子建立一片爱心

如果家里养着花草，就要告诉孩子我们为什么养花草，养花草的好处是什么，并要教给孩子怎样给花草浇水。如果家里养着小宠物，要教给孩子怎样喂养小宠物，怎样保护小宠物。一般情况下，凡是孩子亲手做的事，他都非常珍惜。这样做不仅教给了孩子动手的能力，培养了孩子热爱劳动的习惯，而且还培养了孩子的一片爱心。

三、教育孩子多读有益之书

书籍是人类进步的阶梯。家长要购买适合儿童口味的、思想健康的图书让孩子阅读，并教育孩子向书中的英雄人物学习，培养孩子的正义感和助人为乐的精神。如果发现孩子受社会不良风气的影响，语言粗鲁，行为不良时，就要立即制止。

四、教育孩子向优秀电视剧中的英雄人物学习

一般孩子都喜欢看儿童电视剧，家长应该和孩子一起看，起码知道剧中的英雄人物是谁，做了些什么事。教给孩子分辨什么是真善美，什么是假恶丑；什么应该学习，什么不能模仿。

五、家长要给孩子做出榜样

教育孩子不准骂人，家长首先就不能骂人，也不能骂孩子。教育孩子讲文

明、讲礼貌，家长就要讲文明、讲礼貌。家长能够孝敬老人，与邻里和睦相处，孩子自然会受到这些美德的影响。等孩子长大了，自然也会孝敬老人，与邻里和睦相处。

只要家长从多方面培养孩子的爱心、善心、责任心，孩子就不会喜欢搞"恶作剧"了。

经典案例 被惩罚出来的诺贝尔奖获得者

在英国的亚皮丹博物馆里，有两幅画特别引人注目。其中一幅是成人骨骼图，另一幅是人体血液循环图。说起这两幅画，还有一个动人的故事。原来这两幅画是当年一个叫麦克劳德的小学生画的。

麦克劳德从小充满了好奇，凡事总要刨根问底，找不到答案绝不罢休。有一天，他突发奇想，想看看狗的内脏到底是什么样的。于是便和几个小伙伴偷偷地套住一条狗，将其宰杀后，把内脏一个一个隔离，仔细观察。没想到这只狗不是别人的狗，而是校长韦乐登家的爱犬。

韦乐登十分恼火，觉得太不像话了，如果不严厉处罚，以后还不知会做出什么出格的事。但是，到底该如何处罚呢？经过反复考虑，权衡利弊得失，身为教育家的韦乐登采取了一个十分巧妙的方法：罚麦克劳德画出一幅人体骨骼图和一幅人体血液循环图。

麦克劳德很聪明，知道自己错了，应该接受处罚，他决心改正错误。于是，他认认真真、仔仔细细地画好了两幅图，韦乐登和老师看了很满意，认为画得好，杀狗之事就这样了结了。

这样的处罚方法，既使麦克劳德认识了错误，又保护了他的好奇心，还给了他一次学习生理知识的机会，使他对狗的解剖派上了用场。后来，麦克劳德成了一名著名的解剖学家，与医学家班廷一起，研究发现了治疗糖尿病的胰岛素，二人于1923年荣获诺贝尔生理学或医学奖。

韦乐登校长给我们的启示：

（1）处罚孩子还要保护孩子的好奇心。韦乐登校长的处罚，既有爱心又有惩戒；既有希望又有教训。麦克劳德正是在校长这种科学的处罚中，保留了可贵的好奇心，校长为他后来从事解剖学给予了无言的支持，正是这种支持才有了麦克劳德后来的研究，才有了胰岛素，才有了诺贝尔奖的获得。

（2）处罚孩子也要充满爱心。如果你不是发自爱心，不科学地处罚孩子，就起不到教育的最佳效果。因此，要分清孩子"恶作剧"的性质，只要孩子的做法有利于增长知识，都不要简单地否定。

给家长的建议之六十七

家长要引导孩子过好假期

中小学每年都有几个假期，如何科学引导孩子过好假期，让孩子在假期中既玩得高兴，又能学知识长才干，身心得到适当的调节，是家长应该研究的课题。一般来讲，家长要做到"三要六有"和"三不"。

一、"三要六有"

1. 要有安排、有检查

暑假和寒假时间较长，学校对孩子的生活、学习都有适当的要求，并要发《学生假期作业手册》。家长可结合自家的实际，和孩子一起制定一份符合家庭实际和孩子生活实际的作息安排表，什么时候室内学习，什么时候户外活动，都要作好翔实的安排布置。学习活动中有什么要求，学习哪些内容，要达到怎样的标准，都要明确可行。更重要的一环是检查。每天安排布置的事情，孩子是否按要求做了，做得好不好，家长一定要抽出一定的时间检查。做得好的要给予表扬鼓励，做得不好的要督促完成，当日事当日毕。以此帮助孩子养成严格的作息时间，做事认真负责的习惯，尤其是第一个假期，应当让孩子明确今后怎样过假期，有一个良好的开端。

2. 要有学习、有娱乐

家长在安排孩子假期生活时，既要有适当的学习（如读书、写字、学特长等）任务，也要科学安排好孩子的娱乐活动。孩子学习的时间不要过长，读书、做作业等时间最好安排在上午，以2小时为宜；孩子娱乐活动项目要有利于孩子的身心健康，可以让孩子自选娱乐的内容、地点、时间（如同小朋友一起玩玩，或到爸爸妈妈单位看看，或到亲戚家走走），并征得家长的同意。有条件的家庭，可以安排带孩子旅游，让孩子在旅游中开阔眼界，增长见识。总之，让孩子在假期中确实做到有劳有逸，劳逸结合；有松有紧，松紧有度。

3. 要有互助、有引导

假期里，家长承担着指导孩子学习、劳动和活动的责任。为了使孩子玩得有意义，学得有收获，要告诉孩子与同学相处要和睦友好，互助互学。在生活上要引导孩子勤俭朴实，即使生活条件好了，也要学会节俭不浪费，这是做人理事的一种美德。孩子感兴趣的事，如做游戏、画画、做手工等，家长不一定会做，但是，为了保护孩子的学习积极性，家长要弯下腰来，蹲下身子，和孩子一起学习，一起去做，在一种互帮互学的平等民主的氛围中，让孩子学会自己做事。此外，家长应鼓励孩子积极参加一些有意义的公益活动，哪怕是小事，只要对社会、对他人有益处，就应该主动自觉去做。从小懂得做人就要做个对他人、对集体、对社会有益的人。

二、"三不"

1. 不放任自流

放假了，孩子从学校里"解放"了，家长还需上班、工作，这段空档时间，家长需为孩子安排好，不要让孩子贪睡、或让孩子随意外出，要按照前面所讲到的制定的假期计划，检查兑现。

2. 不到不适合孩子的娱乐场所

游戏机室、台球室、歌舞厅等娱乐场所，不适合孩子出入。因为孩子年龄小，是非分辨能力弱，容易受到不健康因素的影响。再者，许多家庭都有电脑，家长也要教育孩子合理使用电脑，不要沉迷游戏，使孩子上瘾。

3. 不玩危险性游戏

暑假要防游泳，寒假要防鞭炮，尤其是男孩子喜欢游泳、喜欢放鞭炮。家长应特别注意孩子的安全。

经典案例

快乐的假期

每到假期，家长们不惜代价，安排孩子参加各种各样的培训班，自以为没有让孩子输在起跑线上，其实，最后孩子也没有跑在前面。原因何在？没有科学安排。如何给孩子策划一个快乐的假期呢？

侯先生有自己的做法，他说："从孩子很小的时候起，只要有机会，我就带他出门，这样不仅能开阔孩子的视野，增长他的见识，也能锻炼他的胆量，提高他的社交能力。"

每到假期，侯先生就会跟孩子商量，"咱们去哪里玩？"孩子非常高兴地与爸爸讨论，对于孩子的建议，侯先生总是同意，为的是锻炼孩子处事的能力。

侯先生与孩子的外出主要有这样几项：

（1）假期时间短，一般是"三逛一游"。就是逛公园、动物园、游乐园，郊区游。特别是郊游，孩子非常高兴，既能呼吸一下新鲜空气，又能到田间地头，摘野果、挖野菜，还能认识植物。而且，这样的活动不需要多大的财力、物力。

（2）寒暑假时间长，就安排旅游。他总是与孩子商量，由近及远，到名胜古迹旅游，让孩子领略一下自然风光和人文历史，身心得到彻底放松。同时也达到"行万里路，读万卷书"的目的。

（3）游泳。暑假期间，侯先生也带着孩子到郊区的露天游泳池戏水，享受玩水的快乐和清凉，天冷了，就去室内游泳池。他还计划带孩子去海边，戏水、扎营、篝火晚会……吹着海风品尝美味海鲜，感受如神仙一般的逍遥快乐。

（4）游高校。近几年，带孩子游名校已成为许多家长的暑期选择。侯先生就利用假期，带孩子走进北京大学、清华大学、中国人民大学等名校，参观校园，了解校史，听知名教授的讲座，感受前沿的文化，对孩子的教育意义非同寻常。

（5）参加夏令营。让孩子参加适合自己的夏令营，对孩子是种锻炼。侯先生考虑到孩子是独生子女，在夏令营里，可以有机会结识更多的朋友，可以锻炼独立生活的能力，体会集体生活的乐趣，因此，他也安排孩子参加夏令营活动。

侯先生给我们的启示：

（1）假期要和孩子商量安排活动。暑假是属于孩子的，家长应该多听孩子的想法，不可处处替孩子做决定，把本应该是让孩子开心的假期，变成孩子的"第三学期"。

（2）让孩子在假期的快乐中增长知识。把假期还给孩子，给孩子带来快乐，让孩子利用暑假这难得的时间，感受原汁原味的生活，开阔视野，增长见识，感悟生命，体验快乐。

给家长的建议之六十八

教育孩子在玩耍中注意安全

现在，"一孩化"的家庭越来越多，而且，随着人民生活的不断富裕，家长都把自己的孩子当做宝贝一样加以爱护。因此，教育孩子在玩耍中注意安全就显得尤为重要。否则一旦孩子发生了安全事故，就悔之晚矣。

那么，家长应该教育孩子在玩耍时，注意哪些方面的安全呢？

一、要做好家庭内的安全教育

也许家长会说，家是最安全的地方，有什么可注意的？其实，家中看起来极普通的物品如果摆放或使用不当，都有可能伤及孩子。

1. 客厅和餐厅

电器的电源线不能乱拉或散乱地放在地上，以免绊倒孩子；教育孩子不要触摸正在运转的电风扇、电暖气、吸尘器等电器，不要触摸电插座。

餐桌或茶几上最好不要放台布，以免幼儿拉扯台布，将上面水杯、汤碗拉翻将孩子烫伤。

教孩子学习水果刀、剪刀之类的刀具的使用功能，防止孩子自己玩耍发生事故。

2. 卧室

窗帘的拉绳不要太长，以免孩子玩耍时缠绕脖子；床头灯或台灯的瓦数不要太大，以免烫伤孩子；一般不要让孩子在床上玩，以免从床上掉下来。

3. 厨房

菜刀要放在孩子摸不着的地方，不能刀口向外放在案板上，以免孩子碰伤。教育孩子不要开启煤气开关，发生火灾要快速逃离现场。

经典案例　令人深思的几则事故新闻

2001年4月10日，西安一名15岁的少年和伙伴，在铁道上玩耍时攀上火车顶，不幸被高压电击中，当场死亡。尽管车厢扶手上喷有"电化区段，严禁攀登"字样，但是……

2004年11月11日，在昆明机场，两个少年爬进昆明飞往重庆的一架客机的起落架舱里，在飞机起飞时，一位少年从飞机上掉下来，当场死亡，另一位侥幸活命。

2005年5月25日，在甘肃敦煌机场，又上演了昆明机场的那一幕，在一架起飞的客机的起落架舱里，掉出了一个少年。年幼的生命逝去了，令人惋惜。

几则故事新闻给我们的启示：

（1）安全教育就是防患于未然。这里我们不去探讨火车站、飞机场对以上事故有没有责任。家长应该深思怎样教育孩子防患于未然，因为整个社会生活，对孩子可能造成的安全隐患无处不在，家长不能总是抱怨到处不安全。

（2）严禁孩子养成冒险的习惯。发现孩子到危险的地方玩耍，就要坚决制止。让孩子从小养成遵守规则的习惯。

给家长的建议之六十九

家长要注意保护孩子的"特长"

家长望子成龙，都非常重视开发孩子智力，但是，却很少注意发觉孩子的特长和潜能。其实每个孩子身上都具有自身的特长，如何发现孩子的特长？如何保护好孩子的特长？建议家长要做到以下三点。

一是家长要具有新观念，支持孩子学习新鲜事物，鼓励孩子打破常规去做事。

二是家长要思想开明，对什么事情都能看得开，遇事喜欢讲民主，家庭教育环境比较宽松。

三是如果家长工作忙，没有时间和精力管孩子，就应该向孩子讲清楚原因，干脆给孩子一个自由、快乐的成长环境。

聪明的儿童通常具有以下六个特长，家长如果发现孩子具有某一方面的特长，就要予以保护、挖掘和开发，千万不要扼杀孩子的特长。

一是个性强。他想干什么，就一定要达到目的，否则就大闹。爱管事，喜欢说了算，什么事全都要由他安排。这样的孩子具有领导潜质，家长如果能好好培养，孩子将来有可能成为领导类型的人才。

二是很好奇。对任何事物都充满了好奇，遇到新鲜事就追问到底，非要明白不可。孩子这种好奇心非常宝贵，如能得到家长的赏识并悉心栽培，日后孩子可能学习优秀，成为创新型人才。

三是爱捣乱。很活泼，喜欢搞点小恶作剧，经常不按玩具的规程玩，喜欢拆卸玩具。家长千万不要扼杀孩子这种天性，这样的孩子将来很可能是出色的设计师、发明家。

四是爱想象。喜欢听故事，记忆力很好，当他把学到的故事讲给别人听时，能够把自己忘记的部分编出新的故事，自圆其说，表现出超强的想象力。这样的孩子将来有可能成为作家类型的人才。

五是爱钱财。小时候就喜欢攒钱，收集财物，甚至在小朋友之间会赚取钱财。这种孩子天生就有理财观念，家长不要批评或扼杀孩子这种天性，而应该教给孩子合理获取钱财，合理使用钱财，只要教育恰当，这样的孩子将来很可能成为银行家或大企业家。

六是爱说话。见了人总有话说，一天到晚讲个不停，总喜欢把他知道的事情告诉别人，家长千万不要嫌弃孩子话多，这样的孩子具有语言天赋，将来有可能成为新闻记者、主持人或律师。

经典案例　达·芬奇父亲发展孩子的特长

著名画家达·芬奇的父亲彼特罗是一位令人称道的好父亲，他培养孩子的信条就是：给孩子最大的自由，让孩子发展自己的特长。

6岁那年，达·芬奇上学了，在学校里学了很多知识，但是，他对绘画最感兴趣。一天，他上课不专心听讲，还给老师画了一幅速写。回家后，达·芬奇把速写给父亲看，父亲不仅没有生气，反而夸奖他画得很好，决定培养他在这方面的才华。

正是因为父亲如此开明，达·芬奇全身心投入到自己喜爱的绘画中，甚至敢专门画画"恐吓"老爸。一次，他花了1个月时间，在盾牌上画了一个两眼冒火、鼻孔生烟，看起来十分可怕的女妖头。为了把父亲吓一跳，他还关紧窗户，只让一缕光线照到女妖头的脸上。后来，父亲一进家门就被盾牌上的画吓坏了，可是等达·芬奇哈哈大笑地解释完，他竟然没有责备儿子。

16岁那年，父亲把达·芬奇带到画家维罗奇奥那里学画画。在维罗奇奥的指导下，达·芬奇刻苦学习，掌握了很多绘画技巧，终于成为一代大画家。

达芬奇父亲给我们的启示：

（1）因材施教。家长发现孩子的天赋后，要毅然决然地让孩子发挥特长。

（2）对调皮孩子要宽容。对于孩子用自己特长搞的"恶作剧"，家长要冷静地忍受。

（3）要相信"名师出高徒"。如果孩子有特长，就不失时机地把孩子送给名人、专家教育，这是父母应该做的事。

给家长的建议之七十

孩子输不起怎么办

从儿童心理学的角度来讲，孩子"输不起"是一种正常现象。无论做什么事情，孩子总是希望自己比别人强，以获得周围人的认可。

孩子"输不起"通常会有两种表现，第一种是面对挫折和失败，采取回避的办法逃避困难；第二种是在游戏中输了，就大发脾气或哭闹以示宣泄。面对"输不起"的孩子，父母需要费点心思，帮助孩子排除这种心理障碍，让他们体会各种情感经验。

一、孩子输了不要指责

有的家长见孩子输了，就指责和埋怨孩子笨，这种教育方式是很不可取的，这样做很容易让孩子走向两个极端，要么失败了就爬不起来，要么就非赢不可。

二、正确看待孩子的失败

当孩子在学习和游戏中受挫时，应该告诉孩子"胜败乃兵家常事"。帮助孩子克服沮丧和悲观的思想，分析失败的原因，建立积极的心态对待暂时的失败。

三、一般不要协助孩子成功

当孩子遇挫时，家长不要立刻插手，帮助孩子排除困难取得成功，不妨留给孩子自己面对失败的机会。

四、失败也是一种人生财富

在生活中，孩子会经历一些挫折和失败，这些失败的痛苦经历能让孩子更好地认识自己，发现自己的缺点和别人的长处。一方面学会了欣赏别人，另一方面学会了如何克服困难、解决问题。

五、与孩子做游戏时，不要总是故意输给孩子

适当的时候让孩子输了，体会一下失败的感受，并帮助孩子总结出失败的原因。通过这种办法，可以平衡孩子"输不起"的心态。

经典案例：输不起的孩子

常×小时候很要强，在班里学习很好。他的学习从不用父母操心，一旦达不到自己的目的，就会烦躁不安。他的母亲觉得儿子要求自己严格，并不是坏事。常×就是在不服输的精神鼓励下，保持着优秀，顺利地由小学到中学，最后考入了大学。

常×上大学以后，看到不少同学比他更优秀，使他压力很大。假期回到家，他总是焦躁不安，坐下来就摇椅子，站着的时候就抖个不停；生活没有规律，吃饭早一顿晚一顿，有一餐没一餐；出门衣冠不整，做事丢三落四。母亲嘱咐他多注意一点，他就对母亲翻白眼，还说很多大人物都是有怪癖的，生活上不拘小节。

过年的时候，常×和几个亲戚朋友在一起打麻将，起初还挺好的，大家有说有笑，后来，常×输得越来越多，把麻将牌往桌上一丢，气呼呼地说了

一句"不打了",起身掉头就走。

儿子这种一旦不顺心,就发脾气的个性,让母亲非常担忧。她不知道孩子这个样子是不是心理有问题,该怎么办。

一个人的心理成熟度与生活环境息息相关。常×的行为和心态,在很大程度上取决于他的生活环境,取决于他个人成长背景。他以前的人生太顺利了,所以,受不了一点挫折。他这种"输不起"的心理特征,是超强的要强心和自尊心造成的。常强把胜负、荣誉看得相当重,这样活着有时候会觉得压力很大,起初会感到浑身乏力,长期如此,身心都会受到影响。

常×"输不起"的心理特征,也让他自视过高,这样就更加"输不起"了。他在成长过程中过于要求尽善尽美,这样一旦不完美,就会受到精神打击。所以他这种心理需要有逐步调整的过程,平时和别人多玩玩、多交流,多经历几次失败就会慢慢适应了。

常×的母亲请教了心理医生,医生对常×的病情提出了指导性意见。

第一,常×应该认识到自己的问题所在,自觉调整不良心态、维护心理健康。

第二,从"输不起"这个心态来看,常×应该冷静考虑一下,自己"输"在什么地方,输了还有没有其他方式处理,而每种方式又会带来什么后果。各种处理方式和后果想得越多越好,想得越多,下次再面临失败的时候,就会越冷静地应对。

第三,凡事都要以平常心面对,开心轻松地过好每一天。好胜心强,这个也可以说是优点,不过也要有个度。做人要心胸开阔,不要什么事情都斤斤计较,不然身边的朋友会越来越少。当遇到让自己生气的事情,在心里数数,慢慢地,就会发现气也就消了一半。

第四,要学习如何与人友好相处。可以从与人交谈开始,学会聆听,不要抢话,不要辩驳,可以发表意见,但是要适可而止;多称赞别人,对认可的看法表示欣赏,不同意的可以不表示看法;敢于在人前自我批评,可以用自嘲的方式。这样坚持一段时间后,"输不起"的心理一定会有较大改观。

常强"输不起"给我们的启示：

（1）家长应该培养孩子健康的好胜心，就是能输能赢，"胜不骄，败不馁"，当输了的时候，具有承受失败的心理能力。

（2）"输不起"的性格是小时候养成的。由于当时没有引起家长的重视，造成了后来的心理疾病。所以，家长应从小锻炼孩子的心理承受能力，使孩子的身心健康成长。

> **健康篇**

饮食·健康·成长

饮食是一种文化，也是一门科学。研究证明，人只有合理膳食才能健康。所谓合理膳食就是要粗细搭配、荤素搭配等。

健康就是财富。无论从健康可以创造财富，还是从健康可以节省医疗费来讲，健康都是一个人最需要重视的问题。因为没有健康，就将失去一切。

孩子的成长关乎家庭的未来，更关乎民族的未来。因此，家长不能让孩子像野草一样疯长，要像培育大树一样进行培养。惟其如此，我们的民族才能越来越强大。

给家长的建议之七十一

让孩子多吃益智健脑的食品

所谓益智食品，是指一些能够使人思维敏捷，增强记忆力的食物。中医认为"脑为髓之海""精生髓，髓养脑"。所以，凡能补充、增加人体阴精的食物，都有一定的补脑作用。那么，健脑益智食品有哪些呢？

一、蛋类

如鹌鹑蛋、鸡蛋等。鸡蛋含有丰富的蛋白质、卵磷脂、维生素、钙、磷、铁等，这些都是大脑新陈代谢不可缺少的物质。另外，鸡蛋所含有的较多的乙酰胆碱是大脑完成记忆所必需的。因此，每天吃一两个鸡蛋，对强身健脑大有好处。

二、动物肝、肾脏

动物肝、肾脏富含铁质，铁质是红细胞的重要组成成分。经常吃些动物肝、肾脏，体内铁质充分，红细胞可为大脑运送充足氧气，这能有效地提高大脑的工作效率。

三、鱼类

鱼类可为大脑提供丰富的蛋白质、不饱和脂肪酸和钙、磷、维生素 B_1、维生素 B_2 等，它们均是构成脑细胞及提高其活力的重要物质。而鱼类食物又以深海鱼鱼脑髓为最佳。因为深海鱼鱼脑中的鱼油含有两种不饱和脂肪酸：二十碳五烯酸（EPA）和二十二碳六烯酸（DHA）两种物质，也就是所谓"脑黄金"。

四、大豆和豆制品

大豆和豆制品含有约40%的优质蛋白质，可与鸡蛋、牛奶媲美。同时，它们还含有较多的卵磷脂、钙、铁、维生素 B_1、维生素 B_2 等，是理想的健脑食品。

五、小米

小米含有较丰富的蛋白质、脂肪、钙、铁、维生素 B_1 等营养成分，有"健脑主将"之称。小米还有防治神经衰弱的功效。

六、硬果类

硬果类食品，包括花生、核桃、葵花籽、芝麻、松子、榛子等，含有大量的蛋白质、不饱和脂肪酸、卵磷脂、无机盐和维生素，经常食用，对改善脑营养供给很有益处。尤其是核桃和芝麻。中医认为，这两种物质有"补五脏、益气力、强筋骨、健脑髓"作用。

七、黄花菜

黄花菜富含蛋白质、脂肪、钙、铁、维生素 B_1，均为大脑代谢所需要的物质，因此，它被人们称为"健脑菜"。

八、滋补食品

滋补食品：脑力劳动后神经兴奋易致失眠，用桂圆（龙眼）肉煮汤喝，可起到安神和安眠的作用；红枣有养胃健脾，益血壮神的功效，还能安神和解除抑郁；蜂蜜中有脑细胞所需的能源——葡萄糖及果糖，而蜂王浆更是人体滋补佳品，经常饮用可提神补脑，增强脑细胞活力。

九、水果

菠萝中富含维生素 C 和重要的微量元素锰，对提高人的记忆力有帮助；柠檬可提高人的接受能力。因此在上外语课之前最好喝一杯柠檬汁；香蕉可向大脑提供重要的物质——酪氨酸，而酪氨酸可使人精力充沛、注意力集中，并能提高人的创造能力。香蕉中还含有可使神经"坚强"的色氨酸，有了色氨酸，任何压力都无法使人失去平衡。色氨酸还能形成一种叫做"满足激素"的血清素，这是一种神经介质，它能使人感到幸福、开朗，能预防抑郁症的发生。

总之，健脑益智的食物在我们生活中很容易找到，而且，价格对一般家庭来说也能承受，所以，家长应该有计划地让孩子吃一些健脑益智的食物，让孩子有一个聪明的大脑。同时要教育孩子养成良好的生活习惯，使孩子健康地成长。

经典案例 "再这样搞，我要'罢吃'了"

朱德，德高望重，是我国老一辈无产阶级革命家。他戎马一生，到了晚年，十分注重"运动健身"，他曾与老战友董必武半开玩笑地说："你是'书法健身'，我是'运动健身'，我们比一比么。"结果，比朱德大一岁的董必武早一年逝世，他们都是90岁高龄。

朱德得以长寿，除了"运动贵有恒"，还与他的"饮食贵有节"不无关系。

1956年3月，朱德到云南省昆明市视察工作时，云南省的领导同志告诉宾馆负责人，一定要把朱德的生活安排好。在朱德住进宾馆的前几天，厨师们试做了一些比较清淡的菜，朱德每顿都吃得很香，称赞这些菜新鲜可口。

正在这时，省里来人检查工作，却发现了问题：朱德每天的伙食费用，大大低于接待标准。于是，便向宾馆提出严格要求：迅速提高伙食标准。省里来的人还与厨师直接对话："你们看什么菜营养价值高，比较适合老年人的口味？"

"燕窝、银耳，这些胶质较高的食物，比较合适。"厨师回答。

"那好，从明天起，就改做这一类菜。"省里来的人语气坚决。

第二天，一碗"燕窝煮鸽蛋"端上了朱德的餐桌。朱德一看不对劲，便让服务员立即把管理员找来。平日里和蔼可亲的朱老总见了管理员，一脸的严肃，批评道："我现在吃的已经很不错了，谁让你们还给弄这些东西？"

管理员急忙解释说："是省里的同志担心不能保证您的营养，指示我们这样做的。"

朱德听了，心里想，这既然是省里的意见，就不好责怪下面的同志了，便放缓了语气，说："既然这样，这道菜的钱，我付了。下次你们要是再这样搞，我可就要'罢吃'了。"

以后的几天，朱德的餐桌上，没有了燕窝、银耳之类的名贵菜肴，大多是"拌香椿芽""肉丝炒豌豆""金雀花炒鸡蛋""青蚕豆焖米饭"之类的家常饭菜。

这样的家常饭菜，朱德每次都吃得很高兴，还说："真是别有风味，就这样吃，最好！"

1976年，朱德病逝于北京，享年90岁。

朱老总养生给我们的启示：

（1）运动贵有恒。健康离不开运动，而运动贵在坚持，只有长期坚持锻炼，才能对健康有利，运动才有效果。

（2）饮食贵有节。就是要合理膳食，粗细搭配、荤素搭配，只有这样才能均衡营养，有一个健康的身体。

（3）做官贵廉洁。从古至今，要想做一个人民喜欢的官员，首先必须廉洁，其次能为老百姓办事。朱德作为开国元帅，以身作则，堪称楷模。

给家长的建议之七十二

让孩子远离"垃圾食品"——"洋快餐"

"洋快餐"的特点就是三高：高热量、高蛋白质、高脂肪。1999年14%的美国青少年体重超标，这个数字是20世纪70年代的3倍，比80年代翻了一番。美国国会议员一致认为，肥胖问题已成为公众的健康问题，要把快餐赶出校园。

2003年1月29日，英国一家报纸报道，美国科学家施瓦茨对汉堡包、炸薯条、炸鸡块等快餐的生物特性研究表明，该类快餐能引起人体内激素的变化，导致餐量难以控制。这一爆炸性的发现表明，吃洋快餐不能简单的解释为会使身体发胖，还可能具有成瘾性。因为人们身体里有一种瘦素，如果长期吃洋快餐，就会对瘦素形成抵抗，大脑中就会形成对肥胖的记忆。

俗话说："一方水土养一方人"。那么，是不是美国人吃洋快餐就没事呢？据美联社报道，美国肥胖儿童增长速度惊人，1986 年，2—4 岁的黑人孩子中 8% 体重超标，10% 的西班牙裔的孩子脂肪过多，8% 的白人孩子是小胖墩儿。到了 1998 年，这些数字的变化令美国人目瞪口呆，它们分别达到了 22%、22% 和 12%。2002 年 11 月，美国纽约一些长期吃美式快餐而变成肥痴的儿童的家长，到法院控告麦当劳引起儿童肥胖。

在欧洲，很多家长教育孩子拒绝美式快餐，指出"垃圾食品"危害健康。一些城市管理部门不允许这些快餐店开设在繁华的市中心，以期减少快餐对顾客的诱惑和危害。

一般来讲油炸食品口感好，许多人爱吃，对儿童的诱惑力也特别强。但是，油炸食品对儿童健康危害更大。油炸食品是高热量食物（100 克植物油的热量高达 869 千卡，16 粒油炸花生米就含有 45 千卡的热量），如果长期吃油炸食品，就无形中摄入了过多的热量。生活中见到的"小胖墩儿"，有一个共同的嗜好，就是爱吃油炸鸡腿。

随着我国经济的快速发展，人们的生活也在发生着巨大的变化，除了洋快餐之外，我们的饭桌上油炸食品也多起来了。其实长期大量食用油炸食物还有以下危害：

（1）油炸食物在制作过程中需要加入含铝的膨化剂——明矾，已有研究证明，铝会在脑细胞中的沉淀，这与阿尔茨海默症有关。

（2）食物在高温煎炸过程中，会产生有致癌作用的多环芳烃等物质。近年瑞典国家食品安全委员会发现了食物在高温煎炸中，有丙烯酚胺大量生成，炸薯条就是典型的例子。

（3）油炸食物的油往往反复使用，导致脂质过氧化物积累，这些过氧化脂质可使脑细胞早衰。

由此可见，长期吃油炸食品绝不仅仅是一个容易使孩子肥胖的问题，其对孩子带来的副作用，更应该引起家长的高度重视。要教育孩子少吃或根本不吃洋快餐之类的油炸食品，保障孩子健康成长。

经典案例 慈禧将窝窝头引进清宫

窝窝头是用玉米面或杂合面做成的，外型是上小下大中间空，呈圆锥状，本来是过去北京穷苦人的主要食品。人们为了使它蒸起来容易熟，底下留了个孔（北京俗语叫窝窝儿），又因为它是和馒头一样的主食，所以北京人称这种食品为窝窝头。

关于窝窝头，还流传着一个有趣的传说。

庚子年间，八国联军入侵北京前夕，慈禧太后带着一千余人仓皇逃往西安。途中，西太后感到饥饿难忍，疲乏不堪。太监们四处搜寻，好不容易从一个没有逃跑的村民家中找到一个凉窝窝头，献给了太后。慈禧拿起窝窝头狼吞虎咽地吃了下去，顿感浑身舒服，一直到晚上都没觉得饿。后来她回味起来，觉得这个窝窝头比御膳房的珍馐美味不知香甜多少倍，御驾回銮以后，便命令御膳房为她做窝窝头吃。

御膳房厨师仿照民间窝窝头的样子，用细玉米面、黄豆面、白糖、桂花加温水搅拌，一斤面捏成一百个小窝头，蒸熟以后金黄闪光，形似宝塔，吃在嘴里甜香可口，别有风味，受到了慈禧的称赞，小窝窝头也随之成了清宫中的有名小吃。

慈禧吃窝头给我们的启示：

（1）肚子饿了，吃饭才香。为了不让孩子养成偏食、挑食的习惯，家长要善于调整孩子的饮食，如果孩子拒绝吃不喜欢的食物，那么，就让他饿着，饿一饿其实是有好处的，下一顿吃饭不但不挑食，而且感觉很香。

（2）人体需要粗、细粮搭配。现在科学研究表明，玉米的营养价值很高，被称为"黄金食品"。虽然现在生活水平提高了，但是，也应该适当地吃些粗粮，对身体是大有好处的。

给家长的建议之七十三

让孩子喝牛奶好处多

现在，市场上奶制品较多，最常见的有鲜牛奶、酸奶、奶粉，那么，孩子喝什么牛奶好呢？从本质上来说，鲜牛奶、酸奶、奶粉的营养价值没有大的区别，而是各具特点：

鲜牛奶除不含纤维素外，几乎含人体所需要的各种营养素，并且易于消化吸收，是适合绝大多数人的营养食品。值得一提的是鲜牛奶含钙量较高，且吸收率也很高，是天然钙质的极好来源。所以，提倡每天饮用鲜牛奶。

酸奶是将鲜奶加热消毒后接种嗜酸乳酸菌，在30℃左右环境中培养，经4—6小时发酵而成。该制品营养丰富，容易消化吸收，还可刺激胃酸分泌。乳酸菌在肠道繁殖，可抑制一些腐败菌的繁殖、调整肠道菌群，防止腐败胺类对人体产生不利的影响。此外，牛奶中的乳糖已被发酵成乳酸，对"乳糖不耐症"的人，不会出现腹痛、腹泻的现象。因此，酸奶适宜消化道功能不良的人、婴幼儿和老年人饮用。

奶粉是鲜奶经消毒、脱水并干燥成粉状而成。鲜奶经加热处理后，蛋白质凝块细小、柔软，易于消化吸收，且经灭菌消毒，较少引起过敏。将鲜奶制成奶粉仅挥发性脂肪、糖与维生素略有减少。与鲜奶相比，奶粉最大的优点为易于运输保存，速溶奶粉冲调快速，尤为方便。

为了让孩子喝牛奶时吸收的更好，家长在让孩子喝牛奶时，要坚持以下十条法则。

一、煮牛奶不要去奶皮

在煮牛奶时，牛奶的表面上经常会产生一层奶油皮，不少人喜欢将这层皮去掉，这是不对的，因为这层皮内含有丰富的维生素A，维生素A对孩子的眼睛发育和抵抗致病菌很有益处。

二、每日喝牛奶不要过多

以牛奶为主食的孩子，每天喝牛奶不得超过 1 公斤。超过 1 公斤时，大便中便会有隐性出血，时间久了容易发生贫血。

三、牛奶不可光照

牛奶在阳光下照射 30 分钟，维生素 A、B 及香味就会损失一半。

四、不要与酸性食物同食

因为这样会造成牛奶中蛋白与酸质形成凝胶物质，从而影响孩子的消化吸收。

五、煮牛奶时不要加糖

牛奶中的赖氨酸与果糖在高温下会生成一种有毒物质：果糖基赖氨酸，这种物质不能被孩子消化吸收，还会产生危害作用。

六、牛奶不要煮得太久

牛奶加热以刚沸为度，煮久了理化性质会发生一系列改变，如蛋白质出现凝固沉淀，营养成分尤其是维生素也会有一定损失。近年还发现，普遍存在于牛奶中具有防止婴儿腹泻作用的轮状病毒抗体，亦可因过热遭破坏。

七、孩子不宜空腹喝牛奶

空腹喝牛奶，喝进去的牛奶如同流水一样，在胃肠内停留的时间很短。因此喝牛奶前最好先给孩子吃一定淀粉类的食物，如饼干、面包、馒头等，这样会使牛奶在胃内停留的时间较长，与胃液发生充分的酶介作用，牛奶中的营养便能得到充分的消化吸收。

八、牛奶中不要加钙粉

牛奶中加入钙粉，会使牛奶出现凝固，蛋白质和钙的吸收都会受到影响。另外，钙还会和牛奶中的其他蛋白结合产生沉淀，特别是加热时，这种现象更加明显。

九、保暖杯内不宜久放牛奶

牛奶煮沸后放在保暖杯中，时间一长，温度会逐渐下降，牛奶中的蛋白质及糖分是细菌很好的培养基，在适宜的湿度下，细菌就会生长、繁殖，把牛奶中微量的维生素全部破坏掉，长期食用会影响孩子的健康。

十、不要多饮冰冻牛奶

牛奶的冰点低于水，平均为零下 0.55 摄氏度。牛奶结冰后，牛奶中的脂肪、蛋白质分离，干酪素呈微粒状态分散于牛奶中。再加热溶化的冰冻牛奶，味道明显淡薄，液体呈水样，营养价值降低，这样也就达不到给孩子增加营养的目的了。

经典案例

牛奶的奇特功能

一杯奶振兴一个民族。1931年日本侵略中国时，老百姓叫日本侵略者"小日本"，因为日本人个子矮，罗圈腿。而现在日本人变了，同龄的中小学生，日本孩子的身高超过了北京孩子，比广东、福建孩子高得更多。原因很简单，第二次世界大战之后，日本政府中午给中小学生免费供应一袋牛奶，就这么一袋牛奶，日本人一代比一代高，现在超过了中国人。所以日本有一句话："一袋牛奶振兴一个民族"。

英国有个孤儿院作过专门研究——喝牛奶与不喝牛奶有什么差别。他们把孩子分成甲、乙两班，甲班每天加一袋奶，乙班不喝奶，其他食物一模一样。就这么一点差别，到15岁孩子们要离开孤儿院进行工作前的培训时发现，甲班孩子身高比乙班孩子身高平均高2.8厘米，更重要的是甲班的孩子皮肤细腻，眼睛头发有光泽，肌肉发达，而且聪明。外面来挑选的人任意挑选，爱挑哪个就挑哪个。结果，第一批挑走的，全是甲班的孩子。可见喝牛奶与不喝牛奶就是不一样。

让孩子每天喝一袋牛奶，就这么简单的一件事，就能使孩子的身高、体重、智慧都发生变化。

喝牛奶给我们的启示：

（1）不论是日本人的"一袋牛奶振兴一个民族"，还是英国人做的科学实验，都告诉我们，从小让孩子喝牛奶是非常重要的。

（2）从某种意义上说，奶牛也是中国人的"保姆"。喝牛奶的好处已经尽人皆知，家长科学地让孩子饮用牛奶，孩子就会健康成长。

给**家长**的建议之七十四

甜食虽好吃但要控制量

不论儿童还是大人，都喜欢吃甜食。虽然蔗糖食用的安全性已被公认，但是，饮食过量仍会有损健康，并会导致肥胖和发生某些慢性病。那么，我们每天应该摄入多少蔗糖呢？根据研究表明：一个人每天蔗糖摄入量应该在60克以下，以不超过总热量的10%为宜。

据专家讲，胰岛素可以诱使细胞中具有催化作用的辅酶合成，葡萄糖借助胰岛素的作用转化为脂肪酸，进而合成脂肪。吃糖过多，剩余的糖就会转化为脂肪。因此，吃的糖越多，脂肪就越厚，最终导致肥胖。

一般甜食和饮料中的糖含量很高，过多的摄入含糖量高的食物与饮料，不但会导致肥胖，还会造成精神损伤，影响智力，加速大脑老化。研究表明，习惯高糖饮食的孩子在智力测验中表现差，且情绪不稳定。根据刑事犯罪学专家对青少年犯人进行的历时两年限制精制食糖摄入量的观察研究表明：摄入量低的犯人，反社会行为发生率下降48%，攻击性行为发生率下降84%。

当今的饮料市场，品种繁多，功能各异。然而，这种"汁"那种"液"，真的像广告说得那么"神奇"吗？英国安南普顿大学的研究人员发现一些儿童患了"果汁饮料综合症"。这些儿童大的7岁，小的2岁，他们每天从碳酸饮料和果汁中摄取的热量达到总热量的三分之一，孩子们食欲不振，情绪不稳定，吃饭时吵吵闹闹，时常腹泻。可乐型饮料中不仅含有咖啡因，而且含磷量过高，儿童过量饮用会造成体内钙磷比例失调，严重影响发育。而且过量饮用会扰乱消化系统的功能，导致儿童不能正常进食。

英国研究人员通过对100名儿童的调查发现，70%的学龄前儿童和50%在幼儿园的孩子一直以饮料代水，而约90%的家长对此并不在意。他们忽略了饮料中含有色素、甜味剂、防腐剂等化学合成物，过量饮用对儿童危害很大。

美国科学家的研究指出，一瓶340毫升的可乐型饮料含咖啡因50—80毫克，咖啡因是一种兴奋中枢神经的药物，具有成瘾性。婴幼儿对咖啡因的反应尤为敏感，非常容易成瘾。因此，家长不能依着孩子的喜好，随意提供饮料让孩子喝。怀孕和哺乳期的妇女应该慎用咖啡因饮料，因为咖啡因能通过胎盘迅速作用于婴儿，使婴儿受到不良影响。咖啡因还可以随母乳分泌，正在哺乳期的母亲过量饮用，自然也会间接损害婴幼儿的健康。

总之，甜食和饮料虽然可口好吃，但是，一定要少量食用，控制总量。家长一定要做好孩子的监护人，切忌让孩子对甜食和饮料上了瘾，使孩子的健康受到损害。

经典案例 达尔文不吃甜食的故事

达尔文是举世闻名的大生物学家，据说他患有严重的胃病，医生叮嘱他不要再吃甜食，可是几十年来他一直都偏爱甜食，怎么可能一下子就控制住自己呢？

由于他没有彻底戒掉甜食，结果病情加重，以致卧床不起，耽误了他许多宝贵的时间，他下决心一定要同甜食"绝交"。于是，每当他饿的时候，就自言自语地提醒自己："不要吃甜食，不要吃蛋糕。"就这样，他终于告别了甜食。后来，他逐渐恢复了健康，并创立了为世界瞩目的生物进化学说。

试想一下，假如他不是及时改掉吃甜食的习惯，或许身体早就垮了，怎么可能取得那么大的成就呢？

达尔文几十年养成的习惯都能改掉，那么，我们的那些小毛病还有什么克服不了的呢？

达尔文不吃甜食给我们的启示：

（1）要尊重医生的意见。不管你是哪方面的专家，只要有了病，就要听从医生的意见，否则，只能是自尝苦果。

（2）改掉不良习惯需要有坚强的意志。达尔文正是靠着坚强的意志，改掉了喜欢吃甜食的习惯。

给家长的建议之七十五

孩子考试前加强营养要科学

现在学校的考试比较多，每学期都有期中、期末两次考试。每次考试前，几乎每个孩子都是废寝忘食地拼命学习，由于学习时间长，脑力劳动强度大，睡眠不足，容易出现头疼、失眠、精力不集中的现象。这不仅损害身体健康，而且会导致学习效率下降，影响学习成绩。为此，考试前，孩子的饮食营养应引起家长的重视。重点把握以下三个原则。

一、少吃油腻食物

肉食油腻不易消化，因此，考前不要让孩子多吃肉食，以免增加胃肠负担，影响大脑血液供给，降低学习效率。如果发现孩子食欲不振，一是可以给孩子加餐，多吃一、两顿；二是为孩子准备一些水果、牛奶、花生、核桃等零食让孩子吃。只要孩子每天摄入的食物总量不少就可以了。要让孩子多喝水。也可喝些茶水或咖啡提神，但是，晚上不要喝，以免影响夜间休息。家长要记住：不要让孩子喝碳酸类饮料，因为碳酸类饮料会降低孩子的食欲，影响消化。

二、增大食物能量

首先，选择主食是关键，谷类主食是大脑能量的来源，家长要设法做到主食花样翻新，品种多样，可以为孩子多做些营养粥喝，如绿豆粥、小米粥、麦片粥、玉米粥等，粥里面可以加入一些花生米、大枣、芝麻、瘦肉、虾仁等，这些粥既能刺激食欲，又有健脑益智作用。其次，每天晚上孩子入睡前，喝一杯酸奶，因为酸奶有安定和催眠作用，可以使孩子安然进入梦乡，对缓解孩子考前的紧张、焦虑和失眠情绪有一定的好处。

三、多吃水果蔬菜

孩子在考试前，看书时间长，用脑时间多，因此，需要补充多种营养。家长一定要给孩子多吃一些水果、蔬菜。草莓和西红柿等含有较多维生素C的水果，应作为首选。孩子一天水果摄入总量以不超过250克为宜。同时，还要让孩子多吃蔬菜。因为孩子吃蔬菜少，容易造成便秘，而充足的蔬菜不仅能缓解便秘，而且还能为孩子提供丰富的、有益神经活动的维生素和矿物质。挑选蔬菜时，胡萝卜、菠菜、韭菜、芹菜、紫菜等，都是较好的选择。

总之，临近高考或其他考试了，家长不要特别为孩子增加营养，饮食与平时一样比较好。考试期间更宜以清淡易消化的米饭、蔬菜、水果等食物为主，少吃荤菜，因为考试时考生最需要的是能量，米饭等碳水化合物最易消化，并能在体内较快地进行氧化释放能量。而高蛋白、高脂肪的食物消化慢，不是高考时急需的营养，多吃了反而可能影响考试成绩。

经典案例 吃出的毛病

有一位学生的家长，看到孩子复习迎考十分辛苦，每天要复习到凌晨一、两点才睡觉，人都瘦了，非常心痛。这位家长想：学习上我帮不上忙，但可以为他增加营养，使他保持充沛的精力复习迎考。

于是，他为孩子精心制定了一个星期的菜谱。

早餐：有2个荷包蛋、1袋牛奶、1笼小笼包子，外加水果等。

中餐：有甲鱼、虾、黄鳝等，而且每天不一样，换着花样做给孩子吃。

可不知为什么，孩子每天上午前两节课时，总忍不住要打瞌睡，嚼口香糖、用针刺大腿、用橡皮筋弹手臂等都无济于事。不知得了什么病，孩子和家长都急得不得了，实在没办法，家长只好带孩子去医院。

医生听了他们的诉说，又详细问了些情况，说：孩子什么病都没有，问题就出在营养太好。每天早上吃那么多高蛋白、高脂肪的食物，难以消化，因此大量的血液进入胃肠道帮助消化食物，导致大脑血液减少，人就感到困倦，回去以后，把早餐改为比较清淡点的，很快就好了。

后来，孩子的早餐改的清淡一点后，情况马上好转。

吃出的毛病给我们的启示：

（1）合理膳食很重要。有的家长富裕了，就不惜代价让孩子吃一些高蛋白、高脂肪的食物，目的是爱孩子，结果却害了孩子。

（2）不要跟着广告买保健食品。有的家长听信广告宣传，买许多所谓有益学习、能迅速提高考试成绩的保健食品给孩子吃，结果往往吃出了毛病。

（3）家长要学习养生知识，保证饮食合理。家长要买几本著名营养学专家的书好好学习，不要在孩子的饮食上犯错误。

给**家长**的建议之七十六

关注孩子的心理健康

心理健康是现代人健康不可分割的重要方面，家长了解与掌握心理健康的知识，对于孩子的健康成长具有很重要的意义。如果发现孩子的心理状况某个或某几个方面有问题，就要有针对性地加强心理锻炼，以期达到心理健康水平。如果发现孩子的心理状态严重地偏离心理健康标准，就要及时就医，以便早期诊断与早期治疗。

专家们认为，人的心理健康包括以下七个方面。

一、智力正常

智力正常是人正常生活最基本的心理条件，是心理健康的首要标准。世界卫生组织（WHO）提出的国际疾病分类体系，把智力发育不全或阻滞视为一种心理障碍和变态行为。

二、情绪健康

心理健康者能经常保持愉快、开朗、自信、满足的心情，善于从生活中寻求乐趣，对生活充满希望。更重要的是情绪稳定性好。

三、意志健全

健康的意志有如下特点：目的明确合理，自觉性高；善于分析情况，处事果断；意志坚韧，有毅力，心理承受能力强。

四、行为协调

自制力好，既有对现实目标的坚定性，又能克制干扰目标实现的愿望、动机、情绪和行为，不放纵任性。

五、人际关系适应

一是乐于与人交往，既有稳定而广泛的人际关系，又有知己的朋友；二是在交往中保持独立而完整的人格，有自知之明，不卑不亢；三是能客观评价别人，以人之长补己之短，宽以待人，友好相处，乐于助人；四是交往中积极态度多于消极态度。

六、反映适度

遇到问题能够正确对待，反映迅速，能动地适应和改造环境，保持人格的完整和健康。

七、心理特点符合年龄

孩子反映出来的所有心理特点，与自己的年龄特点相符合。心理健康的最终目标是保持人格的完整性，培养健全人格。

经典案例　孩子患的可能是"惊恐症"

涛涛12岁了，在学校经常无缘无故眩晕、大量呕吐、出冷汗，有时候晕倒在地，需背回家卧床休息两三个小时才能恢复。

这种情况由几个月一次，发展到十几天就会发作一次，严重影响了学习和生长发育。为此，他的父亲带他去过多家大医院就诊，做了各种检查，但是心、脑、血管、五官科检查均正常。无奈之下，父亲只好找心理卫生科的医生，希望心理医院能够诊断孩子到底患了什么病……

心理专家进行了诊断，认为孩子很可能患的是"惊恐症"。"惊恐症"正式的名称叫"急性焦虑发作"，这种病起病突然，病人往往会出现突感不明原因的惊慌、恐惧、紧张不安，并伴有心悸、呼吸困难、胸闷、胸痛、头昏、头晕或失平衡、手脚发麻、全身发冷或发热、颤抖、晃动、晕厥等症状。这些病人第一次发作可能有诱因，如运动，之后发作更多是由于自我心理暗示，自己感到害怕、惊恐而发作，在外人看来就像无缘无故地发作。在治疗上，需要药物和心理疏导双管齐下。

涛涛的爸爸问："是什么原因使孩子患上这种病呢？"

专家说："这种病大多是因为孩子胆小怕事，自卑多疑，做事思前想后，犹豫不决，对新事物及新环境不能很快适应。发病原因为精神因素，如处于紧张的环境不能适应，遭遇不幸或难以承担比较复杂而困难的工作等。"

涛涛给我们的启示：

（1）有计划地锻炼孩子的胆量。一个人胆小怕事、自卑多疑，将来什么事也干不成。

（2）教育孩子勇于承担责任。从小教育孩子大胆办事，勇于承担责任，遇事能冷静处理等，有利于孩子健康成长。

（3）关注孩子的心理健康。如果发现孩子心理有问题，要尽快找心理医生疏解。

给家长的建议之七十七

儿童肥胖将造成一生的烦恼

根据专家的研究,所谓肥胖,就是体内脂肪太多。特别是甘油三酯的中型脂肪太多,造成体重过大。脂肪的体积在于脂肪细胞的个数和每个脂肪细胞的大小,如果脂肪细胞个数多,每个细胞内的脂肪量不断增加,使其体积变大,人就发胖了。人的一生有三个阶段特别容易发胖,一不留神就变成"胖阿福"了。

第一个阶段是幼儿期。这个时期主要长的是细胞的个数,一旦长成,这个数量将终身不变。所以,不管是年轻的父母,还是有一定经历的祖辈,千万不要把孩子养得太胖了,否则,他将终身肥胖。因为减肥只能使细胞变小,不能减少细胞的数量。试想,一个终生肥胖的人能不终生烦恼吗?

第二个阶段是青春期。这个阶段细胞是既长个数又长体积。所以减肥难度介于幼儿和中年之间。

第三个阶段是中年期。这个阶段细胞主要长体积,个数不怎么变化。相对来讲减肥比较容易。

儿童肥胖可分为三级,体重超过正常儿童标准体重20%—30%为轻度,30%—40%为中度,超过50%为重度。肥胖程度越严重,对儿童的危害越大。主要有八大危害:

一、血脂高

血脂紊乱是动脉粥样硬化的高危因素。

二、易患呼吸道疾病

因为肥胖使胸壁脂肪堆积,压迫胸廓,胸廓扩张受限,顺应性降低,横隔运动受限,影响肺通气功能,使呼吸道抵抗力降低,易患呼吸道疾病。

三、易患脂肪肝

重度肥胖儿童脂肪肝发病率高达80%,高血压、高血脂是肥胖儿童发生脂肪肝的危险信号。

四、易患消化道疾病

其患病率是15%，明显高于正常儿童的11%。

五、免疫功能低下

肥胖儿童细胞活性明显降低，因而易患感染性疾病。

六、有高胰岛素血症

其身体为了维持糖代谢需要，长期被迫分泌大量胰岛素，导致胰岛素分泌功能衰竭，引起糖尿病。

七、性早熟

肥胖儿童男性血睾酮含量及女性血清脱氢表雄酮硫酸脂含量明显高于正常儿童，体脂增多可引起肾上腺激素分泌量增多，使下丘脑对循环中性激素阈值的敏感性降低，出现性早熟。性发育提前可引起性意识，会较早产生对性的迷惑、恐惧、焦虑等不良心理状态，影响孩子的学习和生活。

八、智商低

肥胖儿童的总智商和操作商低于正常儿童，其活动、学习、交际能力低，久而久之会导致抑郁、自卑，使孩子对人际关系敏感、性格内向、社会适应能力低，影响孩子心理健康。

家长爱孩子也要讲科学，不能因为现在条件好了，就对孩子百依百顺，要什么就给什么，想吃什么就买什么。家长一旦把孩子养成一个"小胖墩儿"，就会给孩子带来终生的烦恼。

经典案例　一切饮食为了孩子

王先生属于大龄青年结婚，有了儿子之后，心里非常高兴。为了使孩子健康成长，他与妻子买了很多科学育儿类的书籍来看，当他们看到有关饮食健康的内容以后，就记下来，严格按照要求来做，合理安排孩子的一日三餐，防止营养过剩。

王先生按照有关饮食知识，把饮食分成三类，即红灯食品、黄灯食品、绿灯食品。并且做到以下三点。

一是尽量不吃红灯食品，如糖、各种甜食及甜饮料、油炸食品、肥肉、黄油等。

二是控制吃黄灯食品，如土豆、红薯、包子、馅饼、鲜果汁、酱油、色拉油等。

三是多选择绿灯食品，如瘦肉、鱼、虾、蛋、奶、豆腐、新鲜蔬菜、水果等。

王先生唯恐儿子体重超标，还买了体重秤，每月给孩子称1—2次体重。如果体重在标准范围则表明营养合理，如果超了，说明营养过剩，在饮食上就要加以调整和控制了。

王先生育儿给我们的启示：

（1）合理膳食就是有计划地膳食。在饮食上，确实需要学习王先生这样的认真精神。因为我们一天三餐，天天饮食，如果不知道吃什么健康，盲目地"胡吃海喝"，身体能健康吗？

（2）学习健康知识很有必要。家长再忙，也应该学习王先生，挤出时间多读书，了解健康知识，科学养育孩子。

给家长的建议之七十八

教给孩子正确的坐、立、走姿势

坐、立、走是我们在日常生活中的主要动作。俗话说："坐如钟、站如松、行如风"。如果孩子坐姿优雅、站立挺拔、行走轻快，不但给人一种健美的感觉，而且也体现出一个人所受过的教养。

同时，孩子正在生长发育阶段，骨组织的特点是水分较多，而固体物质和无机盐成分较少，基本的骨组织是由富有韧性的结缔组织纤维来组成，仅有很少的骨化板层结构。所以青少年的骨骼可塑性很大，容易弯曲变形。对于青少年来说，应从小注意保持正确的姿势，以便长好身体。家长要教育孩子从小养成良好的坐、立、走习惯，对孩子未来健康成长是大有好处的。

一、坐姿的要求

正确的坐姿是：抬头，两眼正视前方，躯干挺直，两肩呈水平状，躯干与大腿垂直，两小腿与地面垂直或向前伸，两足平放地面，使膝关节后面的肌肉、血管、神经不受压迫，坐时感到舒适而又不易产生疲劳的感觉。

落座时，动作要柔和，姿态端庄、大方、自然。不要慌慌张张，不管不顾。坐下后两手轻松、自然地放在腿上或椅子的扶手上。

如果是和家长、老师等长辈谈话，坐的位置要适当靠前一些，注意听他们讲话。

不管和谁在一起，都不要蜷曲在椅子里，歪着身子，那样既不礼貌，也不利于身体发育。也不能架起二郎腿，更不能让腿抖起来。那样会使人感到你心高气傲，旁若无人。

在野外席地而坐时，最好盘腿而坐。盘不了的可将腿自然地屈于身体的一侧，切不可将腿直着伸向前方或叉开。女孩子尤其应该注意，那样是很不雅观的。

二、站立的要求

正确的站立姿势是：头、背、臀和脚跟在一条直线上，两肩在同一水平上自然下垂，抬头、挺胸、两眼向前平视，腹部微内收，两脚稍稍分开约两拳距离，脚尖微向外斜，把全身重量落在两脚的脚跟和外缘上。

站立姿势符合人体要求，不仅使人看了舒服，而且也有利于呼吸，血液循环和消化器官处于正常的工作状态，有利于骨骼的正常发育。

有的孩子不注意站立的姿势，造成驼背、弯腰、身体向一边歪等，这些姿势既不利于身体健美，也不雅观。

三、行走的要求

正确的行走姿势是：为了维护身体的左、右平衡，上身要保持端正姿势，当右脚向前迈步时，左手同时向前摆动，身体重心向前移；当左脚向前迈步时，右手同时向前摆动，身体重心向前移。如此反复，两脚脚尖应该指向前方，不要向里勾或向外撇。

行走时要挺拔、自然、均匀。身体要保持正直；双肩自然下垂，两臂协调地前后摆动；步子要均匀、轻快；膝关节和脚尖要正对前方。

有的人走起来摇摇摆摆，显得很不稳重；有的人走路垂肩驼背，一副丧气的样子；也有的人走路扭扭捏捏，故作姿态，令人生厌。

总之，坐、立、走虽然人人都会，但未必人人都能做到姿势正确、优美。所以，家长应该从小教育孩子学习正确的坐、立、走姿势，使孩子姿态高雅、风度翩翩，令人喜欢。

经典案例 相同的石头不同的命运

这是一则寓言故事。

在一座山上，有两块基本相同的石头，三年后发生了截然不同的变化，一块石头被雕塑成了佛像，经常受到很多人的敬仰和膜拜；另一块石头依然是原来的样子，是一块路边石，经常受到践踏、污损。

在路边的石头心里非常不平衡，他对佛像石头说："老兄呀，三年前，我们曾经同为一座山上的石头，今天却发生了这么大的差距，我的心里特别痛苦。"

佛像石头说："老弟呀，你还记得吗？三年前，曾经来了一个雕塑家，问你愿意不愿意改变，你害怕割在身上一刀刀的痛，你告诉他只要把你简单雕刻一下就可以了。而我那时就想象着未来的模样，乐于改变，也不惧怕割在身上一刀刀的痛。于是，雕刻家在你身上只是简单地处理了一下，在我身上呢？锤子砸，钢锯锯，刻刀刻，纱布磨……我经受的改变是你的数倍，我忍受过的痛苦比你多得多，这才产生了今天的不同啊！"

路边石头听了这一席话，既惭愧，又后悔。

佛像石头给我们的启示：

（1）要改变自己就要付出代价。每个人身上都会不同程度地存在不足和缺点，要改变自己的过去，就要付出代价。更何况孩子身上需要"雕刻"的地方更多，所以家长要当一个高超的"雕刻家"，把孩子教育成才。

（2）做事要胸怀长远。不论做什么事，首先要胸怀宽广，把眼光放长远些，只有这样，才不会做后悔的事。

给**家长**的建议之七十九

教育孩子要注意保护眼睛

现在的学校里，患近视戴眼镜的学生特别多。那么，怎样才能有效地预防近视呢？

一、保证充足的睡眠

医学研究表明：预防孩子近视的关键，是保证孩子有充足的睡眠。

大家都知道，中小学生的近视主要是假性近视，也称之为屈光性近视，是晶状体的睫状肌痉挛引起的。

睫状肌属于平滑肌，受交感神经控制，当副交感神经兴奋时，睫状肌收缩，晶状体表面变凸，整个晶体变厚，屈光能力增强。孩子如果睡眠不足，就造成植物神经紊乱，使眼睛有关部分的交感神经和副交感神经失去平衡，从而引起睫状肌调节功能紊乱，时间一久，便形成了近视。

一般中小学生睡眠多长时间才算充足呢？专家建议：中小学的学生睡眠时间应达到 9 小时以上，最好能达到 10 小时。为了减少孩子近视的发病率，家长要关心孩子，采取措施，使孩子的睡眠时间保证在 9 小时以上。

二、经常做眼睛保健操

眼睛保健操是根据祖国医学的经络和推拿学说的原理，结合医疗体育而编成的一种保护眼睛的自我按摩法。通过按摩眼睛四周的穴位以增强眼眶的血液循环，改善神经营养，消除眼睛内的过度充血，达到解除眼疲劳的目的。每天可做数次，可选择在学习中间的休息时间做。实践表明，坚持做好眼睛保健操，对保护视力，预防近视具有一定的意义。

三、饮食结构要合理

预防近视，家长要注意孩子的饮食卫生，食谱要多样化，保证孩子获得眼睛生长发育和维持功能所需的各种营养。对患了近视的孩子，也可以辅以食疗，除少吃酸、甜食品外，要让孩子多吃一些健脾养胃和补气益血的食物，如龙眼肉、山药、胡萝卜、山芋、芋头、菠菜、小米、玉米等，也可多食用一些桑椹、黑豆、红枣、核桃仁等食品，这些食物能养心、安神、明目。还应补充黄豆、杏仁、紫菜、海带、羊肉、黄鱼、奶粉等含锌量较高的食物，牛肉、谷物、肝类等含铬较丰富的食物。

为了避免发生近视，少吃高糖食品。食糖过多，会使血液中产生大量酸性物质，酸与肌体内的食盐，特别是钙相结合，造成了血钙减少，从而影响眼球壁的坚韧性，使眼轴易于伸长，助长近视的发生和发展。

四、正确使用眼睛

预防近视一定要注意用眼卫生，按照正确的方法使用眼睛。

（1）学生连续看书、写字不应超过40分钟，初中以后每节课不应超过50分钟，以防造成眼睛疲劳。

（2）阅读或书写应保持正确姿势，桌椅高度要合适，眼与读物之间应保持在0.35米的距离。

（3）阅读时要做到"五不看"。即不躺着看书、不连续长时间看书、不趴在桌子上看书、不看字体太小的书报、不看印刷不清的书报。

（4）学习和工作的场所，光线不要太强或太暗。

用电灯照明，如25瓦灯泡，灯与书本距离不宜超过0.5米。若距离是1米远，就需要60瓦灯泡了。灯光应在左前方以避免阴影妨碍视线。灯泡上最好有灯罩，以免光线刺激眼睛。

（5）加强体育锻炼，增强体质，是预防近视的一项积极措施。

（6）平时要注意用眼卫生，如有沙眼及其他炎症，应及时进行治疗。

（7）定期检查视力，发现视力低下应该早治疗、早矫正。

总之，家长应教育孩子从小注意用眼卫生，防止孩子眼睛出现弱视、斜视和近视。如果孩子视力出了问题，家长要在最佳治疗时间给孩子治疗。16岁以前是治疗近视的最佳时间，不要过了最佳治疗时间再去治疗。

经典案例　戴眼镜的大眼睛

小明有一双明亮的大眼睛。一些叔叔、阿姨经常夸他眼睛长得漂亮，他的心里也因此有几分自豪。

小明像其他小朋友一样，从小对动画片、电脑游戏有着浓厚的兴趣。但是，由于用眼不当而引起了"眼病"，他却毫无所知。

妈妈告诫小明，要注意保护自己的眼睛，并举例子说邻居某某家的孩子因为看电视、玩电脑多了，小小年纪就戴上眼镜；邻居某某孩子为治疗近视眼每天去针灸，多疼啊！而且妈妈为了陪儿子治眼睛还放弃了工作，扣了奖金等。

但小明毕竟是孩子，今天态度好好的，到明天仍旧如故。为此，妈妈只好采取硬措施，限制他看电视、玩电脑的时间。

随着小明慢慢长大，他就自己有了主见，一些吸引他的动画片、少年儿童节目，看了很长的时间还觉得不够，妈妈喊他，他全然装作没听见，再喊，目光还是像焊在屏幕上一样移不开，有时几个节目下来，两个多小时都不愿离去。无论怎么苦口婆心地说，让他休息一会儿再看，都无济于事。这时妈妈往往来个强行关机，然而，小明也不示弱，撅着嘴便闹开了情绪，把自己关在屋里不出来，宁可饿肚子也在所不惜。

小明到了四年级，也许是学校的作业多造成的，也许是看电视、玩电脑造成的，小明的眼睛近视了，妈妈只好带小明配了一副近视眼镜，他成了班里唯一的"小眼镜"。

小明妈妈给我们的启示：

（1）对孩子管理要严格。小明妈妈始终在管小明，而且始终提醒小明要保护眼睛，但是，小明的眼睛还是早早地近视了。原因何在？妈妈管理不到位。因为小孩子自制力差，容易由着性子来，需要大人加以严格管理。

（2）制定制度，落实到位。对孩子看电视、玩电脑等，要规定每天的具体时间，严格落实到位，避免出现问题。

给家长的建议之八十

教给孩子正确的写字姿势

现在有的学校班容量较大，座位拥挤，孩子很难保证有一个正确的坐姿，再加上作业量大，写字时间长，很容易养成不正确的写字姿势。如果长期下去，就会影响孩子的身心健康。因此，家长要了解和熟悉正确的写字姿势是什么，然后，才能去正确地指导孩子。

正确的写字姿势包括两方面。

一、正确的写字姿势

写字的姿势对于练习写字非常重要，正确的写字姿势不仅能保证书写自如，减轻疲劳，而且还能够促进儿童的身体正常发育，预防近视、斜视、脊椎弯曲等多种疾病的发生。正确的写字姿势是：

坐直：臀部坐在凳子中间，上身正直，略向前倾，两肩齐平，切不可趴在桌子上。

头正：头部要端正，随上身自然向前，不能歪斜，眼睛距离笔尖一尺左右。

胸舒：胸部距离桌子约一拳头，保持一定的距离。

脚稳：两脚平放在地上，与肩同宽。

肩开：左右两肩平放在桌面上，左手按纸，右手执笔，眼睛与纸面的距离在一尺左右。

二、正确的执笔方法

执笔方法正确与否，关系到对笔的控制力，运笔的灵活性，书写速度，从而直接影响到书写效果。良好的执笔方法必须从小培养，否则，一旦形成不良习惯，纠正起来很难。正确的执笔方法应采用三指执笔法，具体要求是：

大拇指和食指握在距离笔尖3厘米左右的笔杆上，再用中指的第一节托住笔杆，笔杆自然地搭在虎口上，无名指和小指在中指的下面。

写字的正确姿势要做到"三个一"，即：眼睛离本子一尺；胸部离桌子一拳；手指离笔尖一寸。

家长掌握了这些知识，就要在平时注意孩子的写字姿势和握笔方法，发现有不规范的现象，就要及时指出来，让孩子纠正。如果养成不规范的姿势习惯，纠正起来就困难了。

柳公权发愤学书法

柳公权小时候字写得不好，常常受到老师和父亲的批评。他虚心听取他们的教诲，经过一年的勤学苦练，他写字进步很大，受到老师的表扬。表扬的次数多了，柳公权也觉得自己很了不起。

有一天，柳公权和几个小伙伴举行写大楷比赛。他很快地写好了一篇，以为稳拿冠军，脸上露出得意洋洋的神色。这时，一个卖豆腐的老人看到他写的几个字"会写飞凤家，敢在人前夸"，觉得这孩子太骄傲了，便皱皱眉头，说："这字写得并不好，好像我的豆腐一样，软塌塌的，没筋没骨，还值得在人前夸吗？"小公权一听，很不高兴地说："有本事，你写几个字让我看看。"

老人爽朗地笑了笑，说："不敢，不敢，我是一个粗人，写不好字。可是，人家有人用脚都写得比你好得多呢！不信，你到华京城看看去吧。"

第二天，小公权起了个大早，独自去了华京城。一进华京城，他就看见一棵大槐树下围了许多人。他挤进人群，只见一个没有双臂的黑瘦老头赤着双脚，坐在地上，左脚压纸，右脚夹笔，正在挥洒自如地写着对联，笔下的字迹似群马奔腾、龙飞凤舞，博得阵阵喝彩，写出的字比自己不知要好多少倍。他冷静下来想想，觉得自己那么一点成绩真算不得什么。

小公权"扑通"一声跪在那位无臂老人面前，诚恳地说："我愿意拜您为师，请您告诉我写字的秘诀……"老人慌忙用脚拉起小公权说："我是个孤苦的人，生来没手，只得靠脚巧混生活，怎么能为人师表呢？"小公权苦苦哀求，老人才在地上铺了一张纸，用右脚写了几个字：

"写尽八缸水，砚染涝池黑；博取百家长，始得龙凤飞。"

老人解释说："这就是我写字的秘诀。我用脚写字，已经练了50多个年头。我磨墨练字用完八大缸水，每天写完字就在半亩大的池塘里洗砚，池水都染黑了。可是天外有天，山外有山，我的字还差得远呢！"

柳公权把老人的话牢记在心，从此发奋练字。他搜集了许多古代书法家的字，反复琢磨，吸取各家的长处。他经常登门拜访当时的书法名家，向他们虚心求教。手上磨起了厚厚的茧子，衣肘补了一层又一层。经过苦练，柳公权终于成为我国著名书法家。

柳公权练字给我们的启示：

（1）有了成绩也不能骄傲。不论写字还是做什么事，一定要永远保持谦虚谨慎的态度，不能骄傲自满。因为"谦虚使人进步，骄傲使人落后。"

（2）学习、做事都要有自强不息的精神。"自强"是追求的目标，"不息"是措施。没有"不息"的精神，永远难以自强。

家庭篇

男孩·女孩·单亲

　　家有孩子，家长就要文明其言行、自强其精神、壮大其胆量、培育其能力，使之成为具有创新精神，能够促进民族繁荣、国家强盛的有用之才。同时家长要规范其言行、培养其信心、坚强其个性、优雅其气质，使之成为具有"自尊、自爱、自强、自立"的人见人爱的好孩子。

　　单亲家庭的孩子，需要家长双方宽广其胸怀、放远其眼光、包容其行为、奉献其爱心，为了孩子的未来，继续共同承担起培养孩子健康成长的责任。

给家长的建议之八十一

父爱对男孩的影响很关键

在家教中,男孩的成长很容易受父亲的影响,因此,父亲需要具备以下四种精神:一是勇于负责的精神;二是敢于承担的精神;三是不怕吃苦的精神;四是勇于创新的精神。这四种精神,不是一朝一夕就能培养出来的,而是需要在生活中,让孩子看到父亲的男子汉气概,然后对孩子产生积极的影响,从而使孩子具备这些精神。

另外,有研究表明,父亲与孩子交往的多少,陪孩子时间的长短,可以影响孩子在数学方面的能力。父亲参与家教的程度越高,孩子就越聪明,适应力更强;在父亲精心照顾下成长的孩子,性格更加宽容,更富有责任感。

男孩比女孩更理性、更有执行力,所以在男孩的教养中,如果有父亲的参与,就有利于男孩良好行为习惯的培养和独立能力的塑造。

通常父亲更关注户外活动,父亲的陪伴会帮助消耗男孩体内多余的能量,从而减少他们的"破坏活动"。

父亲不一样的陪伴方式,会让孩子对生活有另外一种视角,接触更多与妈妈在一起不同的事物,这对正在成长中的大脑是极为重要的。大量的信息刺激会促成大脑沟回的生成,大脑表面积越大则孩子越聪明。

> **经典案例**

穷鞋匠培养出大作家

丹麦童话作家安徒生出生在富恩岛上一个叫奥塞登的小城镇上,那里有不少贵族和地主,而安徒生的父亲只是个穷鞋匠,母亲是个洗衣妇。贵族地主们怕降低了自己的身份,从不让自己的孩子和安徒生一起玩。

安徒生的父亲对此非常气愤,但一点也没有在孩子面前表露,反而十分轻松地对安徒生说:"孩子,别人不跟你玩,爸爸陪你玩吧!"

父亲亲自把安徒生简陋的房间布置得像一个小博物馆,墙上挂了许多图画和做装饰用的瓷器,橱窗柜上摆了一些玩具,书架上放满了书籍和歌谱。就是在门玻璃上,也画了一幅风景画。父亲还常给安徒生讲《一千零一夜》等古代阿拉伯故事,有时则给他念一段丹麦喜剧作家荷尔堡的剧本或者英国莎士比亚的戏剧本。

为了丰富安徒生的精神世界,父亲还鼓励安徒生到街头去看埋头工作的手艺人、弯腰曲背的老乞丐、坐着马车横冲直撞的贵族等人的生活,这些经历为安徒生以后写出《卖火柴的小女孩》《丑小鸭》等童话故事打下了很好的基础。

安徒生父亲给我们的启示:

(1)在心理上关爱孩子。当安徒生的父亲看到孩子的生活环境对心理健康不利时,毅然决定自己跟孩子玩。聪明的父亲关注的是孩子的心理健康教育。

(2)在环境上创造条件让孩子学习。安徒生的父亲为了让孩子成才,居然在家里办起了小博物馆,以便孩子学习知识。

给家长的建议之八十二

父爱对女孩的影响很重要

对女孩来说，来自父亲的独特的爱是奠定她一生中对异性看法的基础。缺少父爱的女孩常出现许多心理障碍：

一是情绪不稳定，常伴有忧郁、恐惧、紧张、焦虑。缺乏对异性的安全感，以及与异性交往的信心。

二是自卑心理严重，不自信，胆小、怯懦。在异性面前会表现得过分柔弱，以获得对方的欢心。

三是极易与母亲闹僵，极易偏执任性。在与异性交往中，过分刚强，来支撑自己受伤的心。

四是有的对生活上的事一窍不通。

父爱如山不可或缺，因此，为了孩子健康成长，父亲无论工作多忙，也要多亲近孩子。比如：坚持每天与孩子共享一段时光；与孩子聊聊自己的工作，让孩子加深对父亲的了解和理解；聊聊孩子的学习、生活，说说自己的心里话；以"大朋友"的身份与孩子游戏、带孩子外出办事等。通过这种持续有效的亲子互动，孩子能从父亲身上接受潜移默化的影响，为身心发育补充必要的养分。

经典案例　女孩一定要有独立见解

玛格丽特·撒切尔出身平民家庭，却连续三次当选为英国首相。她立场坚定，做事果断，在相当长的时间里影响了整个英国乃至欧洲，被誉为政坛"铁娘子"。

撒切尔夫人之所以如此杰出，她的性格、气质、兴趣等都深受父亲的影响。

玛格丽特·撒切尔5岁生日那天，父亲语重心长地对她说："孩子，你要记住，凡事要有自己的主见，用自己的大脑来判断是非，千万不要盲目迎合他人。这是爸爸赠给你的人生箴言，也是爸爸送给你的最重要的生日礼物，它比那些漂亮的衣服和玩具对你有用多了。"

从此，父亲有意把玛格丽特·撒切尔培养成为一个坚强独立的孩子，下定决心要塑造她"严谨、准确、注重细节、对正确与错误的严格区分"的独立人格。

玛格丽特·撒切尔虽然一时之间未能完全理解父亲的良苦用心，但是，在父亲严格的教导下，她已经将独立自主的意识深植心中，并不断地付诸行动。

后来，随着年龄的增长，玛格丽特·撒切尔上学了，她这才惊讶地发现，同学们有着比自己更为自由和丰富的生活：她们可以到大街游玩；可以做游戏；可以在星期天到春意盎然的山坡野餐……

年幼的玛格丽特·撒切尔心里痒痒，一天，她终于鼓足勇气跟父亲说："爸爸，我也想出去玩。"

父亲脸色一沉，说："你必须要有自己的主见，不能因为你的朋友在做哪件事情，你就也想去做。你要自己决定你该怎么办，不要随波逐流。"

玛格丽特·撒切尔心里不高兴，没有说话。

父亲缓和了语气，继续劝导："孩子，不是爸爸限制你的自由，而是你应该有自己的想法。现在是你学习知识的大好时光，如果你想和一般人一样沉迷于玩乐，那样一定会一事无成。我相信你有自己的判断力，你自己做决定吧。"

听了父亲的话，玛格丽特·撒切尔再也不吱声了，父亲的一席话深深地印在了她的脑海里。她想：是呀，为什么我要学别人呢？我有很多自己的事要做，刚买回来的书我还没看完呢。

从父亲的教育里，玛格丽特·撒切尔逐渐明白：独立思考最能显示一个人的个性，而随波逐流只能使个性的光辉淹没在平庸之中。

玛格丽特·撒切尔父亲给我们的启示：

（1）培养孩子独立人格要早。他在玛格丽特·撒切尔5岁时就开始培养她独立思考的意识。

（2）对女孩也不能"心慈手软"。在玛格丽特·撒切尔期盼的目光里，父亲并没有答应让她随别的孩子去玩，而是一再强调：你该做什么，要有自己的判断。由此来强化孩子的独立判断能力。

给**家长**的建议之八十三

母亲对男孩的影响不可忽视

在男孩成长中，要使孩子性格健全，母亲的温柔、善良、文雅等修养，对孩子的影响是不可忽视的。

首先，母亲的温柔让孩子富有爱心。有些人从小没有一个善良的母亲，从此他们的人格受到严重的扭曲，行为残酷、心灵冷漠，缺少同情心，很难融入社会。

其次，母亲的善良让孩子变的懂事。母亲尊老爱幼，孩子自然就会上行下效；母亲节俭有度，孩子自然就会拒绝奢华；母亲彬彬有礼，孩子自然就会谦虚、不骄傲。

最后，母亲的文雅让孩子学会文明礼貌。文雅的母亲一般是有文化的母亲，有文化的母亲从孩子出生那天起，就在每一天的生活里，一点点地影响孩子，让他们杜绝粗俗；让他们远离简单；让他们体会深刻……

每一个母亲都在以她们各自的形象影响着自己的孩子，即使是最平凡的母亲，她们身上同样有那些美好的人格特征和精神品质，同样潜移默化地影响着自己的孩子。

经典案例：单亲母亲培养出来的杰出人才

确保孩子健康、幸福成长的最佳之路，当然是有一个父母相亲相爱的稳定的家庭环境。但是，复杂的生活往往使家庭不稳定，单亲家庭总是不断出现。单亲家庭最令人担心的是孩子的培养。是不是单亲家庭长大的孩子就一定有问题呢？答案是：不！因为在最具创造性的思想家和事业成功者中，一些人就生长在单亲家庭。

美国前总统克林顿，就是由母亲培养出来的一位成功者。克林顿是个遗腹子，在他来到人间前3个月，他的父亲去世。克林顿的母亲弗吉尼娅是上完夜校后成为一名护士的，她下决心要使儿子不但有个好职业，而且要上升得很快。她一心扑在儿子身上，让克林顿住大房间，在他3岁时就开始教他读写。

克林顿上小学时，弗吉尼娅每天接送他上学，为此克林顿被同学们讥笑为"胆小鬼"。上高中时，克林顿是同学中第一个拥有汽车的学生，是他母亲从小给他存钱买的。后来克林顿到牛津上学时，弗吉尼娅要求他每星期给她写一封信，并审查他结交的新朋友，叮嘱克林顿"永不停止学习，永远不要说'我做不到'。"

正是母亲弗吉尼娅始终如一的关爱和照料，温暖着也激励着克林顿走向成功。

克林顿母亲给我们的启示：

（1）从小给孩子充足的爱。克林顿母亲虽然早年丧夫，但是，她倾尽全力爱孩子，不让孩子感受到单亲家庭的困难。

（2）从小教育孩子读书学习。克林顿母亲十几年如一日，鼓励孩子读书学习，而且永远不要说"我做不到"，体现了一种不懈追求的精神。

给家长的建议之八十四

母亲对女孩的影响意义深远

女孩应具备的良好品质是端庄的面貌、贤惠的性格、善良的情怀、高雅的气质。这些良好素质的形成离不开母亲的影响。如果女孩缺少母爱,很容易形成邋遢的面貌、轻浮的气质、懦弱的性格、自私的情怀。

俗话说:"闺女娘,连心肠。"一方面是说女孩的心与母亲最近;另一方面是说在女孩的成长过程中,母亲的影响是最大的。

第一,女孩在小的时候由母亲打扮,如果每天梳头、洗脸、换衣服等,女孩就会养成干净、整洁、端庄的习惯。

第二,女孩整天与母亲生活在一起,对母亲的一言一行看在眼里,记在心上。如果母亲在家孝敬公婆,料理家务,处事得体,母亲的贤惠就会影响女孩的成长。

第三,女性天生都具有善良的品质。女孩在成长中,看到母亲善于忍耐,与世无争,宁叫"天下人负我,我不负天下人"的情怀,就会不自觉地养成善良的性格。

第四,文雅的气质应该是最高的境界。如果母亲是知识女性,那么,在母亲长期的教诲下,这种境界才能慢慢达到。因为真正高贵脱俗、优雅绝伦的气质,需要的是全方位的修养和岁月的沉淀。在面对岁月的无情流逝时,仍然能够拥有一份灵秀和聪慧,一份从容和淡泊。

经典案例 索菲亚·罗兰的人生路

索菲亚·罗兰之所以取得巨大成就,很大程度上归功于她坚持梦想的母亲。

索菲亚1934年生于罗马的一个小乡村,童年非常不幸,作为一个私生女,常常遭人歧视。母女两人相依为命，常常吃不饱、穿不暖。后来母亲在一家酒店里弹钢琴，挣些钱养活女儿。

索菲亚一直想当一名演员，但是家境贫寒，得不到系统的艺术培养。虽然这样，母亲还是对女儿满怀希望，经常鼓励女儿追求自己的梦想。14岁时，索菲亚发育成一个丰满动人的少女。

机会终于来了，那不勒斯举行选美比赛，母亲立刻为她虚报年龄参加了这次比赛。索菲亚愁眉苦脸地对母亲说："参加这样的比赛，必须要穿什么午后礼服、晚礼服，你看看咱们家，从哪里去弄那些昂贵的衣服呀？"母亲也正为这事发愁，但是她坚定地对女儿说："别着急，我们一定能想到办法。"

忽然母亲有了办法，她从针线袋里找出一些零碎布料，凭着想象，精心缝制出了一件褐色的哔叽服，她骄傲地展开给女儿看时，女儿惊叫道："妈妈，你太神奇了！这是多么好的一件午后礼服啊！"

接着，母亲猛地把家里的粉红色的窗帘扯了下来，索菲亚忍不住又叫起来："妈妈，你……"过了一会儿，女儿又在狂喜中发现一件晚礼服完成了。妈妈得意地看着女儿，说："美丽的公主，试试新装吧。相信你穿着这样的新装，一定能拿到冠军。"索菲亚非常高兴，穿上之后，非常合身，简直美极了。

索菲亚就穿着这样的服装走上了选美的舞台。从未经过专业训练的她，以惊人的气质和美貌，入选为12名"公主"之一，由此获得了"海洋公主"的美称。母亲坐在台下，激动得不能自已。

母亲更有了信心，她确信索菲亚"将来一定会成为一名巨星"。索菲亚对此却不以为然。但她拗不过母亲，还是跟着母亲来到罗马寻找更好的发展机遇。在参加米高梅影片公司投拍的影片《暴君焚城录》的试镜后，索菲亚幸运地得到一个小角色：她和一万名女孩一起饰演战争中的俘虏。1950年，索菲亚偶然参加了由一家露天夜总会举办的罗马小姐评选，获得第二名，引起了著名制片人卡洛·庞蒂的注意。在卡洛的帮助下，索菲亚参演了一些影片，虽然只是一些小配角，但风采却盖过了女主角。卡洛称赞她："索菲亚充满活力，具有在学校无法得到的韵律感。她不是明星，她是艺术家。"

17岁，索菲亚正式进入电影界。她在母亲的帮助下，四处寻找上戏的可能。1953年，她终于在歌剧影片《阿伊达》中饰演女主角，其表演十分到位，轰动了意大利影坛。

  1956年，索菲亚与庞蒂前往好莱坞发展。1957年，索菲亚在美国导演S·克雷默的影片《骄傲与热情》中饰演女主角，男主角是加利·格兰特。后来她又参加了《海豚上的男孩》《榆树下的爱情》的拍摄。索菲亚大多扮演异国情调的女性，狂野而真实，好莱坞敞开大门欢迎她。

索菲亚母亲给我们的启示：

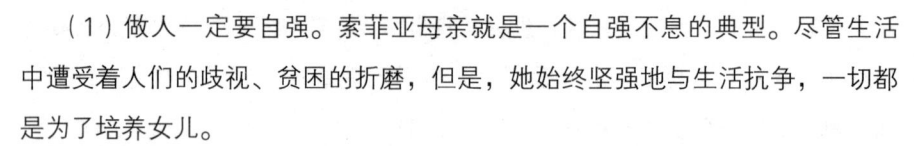

  （1）做人一定要自强。索菲亚母亲就是一个自强不息的典型。尽管生活中遭受着人们的歧视、贫困的折磨，但是，她始终坚强地与生活抗争，一切都是为了培养女儿。

  （2）做人一定要自信。索菲亚想当演员，母亲就坚决支持，而且始终相信女儿一定会获得成功。这种自信的精神，影响着女儿在不断地追求自己的梦想。

  （3）选准目标一定要坚持。索菲亚的奋斗目标，始终没有改变。这都得益于母亲的不懈支持。人生确实不能朝三暮四，朝令夕改，这样就永远不会成功。

给家长的建议之八十五

家有男孩怎么养？

  一、针对男孩的特性，家中应设计一个能跳、能蹦、能滚、能翻的场地，让男孩玩儿得尽兴、能量得到尽情释放，但又不会破坏器物，每天大约半小时即可。

即使有些器物遭到破坏，家长也要有长远眼光，为了孩子，为了他健康的心理和成功的未来，器物的价值应当是微不足道的，何况可以用废旧物品做玩具。要知道，孩子会迅速长大，他很快就会在快乐的打闹中走出这段"破坏期"。

二、定期组织几个男性小朋友去公园做战斗游戏，用水枪或者其他无害的物品当"武器"，让孩子过把瘾，当把"战斗英雄"

乐于战斗和取胜是男孩的必然属性，如果这一属性得不到培养，男孩的心理就不能健全成长。如果小时候这类欲望得不到满足，长大后就易变为反社会的暴力者。

三、男孩在进入青春期之前是不想跟女孩打交道的，只喜欢男性小朋友

父亲在男孩成长过程中举足轻重，是男孩的重要指导员和玩伴。男孩的天性中有一条非常突出：他必须有个男性长者为样板。父亲做好儿子的样板对于儿子的成长至关重要。儿子小时候，爸爸要经常跟儿子玩闹：给儿子当马骑；躲起来让儿子搜索与侦查；进攻与反进攻；让儿子用枕头等软物件作武装攻击，还要教给他不要"虐待俘虏"。儿子进入青春期后，爸爸妈妈则是儿子的朋友，最主要是做良好的倾听者。

四、若是单身母亲，或者是父亲经常不在的家庭，妈妈要作特定安排给儿子提供样板男性

如经常去见爷爷或姥爷，或定期拜访一位品性良好的男性朋友，一起说话、吃饭、玩耍，让孩子有样板可学。如果家长不给儿子安排样板，青春期男孩会自己去找，走向街头，加入黑帮参加犯罪活动。

五、男性受雄性荷尔蒙影响有"称雄"欲望，在家里往往喜欢做主，说一不二

父亲需要妻子理解、配合与周旋，既不正面对着干，也不丧失自己的尊严和言语权，智慧地做到既让丈夫满足"霸业"，自己又不受屈辱，个中艺术要求妻子多加琢磨。父母要用行动让儿子看到一个不争不吵而皆大欢喜的关系模式。

六、爸爸要尊重妈妈，让儿子学做一个彬彬有礼的男子汉

儿子只有看到女性受到了父辈的尊重，他长大后才会是一个好丈夫、好父

亲，他才会有积极向上的人际关系，他才会心态乐观豁达，他才会有德、有爱、受人喜爱。而人际关系的质量极大程度决定着事业的成败。西方的科学研究证明，事业失败者中，只有15%是由于技术不过关，而85%都是由于人际关系没有处理好。

社会的和谐源于家庭，儿子的成功由父母决定，名副其实的男子汉由父母造就。

经典案例 磨练孩子的男子汉气概

一位父亲很为他的孩子苦恼，因为他的儿子已经16岁了，却没有一点男子汉的气概。于是，父亲去拜访一位禅师，请他训练自己的孩子。

禅师说："你把孩子留在我这儿吧。3个月后，我一定可以把他训练成真正的男人。不过，这3个月里，你不能来看他。"父亲同意了。

3个月后，父亲来接孩子。禅师安排孩子和一位教练进行比赛，以展示这3个月的训练成果。

教练一出手，孩子便应声倒地。他站起身来继续迎接挑战，但马上又被打倒，他又站起来……就这样来来回回一共18次。

禅师问父亲："你觉得孩子的表现够不够男子汉气概？"

父亲说："我简直羞愧死了！想不到他来这里受训3个月，结果却是他这么不经打，被人一打就倒。"

禅师叹了口气，说："你只看见了表面的胜负，却没有看到你儿子那种倒下去立刻又站起来的勇气和毅力，这才是真正的男子汉气概啊！"

老禅师给我们的启示：

（1）打倒与打败是不同的。真正的男子汉气概可以被打倒，但不能被打败。即使被打倒，心里也不认输，积蓄力量重新再来，这种气概体现了真男儿本色。这样的人可以被打倒，但永远不能被打败。只要站起来比倒下去多一次就是成功。

（2）看问题要看实质。孩子的父亲只看到孩子一次次被打倒，看不到孩子倒下去再站起来的坚强意志。禅师却能看到孩子不服输的男子汉气概，很值得有些家长深思。

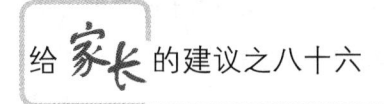

给家长的建议之八十六

如何做好单亲家庭孩子的教育

单亲家庭的孩子因缺少父爱或母爱而导致心理失衡。他们常常感到孤独、忧虑、失望，往往情绪低沉，心情浮躁，性格孤僻。这种心态如不及时矫正，久而久之，就会使孩子性格扭曲，心理变态，严重影响其情感、意志和品德的发展。

因此，单亲父母在教育子女时，需要注意以下五个方面的问题：

一、不要无原则地迁就、溺爱孩子

在丧偶或离异之后，为人父母者往往更加怜悯孩子，啥事都依孩子，一切都任由孩子摆布，宁愿自己受苦受累，也不让孩子受一点"委屈"。其结果常常导致孩子处处以自己为中心，变成自私、专横和任性的"小霸王"，缺乏同情心和责任感，不懂得尊重他人，往往瞧不起含辛茹苦养育他们的父母。

二、要培养孩子的独立意识

有许多单亲家长与孩子相依为命，把孩子当作生活的唯一希望，唯恐孩子不安全、出事故。对孩子的生活包办代替，使孩子从小就养成衣来伸手、饭来张口的习惯，还采取种种办法来限制孩子的活动，这也不行，那也不准，生怕孩子出问题。孩子事事不能独立，没有机会亲自去体验一些生活中必不可少的

"风险"，这样的孩子缺乏独立意识，一旦离开了家长，便不知如何面对生活中的困难和挫折。

三、简单粗暴不可取

与特殊照顾和过度保护相反，有的家长对孩子的教育方法简单、粗暴，动不动就又打又骂，使孩子整日生活在惊恐不安之中，个性发展受到严重的压抑，形成胆小、孤僻、倔强、缺乏自信心等不良品质。因害怕惩罚而回避家长，不愿回家，便到外面寻找"温暖"，容易被坏人拉下水而走上犯罪的道路。因此，家长教育孩子切忌简单粗暴，要注意正确引导。

四、孩子不是唯一的支柱

失去配偶之后，许多家长便把孩子作为自己唯一的精神支柱，往往把自己全部的希望、梦想都寄托在孩子身上，要求孩子处处出人头地，特别是在学业上。但如果期望值过高，势必导致孩子的心理负担过重。

五、注意性别角色教育

在孩子心理成长过程中，性别角色的学习是一个重要的环节。没有父亲的男孩或没有母亲的女孩，在性别角色的学习中缺乏最直接的模仿榜样。所以，单亲家长应注意调动亲戚、朋友中的性别资源，给孩子适宜的影响，让其性别角色得到充分的表现和发展，培养健康高尚的人格，以适应社会生活的需要。

经典案例 周杰伦鲜为人知的人生路

周杰伦是在单亲家庭长大的。年幼时，他的父母就离了婚。母亲是个中学老师，把所有的希望都寄托在他的身上。在他3岁时，母亲发现他有音乐天赋，就毫不犹豫地给他买了一架钢琴。每次练琴时，母亲就拿着一根棍子，站在他后面，一直盯着他练完琴。

母亲的"棍棒教育"使周杰伦弹得一手好琴，但也使得他从小就不爱讲话，性格孤僻，学习成绩也一直不好。

由于喜爱音乐，周杰伦在高中学习成绩不好，高考名落孙山。他只好应聘到一家餐馆当服务生。

餐厅的老板为提高餐厅的品位，在餐厅里配备了一架钢琴，想趁客人吃饭的时候奏乐助兴。可请来了好几位钢琴师，都因不合老板口味而被炒了鱿鱼。

一天下班后，手痒的周杰伦趁老板不在，用那架崭新的钢琴演奏了一首他自己刚刚创作的歌曲，让员工们大吃一惊：这个从来不爱讲话的大男孩，竟然还会弹钢琴！

老板知道后，当即叫来周杰伦，让他担任琴师在大厅里弹奏自己创作的乐曲。从此，周杰伦再也不用当服务员了，而是每天坐在钢琴前弹奏。

1997年9月，周杰伦参加当地一家电视台的一个娱乐节目——《超猛新人王》。当时，该节目主持人吴宗宪也是阿尔发音乐公司的老板，他安排周杰伦表演钢琴伴奏，并允许他带一位歌手演唱。

参加表演那天，周杰伦穿着一身休闲装，戴着一顶鸭舌帽，帽檐压得低低的，打扮成一副酷相。不想，演出一开始，他伴奏的音乐，让和他配对的歌手唱起来非常难听。顿时，场下嘘声四起……

周杰伦演砸了。这时，刚好站在评审旁边的吴宗宪顺手拿过歌谱看了看，不禁大吃一惊——这个看似漫不经心，甚至有点放荡不羁的年轻人写起歌来，不仅曲谱得十分复杂，还抄写得工工整整。出于好奇，节目做完后，他便邀请周杰伦到他的音乐公司写歌。

周杰伦一听说可以专职写歌，便欣然同意了。刚进音乐公司时，周杰伦的职务是音乐制作助理。这个工作可以说是什么杂事都得做，其中，帮同事买盒饭就是他每天的"保留节目"。他知道自己是新来的，要想在音乐公司混口饭吃，就要帮同事多"跑腿"，所以他总是很勤快。

由于周杰伦从小就打下了扎实的音乐根底，他很快就创作出大量的歌曲。但总让吴宗宪感到不可理解的是，他创作的歌词总是怪怪的，音乐圈内几乎没有人喜欢，所以呢，他总是失望地将周杰伦的手稿放到一边。

就在周杰伦的创作热情受到沉重打击的时候，他的老板吴宗宪给了他极大的鼓励。1999年12月的一天，吴宗宪将周杰伦叫到办公室，十分郑重地说："阿伦，给你10天的时间，如果你能写出50首歌，而我可以从中挑出10首，那么我就帮你出唱片。"

周杰伦一听老板要帮自己出唱片，激动地说不出话来，只是"嗯"了一声，便低着头走了出去。就这样，仅仅10天时间，周杰伦真的拿出了50首歌曲。吴宗宪从中挑选出了10首，经过大半年时间的精心制作，周杰伦的第一张专辑——《JAY》制作出来了。2001年初，令人意想不到的是，他的第一张专辑刚一上市，就被歌迷抢购一空。在当年的华语流行音乐大评选过程中，《JAY》一举夺得华语流行音乐金曲奖的最佳流行音乐演唱专辑、最佳制作人和最佳作曲人三项大奖。

2001年12月，周杰伦第二张专辑《范特西》横空出世，并再次风靡了整个华语歌坛。2002年初，在第八届全球华语音乐榜中榜评选过程中，周杰伦又一举获得2001年度"最受欢迎男歌手"奖。

从一名餐厅服务员成长为家喻户晓的当红小天王，周杰伦在接受美国《时代》杂志专访时说："明星梦并不是遥不可及的，其实，任何人都可以做，只要你肯努力。我之所以能有今天，就是我不服输的结果。"

周杰伦母亲给我们的启示：

（1）从小发现孩子的特长很重要。周杰伦的母亲就是在孩子很小的时候，发现了孩子的音乐天赋，于是，才不惜代价买钢琴。

（2）教育孩子适当的严格是必要的。是母亲拿着棍子逼周杰伦弹钢琴，才有了周杰伦高超的弹钢琴基础。

（3）放手让孩子走向社会。周杰伦没有上大学，他的母亲让他到社会上去闯荡，虽然受了许多苦，但是，却培养了他独立的性格，为他的人生之路增添了阅历。

给家长的建议之八十七

鼓励孩子大胆交朋友多参与社会活动

单亲家庭的孩子,心理压力大,自卑敏感,家长在为孩子创造一个愉快的家庭氛围的同时,要多为孩子创造人际交往的环境,多交朋友,孩子就有倾诉的对象,有人生的支撑系统。

首先,家长要鼓励孩子在学校多交几个要好的朋友,经常一起学习,一起度周末。孩子的群体生活一旦正常,许多问题就迎刃而解了。

其次,让孩子多接触社会。针对单亲家庭的孩子性格容易趋向内向和孤僻等特点,家长要为孩子创设一些人际交往的机会,比如参加社会公益活动、亲友聚会、同学聚会等,都是预防和矫治孩子心理疾病的良好方法。

最后,教育孩子自尊、自强、自爱、自立。单亲家庭的子女,往往会受到来自社会的歧视、偏见,因而在性格上容易变得内向、忧郁、自卑,甚至孤僻。家长要和孩子多交流、多沟通,重视孩子情感方面的需要,多给孩子提供精神上的支持,鼓励孩子积极参加集体活动,尽可能地参与社会活动,不要逃避社会,要主动与人交往,培养健康、开朗、乐观的性格。

经典案例 希拉里母亲教育女儿奋力还击

希拉里在回忆录里透露:在她很小的时候,母亲就不许她在外面示弱。

希拉里4岁时,在对街的邻居中,有一个霸道的小女孩名叫苏西,她仗着几个哥哥的势力,经常欺负希拉里和她的两个弟弟,有时希拉里会泪流满面地回家,甚至不愿意出门去玩。母亲注意到这个现象,惟恐女儿一遇到挫折就逃避,养成一种难以改变的"行为模式"。

有一天，小希拉里再次遭到苏西的殴打，哭着跑回来。母亲挡在门口不让她进门。"希拉里，现在到外面去。"母亲命令道，"如果苏西再像往常一样打你，我允许你回击，你得自己站起来，我们家没有懦弱分子的容身之地。"过了几分钟，希拉里带着胜利的笑容回家来，告诉母亲："我可以跟男孩子玩了，苏西也成了我的好朋友。"

后来，母亲告诉她，她一直躲在餐厅窗帘后，看着女儿昂首挺胸，迈步跨过街道，毫不畏惧地还击。她为女儿的坚强而高兴。母亲教育希拉里说："记住，再大的困难，只要你肯迎上去，那么困难就会退缩。"

此后，希拉里天赋的领导才能日益显露，她的身旁很快聚集了一大帮孩子。当年欺负希拉里的苏西，到现在仍是希拉里的好朋友。

希拉里母亲给我们的启示：

（1）教育孩子大胆面对挫折。希拉里的母亲担心女儿遇到挫折逃避，委曲求全。所以，她鼓励女儿大胆应对挑战，锻炼女儿的胆量。

（2）教育孩子不要欺负他人。从某一方面看，要教育孩子，不要欺负小朋友，要善于交友，团结向上。

给家长的建议之八十八

让家庭成为孩子温馨的避风港

家庭，是一个能让孩子感受爱，拥有安全感、归属感的地方，它是孩子成长最重要的场所。生活在单亲家庭的孩子，面临着家庭破裂、亲情残缺和教养失衡问题。因此，如何把单亲家庭建成孩子温馨的避风港，是一个值得重视的大问题。

研究表明，儿童从 2 岁起便能真切感受到家庭的气氛，不同的家庭气氛会使孩子在思想、态度和一般行为中做出不同的反应。如果孩子在家里感到愉快和安全，他们的心理和性格就能得到良好发展；如果家里整天吵吵闹闹，孩子常常处于提心吊胆、担惊受怕的环境中，就易产生不良情绪和行为问题。因此单亲家庭要特别注意为孩子创造一种愉快的家庭氛围，以利于孩子良好性格的形成和心理的健康发展。

家庭，是永远接纳孩子的地方！孩子是无辜的，家长没有理由让他们感到不幸。这就要求单亲家庭的家长要学会克制自己的不良情绪，使孩子不论在灿烂的阳光下，还是在疾风暴雨里都能健康成长。

经典案例　寄人篱下的孩子

晓红出生在一个私营工商户家庭，父母经营服装挣了不少钱，可以说是个富裕快乐的家庭。

人有了钱就会膨胀。在生活中，晓红的父母没有把持住自己，夫妻双双染上了吸毒的恶习，没过多长时间，他们辛辛苦苦挣的钱，就都变成了过眼烟云。没钱的日子不好过，夫妻俩从此"战争"不断。之后，在一次打击走私贩毒活动中，这对夫妻被逮捕判刑了。

此时的晓红才 10 岁，正在读四年级。家庭的突然变化使这个幼小的少年无所适从。从此，她就寄养在舅舅家里生活。寄人篱下使她变得不喜欢说话，有事也闷在心里。爱在外面惹事，如打伤别人，弄坏别人的东西，借别人的钱等。她不愿呆在家里，一有空便出去，同一些染黄头发的孩子混，甚至夜不归宿。

在学校里，她非常孤独，受欺侮，被人看不起。有时她就打骂同学发泄怒气。学习成绩一落千丈，跟不上班。老师知道她的情况，多次教育效果不明显。

杨晓红父母给我们的启示：

（1）为了孩子呵护好自己的家庭。晓红本来有一个幸福的家庭，只是因为父母的生活放纵，不但毁了家庭，更主要的是毁了孩子。

（2）为了孩子规范自己的行为。为人父母后，就要规范自己的行为，因为父母是孩子的第一任老师，也是不会退休的老师，要为孩子树立榜样。

给家长的建议之八十九

不要使单亲家庭孩子的性格畸形发展

孩子的性格异常，往往与恶劣的生活环境有关，而离异家庭往往是其子女性格畸形发展的温床。其原因如下：

首先，期望值过高。单亲家庭的家长与孩子相依为命，对孩子的期望值比双亲家庭还高，有的把全部心思扑在孩子身上，自己节衣缩食，忍辱负重，寄希望于孩子的未来，造成孩子心理压力过大。

其次，方法简单粗暴。单亲家长看到孩子表现不尽如人意，学习不争气时，家长的气恼、忧怨就一齐涌上心头，有些家长往往暴跳如雷，对孩子进行体罚或谩骂。这种简单粗暴的教育方式，降低了孩子的自信心和果断性，增加了他们的羞辱感和无助感，从而影响孩子认知的发展，且对孩子以后的健康成长增添了不稳定的因素。

最后，注重榜样作用。单亲家庭的父母，要十分注意自身对孩子行为方式、心理状态以及性格特征可能产生的巨大影响，要时刻注意自己的言行举止，不要在孩子面前表现出不良的习性，如说谎、失言及不负责任等。不要根据自己的喜怒哀乐来对待孩子，否则，父母坏习惯的不良影响，往往会使一个好端端的孩子渐入歧途。

总之，对单亲家庭的子女，由于教育的不科学、不及时、不到位，造成他们自暴自弃，玩世不恭，逆反心理严重；或受社会不良影响，走上了违法犯罪的道路，给社会带来严重危害，成为一个严重社会问题。因此，搞好单亲家庭孩子的教育，使其在温暖和谐的环境当中健康成长，是一项艰巨而重大的任务。

经典案例 性格扭曲的小强

小强9岁了，已经是小学三年级学生了。他出生于一个农民家庭，条件一般，父母都在养奶牛。父亲老实忠厚，不善言语，母亲精明能干，性格开朗。母亲嫌弃他的父亲太老实，成不了大器，所以就与丈夫离婚了。

离异后小强随母亲生活，由于母亲要喂奶牛，又带着孩子，家离学校较远，中午孩子不能回家，只能到父亲家去吃午饭，所以母亲与孩子的沟通较少。慢慢地小强染上了一些坏习气。

首先，小强刚上一年级时，特别爱哭，遇事无主见、不合群，自信心差，特别爱出手打架。

其次，小强上课特别爱玩玩具，做作业速度太慢，上课从不回答问题。从不参加班上的一切活动，连一年一度的扫墓、秋游都不愿参加。

最后，小强表现出明显的"性格两面性"，即在不同的环境条件下，具有截然不同的两种表现行为。这是儿童心理被扭曲的一种表现，他在学校里喜欢打人骂人，可是他的父母却一点也不相信，认为是老师搞错了，因为孩子在家里非常胆小怕事，根本不可能出手打人。

小强性格的变化给我们的启示：

（1）家庭残缺的孩子容易性格孤僻。父母离异后，双方一定要继续给孩子足够的爱。否则，孩子就会觉得低人一等，不愿意与人交流，慢慢地变得不爱与人说话，性格孤僻。

（2）单亲家庭的孩子容易性格暴躁。小孩子之间闹矛盾，容易取笑对方的缺陷。一旦有人拿他的家庭说事，他就会暴躁、恼怒，接着就会动手打架。所以，离异的父母一定要多与孩子交流，让孩子对离异有一个正确的认识，不至于一听到别人取笑，就暴跳如雷。

给家长的建议之九十

单亲家庭家长要关注孩子的心理健康

单亲家庭缺少良好的教育环境，容易给孩子造成许多负面影响，对孩子的心理健康成长也非常不利。

一、单亲家长要注意负面影响

（1）由于在日常生活中，孩子长期处在父母的争吵和对峙之中，家庭缺少应有的温馨和关爱，没有安全感和幸福感，孩子受其影响，就会出现消极情绪和不良反应，表现为情感脆弱，容易激动，敏感多疑，对任何人都不信任等。

（2）父母离异后，在孩子的心灵深处，有一种被抛弃的感觉，于是，就会厌恶或憎恨父母，看到别的孩子在父母面前撒娇时，就更加感到心灵的痛楚，再加上同伴的耻笑，他们就会变得孤僻、沉默寡言。

（3）由于父母的离异，孩子被迫与父母中的一人生活。如果孩子与母亲生活在一起，生活里缺少了男性阳刚之气的影响。相反，如果孩子与父亲生活在一起，生活里又缺少了女性阴柔之美的影响。这种家庭影响的缺失，会对孩子成年以后的行为及社会适应能力产生不良的影响。

（4）由于丧偶或者离异，使亲戚、朋友对这些孩子过分关注、同情和溺爱，容易促使孩子形成对他人的冷漠、自私等缺点，再加上缺少有效的管教，使他们变得自由、散漫、无拘无束，很容易形成不良的行为习惯，有的甚至走上犯罪的道路。

（5）由于丧偶或者离异，父亲或母亲常常把感情全部倾注到孩子身上，对孩子关怀备至。孩子衣来伸手，饭来张口，不必为自己的生活安排和学业计划操心，一切自有大人安排。这种做法容易使孩子产生依赖心理，慢慢地孩子会变得脆弱、缺乏主见和独立意识，一旦离开了家长，便茫然不知所措。

（6）单亲家庭的家长往往把孩子作为唯一的精神寄托。孩子在家长的期望下，心理负担沉重。有的孩子受不了这种压力，便索性走向了反面，干脆"破罐子破摔"。这种有意无意的行为就是为了让父母降低期望，使自己能够喘口气。另一些孩子也许能坚持发奋，不让父母失望，但是长期超负荷地运作，其潜在的心理损伤亦不容忽视。一旦超出了承受极限，便有可能走向崩溃，结果反而更糟。

二、单亲家庭的父母要注意弥补孩子缺少父爱或母爱所带来的消极影响

（1）对缺少父爱的孩子，母亲要加强对他们独立、自主、勇敢、果断等方面人格的教育，让他们多看看有关表现男性优秀品质的影视剧与书籍，并有意识地带他们多接触一些成熟的、自信的、有责任心的成年男子，以免因缺少父爱形成"偏阴人格"。

（2）对缺少母爱的孩子，父亲要加强对他们细心、温柔方面的人格教育，让他们多看看有关表现女性优秀品质的影视剧与书籍，并带他们多接触一些善良的、勤快的、优雅的、有爱心的成年女子，以免缺少母爱形成"偏阳人格"。

（3）在单亲家庭的家教中，父亲或者母亲不可忽视对孩子的角色教育。因为在青少年心理成长的过程中，性别角色的学习是一个重要环节。所以，单亲家庭中，家长应注意调动亲戚、朋友中的性别资源，给孩子以应有的适宜的影响，以保证男孩的阳刚之气和女孩的阴柔之美，以免造成两性角色上的心理与行为的偏差。另外，单亲家庭的家长，要多给孩子"当家作主"的机会，让他们多为家长分忧解难，这有利于他们尽快成熟起来。

三、单亲家庭的家长教育方法正确，孩子反而容易成才

（1）单亲家庭的经济比较困难，父亲或母亲一般不会随意给孩子钱，让他随便买东西。俗话说："穷人的孩子早当家。"贫穷的家庭造就孩子具有较强的

独立能力，而独立能力正是成才所需要的重要的能力。

（2）不管是丧偶还是离异，总是一种挫折，是一种失败。单亲家庭的孩子较早地品尝到了"失败"的滋味。俗话说"失败乃成功之母。"因此，这样的家庭造就了孩子不怕挫折、不怕失败的性格，所以容易成才。

总之，丧偶和离异的家庭，父亲或者母亲为了孩子的心理健康，为了孩子有一个健全的人格，都应该学习相关的家教知识，运用正确的家教方法去教育孩子，减少负面影响，挖掘正面影响，让孩子健康成长。

经典案例　一个母亲的告白

当我十月怀胎即将临产的时候，丈夫在一次车祸中离开了我们，我的孩子注定为单亲子女。养育孩子的重任自然就落在了我的肩上。

有专家说："从孩子出生的第二天起，你开始教育她，就已经晚了一天"。所以，孩子一出生，我就开始了对她的早期教育。首先，我一有时间就陪她说话，虽然她听不懂，但是，现在我发现，她的小嘴特别会说话，特别会和别人沟通，我想这与我的长期不断的付出是有关的。她刚1岁时，我就用纸片做成小卡片写上字，把它贴到实物上，让她识字。例如：在电视机上，贴"电视机"三个字，无意间她竟然认识了不少字。我还给她买了数字卡，识字卡，谜语卡，动画书等少儿读物，有时间我就陪她看，她逐渐的对书刊、卡片就产生了兴趣。到3岁时，她已经把幼儿园里要学的一些知识都学过了，而且我发现，她注意力特别集中。我想，这与她小时候常听我给她讲故事有关吧。

孩子上了幼儿园后，老师就感觉到教她特别省心，因为她们所学的大部分东西我都教过她了。虽然孩子上了幼儿园，我还是不放松对她的教育。她喜欢画画，我就让她学画画，给她买了好多的画画书，晚上还和她一起画，比比谁画的好，这样做不是为了让她将来能成为一名画家，仅仅是为了培养她的一个兴趣爱好；她喜欢音乐，我就让她学习古筝，并且1年之后就过了三级，回家后我常常让她当老师教我，这样她既复习了功课，还增强她的自信心；我发现她晚上记忆力强，睡觉前，我就和她做词语接龙的游戏，这样既加强了她的竞争意识，也让她学会了不少词语。现在家中只有一个孩子，为了让她学会与人相处，我就有意识让她去和小同学交朋友。周末，我会带她去小同学家玩耍，这样她就知道怎么为人处事。幼儿园的3年很轻松就过去了，但是她却从课外学到了很多幼儿园里学不到的知识与能力。

从她上小学的那一天起，我就加强了对她的管理。为了不影响她的学习，我再也不看电视了，她看电视也要经过我的同意，我常常引导她看一些有意义的电视，我陪她看大型动画片《西游记》，让她了解一些中国名著。为了让她写好作文《春天来了》，我带她到郊外，让她真真实实地感受春天的气息。因为现在小学数学比较简单，语文比较难，所以我一有时间就陪她学习语文，《小学生作文》让她的作文水平大有进步，长久下来，收获还不小。

除了搞好课外的学习，我还很配合老师的讲课，每天都养成了习惯，她回家后，稍事休息就自己写完作业，再出去玩。每天吃完了饭，看一会儿动画片，然后就在我的陪伴下看一些书，余下时间就练琴。

现在孩子还小，犹如一朵花儿含苞欲放，等着你的浇灌。刚刚起步的孩子，还有好长的路要家长一起陪着她走，我想我会当好这个陪读，一直陪她从小学读到大学。也许我会付出许多，会放弃我的业余时间及爱好，但我无怨无悔，因为她的成功就是我的骄傲。

感谢老师对孩子的教育及培养，我会在家里做好孩子的"业余老师"，多与老师沟通与配合，争取把孩子教育成国家有用的人才。

这位单亲母亲教女给我们的启示：

（1）家长教育孩子越早越好。这位母亲从婴儿时期开始教育孩子，值得我们借鉴。

（2）学习家教知识。这位母亲为了孩子，不仅牺牲了自己的业余爱好，全身心地投入到家教之中，而且难能可贵的是，她一定看过有关家教方面的书籍，因为她教育孩子的所有做法，都比较科学。这一点告诉我们，家长不仅要真爱孩子，而且要会爱孩子。

（3）多与老师沟通。家长教育孩子，最忌讳与老师的方法不一致，那样会使孩子无所适从，因此，经常与老师沟通，统一思想、统一方法，对孩子的成长很有好处。

教育篇

祖辈·父辈·留守

祖辈在教育孙辈时，一定要把握爱的尺度，不要溺爱，要科学地爱。要掌握现代的、先进的、科学的方法，让孩子健康成长。

父辈在教育孩子时，最忌忽冷忽热，或者方法不一致。要搞好与上一代的沟通，保持教育的一致性。并且尽可能多与孩子相处，确保孩子身心健康成长。

"留守儿童"已成为新世纪的特殊现象，父辈教育的缺失，祖辈教育的观念滞后，使不少"留守儿童"成为"问题儿童"，因此，关爱"留守儿童"，应成为各方关心的大事。

给家长的建议之九十一

祖辈、父辈发生分歧怎么办

现在的家庭结构，一般都是小两口有一个孩子，由于工作忙，就让祖辈带孩子。于是，在教育孩子上，经常有不一致的地方。如果发生分歧，小两口应该怎么办？正确的做法有以下几点：

一、先从自身找原因

隔代亲是不争的事实，因此要理解并接受。同时，发现孩子某种不足时，要反省自己是否投入了足够的时间和精力去帮孩子改正，如果管教只是偶尔的冲动，那么首先改变的应该是父母自己的态度。

二、经常和长辈沟通

要相信祖辈溺爱孩子也是有尺度的，他们不会让孩子学坏。因此，经常沟通，探讨家教方法，力争在教育孩子方面，全家保持一致。这样的教育环境才是最有利于孩子的。

三、不要急于求成

教育孩子改正不良习惯，重在坚持，最好能够保持一贯的态度。如果自己心情不好了，就管教严点。自己心情好了，就放松点，这种教育模式是最要不得的。

四、身教重于言传

父母如果想让孩子孝顺自己，首先要看看自己是否孝顺父母。又如沟通，如果自己不懂得如何尊重祖辈，不知道如何有效地与父母沟通，那么就不要奢望孩子将来会跟父母好好沟通。

总之，教育孩子是一门艺术，时常反省自己的观点与做法是很有必要的。错了不可怕，可怕的是认为自己根本没有错。面对祖孙两辈，自己也只不过是普通的父母。

经典案例　榜样的力量

古代帝王认为：人才的造就从来就不是上天赋予的，而是后天教育的结果。在《礼记·文王世子》里面，提到了《世子法》，周文王对世子的每一项美德培养，都有礼法规范可循。其中最受推崇的就是父母以身作则。

在孝敬父亲方面，文王一天三次问候。早晨，鸡叫头遍，文王就穿戴整齐，来到父亲王季的卧室前，询问内侍父亲夜里睡的是不是安稳。到了中午，他又到父亲那里询问起居情况。如果内侍说父亲起居有所不妥，文王就会面露忧郁之色，甚至连走路都不稳。直到父亲身体恢复正常，文王才恢复常态。父亲每天的膳食，文王都要亲自过问，到了晚上，文王第三次到父亲卧室看望。

文王孝敬父亲的做法，直接影响了他的儿子武王。武王长大以后，对父亲文王也非常孝敬。每当文王生病的时候，武王就守候在父亲的身边，衣不解带，听到父亲的召唤随时去做。有时候，文王身体不舒服，一天只吃一顿饭。武王也只吃一顿饭。直到文王完全好了，武王的起居才恢复常态。

文王孝道给我们的启示：

（1）孝敬父母要持之以恒。孝敬父母要出于真心，并且要持之以恒，这是人伦道德的基本要求。不可做样子，摆花架子。

（2）父母的行为必然影响到孩子。父母是孩子的第一任老师，孩子对父母的行为，看在眼里，记在心上，模仿是他们天生的能力。因此，上行下效，理所当然。

给家长的建议之九十二

祖辈、父辈混合教养应注意什么

祖辈、父辈混合教养在农村较多，一般是三代或四代同堂居住，由于父母平时工作繁忙，精力有限，每天都是匆匆忙忙，很少过问孩子的事，有的只是共进晚餐，连住都与祖辈住在一起，孩子教养是祖辈为主、父母协助的教管方式。

这一类型往往会产生矛盾。因为祖辈的观念比较滞后，与社会的联系开始减少，所以知识面较窄，或者知识陈旧，对于孩子的教管内容往往是安全、健康方面多于行规养成、心理辅导方面。父辈虽然观念新，教法好，但是却没有充足的时间教育孩子。当有时间管教时，往往会与祖辈的教育观念、方法发生矛盾，结果，造成孩子无所适从。因此，为了孩子健康成长，祖辈和父辈要做好以下几点。

一、父辈要经常主动与祖辈沟通

在饮食方面、养成良好习惯方面等，该如何要求孩子？达到统一观念、统一方法，减少矛盾。

二、祖辈要积极参加社会上举办的家教培训班

祖辈要积极接受新鲜事物，学习新的教育方法。

三、父辈不论多么忙，都必须经常抽点时间和孩子在一起

因为在孩子的成长过程中，缺少父爱，日后会产生自卑感和不安全感，缺少母爱，日后会缺乏幸福感和亲切感。

经典案例 中国婆婆目睹洋媳妇教育孩子

这是一个中国婆婆写的洋媳妇教育孩子的故事，现摘录其一，供家长借鉴。

儿子去美国留学，毕业后定居美国，还给我找了个洋媳妇苏珊。如今，小孙子托比已经3岁了。今年夏天，儿子为我申请了探亲签证。在美国待了3个月，洋媳妇苏珊教育孩子的方法，令我这个中国婆婆大开眼界。

苏珊的父母住在加利福尼亚州，听说我来了，两人开车来探望我们。家里来了客人，托比很兴奋，跑上跑下。他把玩沙子用的小桶装满了水，提着小桶在屋里四处转悠。苏珊警告了他好几次，不要把水洒到地板上，托比置若罔闻。最后，托比还是把水桶弄倒了，水洒了一地。兴奋的小托比不觉得自己做错了事，还得意地光着脚丫踩水玩，把裤子全弄湿了。我连忙找出拖把准备拖地。苏珊从我手中抢过拖把交给托比，对他说："把地拖干，把湿衣服脱下来，自己洗干净。"托比不愿意，又哭又闹。苏珊二话不说，直接把他拉到贮藏室，关了禁闭。听到托比在里面哭得惊天动地，我心疼坏了，想进去把他抱出来。托比的外婆却拦住我，说："这是苏珊的事。"

过了一会儿，托比不哭了，他在贮藏室里大声喊："妈妈，我错了。"苏珊站在门外，问："那你知道该怎么做了吗？""我知道。"苏珊打开门，托比从贮藏室走出来，脸上还挂着两行泪珠。他拿起有他两个高的拖把吃力地把地上的水拖干净。然后，他脱下裤子，拎在手上，光着屁股走进洗手间，稀里哗啦地洗起衣服来。

托比的外公、外婆看着表情惊异的我，意味深长地笑了。这件事让我感触颇深。在很多中国家庭，父母管教孩子时，常常会引起"世界大战"，往往是外婆外公护，爷爷奶奶拦，夫妻吵架，鸡飞狗跳。

后来，我和托比的外公、外婆聊天时，提到这件事，托比的外公说了一段话，让我印象深刻。他说，孩子是父母的孩子，首先要尊重父母对孩子的教育方式。孩子虽然小，却是天生的外交家，当他看到家庭成员之间出现分歧时，他会很聪明地钻空子。这不仅对改善他的行为毫无益处，反而会导致问题越来越严重，甚至带来更多别的问题。而且，家庭成员之间发生冲突，不和谐的家庭氛围会带给孩子更多的不安全感，对孩子的心理发展产生不利影响。所以，无论是父辈与祖辈在教育孩子的问题上发生分歧，还是夫妻两人的教育观念有差异，都不能在孩子面前发生冲突。

洋媳妇父母给我们的启示：

（1）支持父辈教育孩子改正错误。当孩子违背父母的警告，做错事以后受到批评、惩治时，作为祖辈不要庇护孩子，要让他受到应有的教训。

（2）父母教育孩子祖辈不干涉。祖辈、父辈在一起生活，当父辈教育孩子时，祖辈最容易护着孩子，其实这对孩子的成长是不利的。洋媳妇父母看着女儿教育外孙不干涉，做法很值得我们深思。

（3）祖辈、父辈意见不一致时，要背着孩子讨论，然后统一意见。不要在孩子面前发生冲突。

给家长的建议之九十三

完全隔代教养祖辈要注意什么

完全隔代教养，就是孩子父母外出打工、出国留学，或父母离异后，孩子交给了祖父母或外祖父母教养。这一类型的孩子整天与祖辈在一起，受祖辈各方面的影响较大，这种现象在城市、农村都普遍存在。

这一类型的祖辈，对孙辈呵护过多，达度溺爱，在教管中容易迁就，显得格外疼爱、格外"宝贝"。有的祖辈把孙子的意见当作"圣旨"，处处满足。由于祖辈时间充足，就经常为孩子烧"专菜"、让"专座"、做"专用"，使孩子形成以己为中心、任性、霸道、不尊重别人等不良性格，对孩子一生的发展产生负面影响。

为了使隔代教养有利于孩子成长，祖辈要不断提高自身素养，主要做到以下五点。

（1）身体健康、心态年轻，乐于养育孙辈。

（2）不固执己见，没有心理障碍，对孩子有耐心。

（3）有一定文化，善于吸收新知识，接受新观念，学习新方法，科学养育。

（4）懂得儿童心理，宽严相济，方法得当，不溺爱，不纵容，善于引导。

（5）喜欢户外活动，经常引导孩子认识外面的世界。

经典案例　孩子被开除以后

2010年6月，将放暑假前，十八岁的张蒙到高中不到一学期，就被学校劝退了，实际上是开除。只是校长觉得开除对孩子今后影响不好，所以才采取劝退的办法。

张蒙的爷爷七十岁，曾经当过校长，他对学校的做法非常不满意，于是，找到学校要讨个说法。令他想不到的是学校让他看了一段录像。录像显示的是：凌晨1点多，学生住宿楼三楼的一个房间的门开了，三个身影出现了，他们用衣服蒙着头，猫着腰，慢慢推开一间宿舍的门，进去一会儿出来回到了自己的宿舍。如此往返，他们先后进出了12间宿舍。第二天，这些宿舍或多或少地丢了东西。

破案的过程并不复杂，通过询问，三个学生对偷窃的事实供认不讳，其中就有张蒙。接待张蒙爷爷的副校长告诉他：张蒙不是初犯，他偷盗4次，结伙打架2次。前几次学校对他进行了教育，也曾经让家长来过。但是，看起来效果不好。其他学生意见很大，人家在这里上学没有安全感呀！

张蒙爷爷无话可说，回到家黯然泪下，他想不到孩子怎么成了这样呢？

张蒙的父母在外地忙于工作，张蒙从小就跟爷爷、奶奶在一起生活。爷爷有退休工资，生活条件优越，自然对孩子有求必应，过度溺爱，张蒙从小养成了非常娇气的习惯。老爷子对培养这个孙子非常重视，因为张蒙是这一代代唯一的男孩。等到张蒙要上初中了，他不惜一年缴6000元学费，把孩子送到了外地一所"公办民助"学校。据说这个学校教育质量高，没想到张蒙在这里学坏了。

在这所"公办民助"学校，张蒙属于外地学生，受到当地学生的欺负。有几个调皮学生，经常截住张蒙要钱，不给就打。在这种情况下，张蒙想到了一个不受欺负的办法，他找到在学生中最霸气的孩子，给钱寻求保护。这个办法很有效，那几个调皮的家伙不敢再欺负他了，但是，他的学习成绩也从此一落千丈。当张蒙的爷爷发现孩子学习成绩如此差时，及时给张蒙转学了。可是，孩子对生活的认识已经形成，他在新学校依然找调皮的学生寻求保护。

张蒙的中考成绩自然不好，上高中时交了择校费。在高中，张蒙"故伎重演"，很快就和那些学习差，胆子大，敢闹事的学生混的很熟，成为一伙。

爷爷问："张蒙，咱条件不错，你为什么偷人家东西呢？"

张蒙："我没偷，只是跟人家做伴。"

爷爷："你那不是与偷一样吗？"

张蒙："爷爷，你不懂，做人要讲义气。"

……

爷爷百思不得其解，这孩子怎么成了这样呢？

张蒙的经历给我们的启示：

一、不要急于把孩子送到外地求学。由于家长的溺爱，孩子不会保护自己。如果过早地将孩子送到外地求学，失去了家长的庇护，孩子一旦受到委屈，就容易自己寻求保护，结果是很可能走向歧途。

二、祖辈不知不觉的溺爱。张蒙的爷爷始终不承认溺爱孙子，对于孙子现在的表现，始终不理解。这是祖辈容易犯的通病，就是已经溺爱了，但是不承认，认为那些爱都是应该的、正常的。

给家长的建议之九十四

宠爱孩子要有尺度

宠爱孩子本是人之常情，但是，过度的宠爱，就会损害孩子的身心健康。

因此，作为祖辈不要过度宠爱孩子，要做到"九不要"。

一、不要给特殊待遇

不要让他吃"独食"，好的食品大家要一起享用；不做"独生"，孩子过生日买大蛋糕，送礼物，爷爷、奶奶过生日也要同样做，不要只是吃顿好饭。单独给孩子过生日，容易使孩子自感特殊，习惯于高人一等，变得自私，没有同情心，不会关心他人。

二、不要过分注意

一家人时刻关照他，陪伴他。有时候大人坐一圈把他围在中心，一再欢迎孩子表演节目，掌声不断。这样的孩子容易把自己当中心，确实变成"小太阳"了。其结果容易导致孩子一天到晚不得安宁，注意力极其分散，"人来疯"也特别严重，甚至客人来了闹得没法谈话。

三、不要全部满足

孩子要什么就给什么，有的祖辈随意给孩子很多零花钱。这种做法容易使孩子养成不懂节约、浪费金钱和不体贴他人的坏性格，并且毫无忍耐和吃苦精神。

四、不要懒散

孩子饮食、起居、玩耍、学习等没有规律，要怎样就怎样，睡懒觉，不吃饭，白天游游荡荡，晚上看电视到深夜等。一切都惯着孩子，这样的孩子容易缺乏上进心、好奇心，做人得过且过，做事心猿意马，有始无终。

五、不要包办代替

孩子三四岁时，就要学习自己吃饭，穿衣，五六岁时就要学做简单的家务。长辈不要包办代替。如果长期包办下去，孩子很难成为一个勤劳、善良、富有同情心、能干、上进的孩子。

六、不要大惊小怪

孩子本来不怕摔跤，不怕病痛，摔跤以后往往自己爬起来继续玩。后来为什么有的孩子胆小爱哭了呢？往往是长辈一看到就百般呵护造成的。孩子有了病痛，长辈表现得惊慌失措，娇惯的最终结果是孩子不让父母离开一步。长期下去这些孩子容易变得懦弱。

七、不要剥夺孩子的独立权

为了绝对安全,有的长辈不让孩子走出家门,也不许他与别的小朋友玩。有的孩子不能离开长辈一步,搂抱着睡,偎依着坐,驮在背上走。这样的孩子容易变得胆小无能,丧失自信,养成依赖心理,在家里横行霸道,到外面胆小如鼠,造成严重性格缺陷。

八、不要害怕哭闹

孩子在不顺心时,就以哭闹、不吃饭来要挟父母。溺爱的长辈就会哄骗,投降,依从,迁就。这样的孩子容易变得自私、无情、任性和缺乏自制力。

九、不要当面袒护

有时孩子错了,父母管教孩子,长辈护着说:"你们小的时候,还没有他好呢!"这样的孩子当然是"教不了"啦!并且容易变得没有是非观念,不仅性格扭曲,有时还会造成家庭不和睦。

经典案例　留学生的尖刀刺向含辛茹苦的母亲

2011年4月1日晚,留学生汪某搭乘从日本成田起飞的航班,抵达上海浦东国际机场,在航站楼与接机的母亲相见,不久就与母亲发生了争执,焦点是学费问题。

争执中,汪某从托运的行李中取出一把水果刀,对着母亲顾某连刺了数刀,导致其母当场昏迷。机场民警赶来将汪某抓获,母亲顾某则被送往附近医院救治。

据悉这名留学生汪某在日本留学5年,从未打过工,学费和生活费全靠母亲每月7000人民币的汇款支付。

汪某刺母事件给我们的启示:

(1)父母要注重孩子精神生活的培养。不少父母过分注重孩子的物质享受,而忽略精神生活的培养,使孩子不懂得人情世故,不知道生活曲折,结果使"花朵"变成了"狼毒花"。这是家庭教育的"致命空白",也是当前我们应当深思的社会问题。

(2)溺爱只会带来恶果。一边是母亲的含辛茹苦,另一边则是儿子的心安理得。一个月7000元儿子还不满足,儿子5年内从未打过工,而且自认为"家境不错"。母亲的舐犊情深,也给儿子身心健康埋下了安全隐患,当儿子认为母亲的付出是理所当然的时候,母亲稍有怠慢,儿子就会不满。"机场刺母"悲剧事件的发生,似乎蕴含着某种必然。

给家长的建议之九十五

家长要舍得让孩子吃苦

19世纪俄国著名作家屠格涅夫说:"你想成为幸福的人吗?那么首先要学会吃苦。能吃苦的人,一切的不幸都可以忍受,天下没有跳不出的困境。"

现在,许多孩子不能吃苦、害怕吃苦。原因有两个:一是不少父母"望子成龙",在培养孩子时,想尽办法让孩子参加各种学习班,扩充孩子的知识面。而在道德、精神等层面的培养方面,却严重地缺失。二是有的父母没有时间带孩子,把孩子交给了祖辈,孩子在祖辈的呵护下成长,从小便养成"衣来伸手、饭来张口"的不良习惯。这样的家长,压根就不想听屠格涅夫的话,在他们看来,他们的孩子,不用吃苦就成为幸福的人了。实际上这样培养出来的孩子,长大了不会幸福。只会有以下表现:一是非常自私。不论做什么事,都想以我为中心。而在实际生活中,不可能处处以我为中心。当他发现达不到目的时,就会烦恼、苦闷。二是不能吃苦。由于没有经过吃苦的锻炼,在学习上同样不想吃苦,而学习无疑是个苦差事,最后结果是这样的孩子学习也不会优秀。三是缺乏自立精神。由于长辈的呵护,这样的孩子动手能力差,思辨能力差。当其走向社会后，就会感到无所适从，不能自理、不能自立。

那么，如何让孩子吃点苦呢？

有的家长就会一本正经地对孩子说："为了你的将来，今天，我就要让你尝尝吃苦的味道。"还有的家长会给孩子报假期的"挫折班"，让孩子去经受"挫折"教育。实际上这种吃苦教育效果通常不好，很容易引起孩子的逆反心理。正确的做法是以下几点：

（1）在孩子喜欢玩的游戏中，有意延长时间，让他体会到累的感觉。

（2）周末带孩子转商场，有意推迟吃饭时间，让孩子体会到饥饿的感觉。

（3）长假期间带孩子参加登山、长途跋涉等旅游活动，在孩子兴致高昂的情况下，自然地经受吃苦的教育。

（4）有计划地带孩子到艰苦的环境中接受锻炼。

例如，风雨中散步、夏日阳光下打球、冬天风雪中扫雪、堆雪人等等。这些活动容易使孩子产生兴趣，又能在快乐中接受了吃苦的锻炼。

（5）不要让孩子养成"要什么给什么"的习惯。

比如，孩子想要什么，家长就问他为什么。如果说的有道理，就给他买。如果说的没有道理，就不能给他买，同时家长要给孩子讲清不买的道理，让孩子从小明白事理。

总之，在生活条件越来越优厚的情况下，吃苦教育非常必要，但是，吃苦教育不可过分，要讲究科学，要根据孩子的年龄特点，设置孩子可以承受的、安全的活动。

经典案例　登黄山的孩子

国庆长假，父亲对儿子说："这个假期我想带孙子浩明游黄山，你们去不去？"

儿子自己经营着一个商店，说："恐怕去不了。再说爬黄山那么累，您也别去那里，换一个比较轻松的地方吧。"

爷爷说:"让浩明登黄山是有目的的,不能随便改地方。"

儿子知道父亲为了教育孙子,每一次行动都是有计划的,也就没有再说什么。

老两口带着孙子,来到了黄山索道口,问:"浩明,你说咱们登山上去还是坐索道上去?"

浩然7岁了,现在是小学一年级学生,在爷爷的教育下,小家伙非常懂事,说:"咱坐索道吧,您和奶奶恐怕登不上去。"

爷爷满意地笑了,说:"好孩子,知道心疼爷爷、奶奶。就依你说的,坐索道。"其实爷爷计划就是坐索道,他这样做就是考一考孙子思考问题的水平。

在黄山,虽然开始坐索道到了迎客松,但是,那仅仅是开始,往上还有很多陡坡、险峰需要登呢,如天都峰、莲花峰、光明顶等。在登山中,爷爷问:"浩明,你看那些穿黄坎肩的人,知道他们是干什么的吗?"

浩明摇摇头,说:"不知道。"

爷爷说:"他们就是黄山上的挑夫和轿夫。咱们在山上买的饮料、水果等各种东西,都是挑夫挑上去的。在山上如果哪个老人走不动了,他们坐上轿子,由轿夫抬着游山。你看他们苦吗?"

浩明瞪着大眼睛,惊讶地说:"当然苦了。咱们不拿东西登山还这么累,他们能不累吗?"

爷爷说:"对,他们也非常累,但是,他们为了生活,也为了让游黄山的人更方便,就干着这样的苦差事,实际上他们是我们最该尊重的人。"

浩明点点头,说:"是,我们应该尊重他们。"

登山让小家伙疲惫不堪,但是却玩得兴高采烈。第一天住在了黄山上的北海宾馆,晚上,浩明早早就睡了,看来是真累了。

爷爷的目的就是让孙子体会苦的感觉,同时培养他的同情心,增加对生活的认识。

第二天,浩明感觉腿有点疼,但是,游山的兴趣使他忘记了疼痛,他们游鉴了最美的始信峰。之后,来到了下山的索道前,祖孙商量怎么下山,这一次他们没有坐索道,而是步行下山了。

浩明爷爷给我们的启示：

（1）培养孩子要有计划。在孩子的成长中，培养非智力因素很重要，因此，有关动机、兴趣、情感、意志、气质、性格等方面的培养，应该有一个计划，逐渐培养，对孩子的成长大有益处。

（2）培养孩子要寓教于乐。浩明爷爷安排的一次旅游，培养了孙子的动机、兴趣、意志和情感，而且使孙子不觉得是在接受教育，这种"无痕教育"的方法值得学习。

给**家长**的建议之九十六

教育孩子尊敬师长

中国自古以来就是礼仪之邦，古代有"一日为师，终身为父"的说法，可见古人把师长放到了何等尊贵的地位！那么，家长应怎样教育孩子尊敬师长呢？

一、言教

所谓言教，就是家长平时应该给孩子灌输尊重师长的意识，教给孩子对师长哪些行为是有礼貌的，哪些行为是粗鲁的、没有教养的。在孩子做出不礼貌的行为时，应该立刻指出，并予以纠正。还可以给孩子讲毛泽东向老师敬酒、周恩来向老师赠款、朱德给老师让座等尊敬师长的故事，让孩子向伟人学习。

二、身教

身教对教育孩子尊师长来说是最关键的。俗话说："言传不如身教。"家长见到老师的一举一动，直接影响孩子的言行。见到老师主动问好，告别时说再见，时间长了，孩子也自然而然地学会了礼貌用语，并且还形成了习惯，根本无需家长的教导。此外,绝对不能在孩子面前说老师的坏话。如果孩子受家长的影响,与老师闹对立,那么,最后受害的一定是孩子。尊重师长并不是与生俱来的,它是可以传授的,可以成为习惯的一种品质。

三、境教

俗话说:"近朱者赤,近墨者黑。"因为孩子年龄小,识别能力差,不可能具有成年人那样的识别能力和控制能力,他们会随环境的变化而改变自身的言行举止。所以,家长要给孩子创造良好的育人环境。古代的"孟母三迁",讲的就是环境对孩子成长的重要性。

尊敬师长,是中华民族的传统美德,也是良好的社会风尚和个人品德修养好坏的表现。教育孩子尊敬师长,孩子自然就会成为一个懂得感恩的人,一个懂得感恩的人,自然也会感谢父母的养育之恩。

经典案例 汉高祖刘邦尊敬师长

《吕氏春秋》中记载:"古之圣王,未有不尊师者也。"正是这个原因,古代的帝王教育孩子,一定要尊敬师长。

汉高祖刘邦不但自己尊敬师长,而且非常重视对孩子这方面的教育。他在《手教太子》中嘱托太子和他的兄弟,对待像萧何、曹参、张良、陈平这样的老臣,一定要以礼相待。因为一方面,这些老臣为刘邦政权的建立立下了汗马功劳,另一方面,他们也像老师一样指导了刘邦的成长。刘邦出身寒微,自幼失学,在长期的征战中,深知知识的宝贵,同时也认识到有一个德高望重的师长多么重要。史书上记载:刘邦路过高阳,当时郦食其是守城门的官员,他对别人说:"从这里路过的将领非常多,只有沛公显得非常大度。"于是,他就去求见刘邦。当时,刘邦坐在床上,有两个侍女正在为他洗脚。郦食其看到这个场面没有下跪,而是做了一个揖说:"你要想消灭无道的秦王,就不要这么坐着见师长。"刘邦听了没有发怒,而是急忙拽着衣服起来,向其道歉,请其上坐。

刘邦的尊敬师长，也影响了以后的汉朝皇帝。汉武帝"安车蒲轮"的故事，也成了尊师的代名词。汉武帝幼年时，读枚乘的赋时赞不绝口。等他即位后，立即派人请枚乘到皇宫做自己的老师。而且为了使车子安稳，他让人用芳香的蒲叶包住车轮。在当时被传为佳话。

刘邦尊师给我们的启示：

（1）尊敬师长是一种美德。不论你的身份有多高贵，不论你有多少财富，尊敬师长是做人的起码礼貌。即使是水平不高的师长，也应该给予应有的尊重。

（2）尊敬师长要有实际行动。见到老师不但要主动问好，而且还要有实际行动，汉武帝"安车蒲轮"就是很好的榜样。

给家长的建议之九十七

父母容易毁掉孩子的十个问题

一、期望过高且追求完美

一般来讲期望越高失望越大，为了自己不失望，只能给孩子不断施压。孩子只好迎合家长、迎合老师成为一个"优秀"的孩子！这样的优秀，往往忽略了孩子本身的需求。

二、对孩子不满意就贬损责罚

孩子不能让父母满意，已经很愧疚了。可是，父母往往忽略孩子的感受，用条条框框来束缚孩子。孩子往往越束缚越叛逆，家长越管，他越不要听！

三、喜欢拿孩子跟别人比

这是家长的通病。当家长把"比较"的枷锁套在孩子身上，孩子就永远无法幸福。他会从父母那里学会"比较",并且用"比较"杀掉自己的自信,让自己永远被"比较"来的"痛苦结果"所折磨。

四、有条件地奖励孩子

你考第一名,就给你买旅游鞋!你进入前五名,就让你吃麦当劳!很多家长都喜欢这样的奖惩举措!殊不知,这带给孩子的信息是:符合爸爸妈妈的标准,才是被爱的。然后,孩子会为了得到父母的爱,而失去自我。

五、数落孩子的不是

家长最乐意数落孩子、教导孩子。父母从教导中感受到自己的威严,体会到征服的快感,全不管孩子是嘴上服气,还是心里服气。家长数落孩子的不是,只会让孩子失去自信,还让孩子丧失自尊。

六、预言孩子没出息

预言有两种后果,一是你越说他没出息,他越没出息,完全丧失斗志和学习能力,最终实现你的预言!二是你越说他没出息,他越要证明自己有出息。但是,一辈子活在"证明"中,失去自我,也丧失了生活的智慧和让自己幸福的智慧。

七、不顾孩子感受,代替孩子做选择

家长总是在用"自己的头脑"操控孩子,忽视了代替的过程,就是剥夺孩子成长的过程。家长剥夺了孩子某方面的成长,孩子就丧失了某方面的能力。

八、限制孩子做他想做的事

父母喜欢说:不要这样,不要那样!然而孩子的天性是——你越不要我这样,我就越要这样!

九、总是担心孩子

不认为孩子有控制能力,不认为孩子其实可以!所以——你得到不想要的结果最好的办法,就是去担心!你担心孩子早恋,孩子一准早恋;你担心孩子网瘾,孩子一定网瘾!

十、不相信孩子

不相信孩子的根源是父母不相信自己。不相信孩子就毁灭了孩子的自尊。父母总是努力把自己的孩子朝着成功的方向培养,致力于培养孩子成"才",而忽视了孩子要先成"人"的问题,以致各种各样的问题孩子越来越多。

> **经典案例**
>
> ## 不一样的爱

学校放假了。宝贝女儿倩倩想放松一下,就开始天天打游戏,有时晚上玩到12点还不睡觉。

妈妈和姥姥都沉不住气了,妈妈说:"你天天打电脑,书也不看,作业也不写,浪费多少时间!"

倩倩很不以为然,在电脑前头也不扭,说:"放假了,能不能让我轻松一下?"说完,依然如故。

爸爸出差回来,正赶上妻子为此事犯愁。听了妻子的叙述,他淡然地一笑,进了女儿的房间,倩倩回头叫了一声"爸爸"。

爸爸说:"玩电脑呢,没事,你玩吧!"

然后爸爸把手放在女儿的头上,半开玩笑说:"爸爸给你传送一些爱的能量,别耽搁你玩,你继续玩吧。"十几分钟后,他松开说:"好了,不想玩了就早点休息啊,别累坏了!"

那天晚上,倩倩有点奇怪,居然十点多就睡了。

爸爸的做法给我们的启示:

(1)给孩子一些空间。让孩子在愧疚的状态下得到爱,孩子才会顺从,而且有自我负责的可能。

(2)相信孩子懂事。当孩子做了令父母不满意的事,父母要相信孩子知道错了。这时父母就不要再责怪孩子,无言地陪伴,给予孩子爱的支持更显得重要!

给**家长**的建议之九十八

锻炼孩子的心理承受力

一、直面现实，细致引导

生活中，挫折无处不在。家长应利用生活中的一些自然情境，让孩子勇敢地面对生活、学习中的困难，积极去克服困难，这才是真正有效的挫折教育。例如，孩子走路摔了跤，鼓励孩子自己爬起来；孩子在交往失败时，可以说："来，他不和你玩也没关系，我们可以跟别人玩，玩得更开心。"鼓励孩子积极主动地去努力改善现实，使事情向好的方向发展。

二、树立榜样，积极暗示

孩子最喜欢模仿，也最容易受暗示。在挫折教育方面，家长的身教胜于言教。有的家长在对待孩子的问题上特别受不得挫折，生怕孩子有个三长两短。孩子与同伴发生小摩擦，孩子不以为然，双方家长却吵起来了。这样使孩子也很敏感，稍微有些不如意，就觉得很委屈，这是家长自身的言行暗示的结果。

三、适度期望，合理引导

适度的期望有利于孩子充分发挥自己的潜能，促进孩子向健康的方向发展。因此，家长既要相信孩子能做好，有发展潜力，又要注意结合孩子自身特点，制定适度的目标，使孩子有足够的勇气去面对困难，努力取得成功。合理引导，就是无论孩子做事是成功，还是失败，都要给予正确评价，使孩子知道什么是对的，什么是错的。错在哪里，怎样改进，使孩子明确是非标准，提高心理承受能力，从容应对生活中的各种挫折。

四、心理防卫，养成习惯

有些挫折的产生，个人无力阻挡和回避。这时候就要教育孩子，合理运用"精神胜利法"自我安慰、自我解脱，以保持健康心理状态。例如：孩子长得矮，受到别人嘲笑，家长可安慰说："个子矮的人聪明。潘长江不是说'科学证明，浓缩的都是精品'吗？"孩子在客观上无法达到某一要求而受挫时，可以帮助孩子寻找自我安慰的理由，来减少或者消除挫折引起的紧张不安，使孩子身心健康成长。

经典案例

儿子失败以后

乐乐回到家里，妈妈问他："乐乐，画画比赛怎样了？"

他用平常极少有的神情说："哼！有什么了不起，那么得意洋洋的样子！"他表现出少有的愤慨，同时还带有不屑一顾的样子。

妈妈马上明白了是怎么回事。其实妈妈也非常希望儿子能入选，然而生活中不可能时时顺利，事事成功。从理论上讲，成败、输赢本身并不最重要，特别是对孩子而言，关键是如何对待。妈妈虽然很清楚这个道理，但面对强忍泪水的儿子那伤心样，她心里还是不好受。她梳理了自己的思绪，轻声问乐乐："画画比赛没选上，你很难过是不是？"

乐乐点点头。

妈妈接着问："你想不想知道，如果妈妈是你会怎么做？"

乐乐摇摇头，同时用好奇的眼光看着妈妈。妈妈说："选不上，我也会难过，但我的好朋友选上了，我还是会高兴地向他祝贺的。乐乐，你还记得那次家园比赛吗？你知道我们为什么能获得胜利吗？如果我们把活动改成你弹琴，妈妈唱歌，爸爸讲故事……"

听到这儿，乐乐笑了："妈妈，乱套了，那样的话肯定要输的。"

"为什么？"妈妈故意问。

"我们必须拿出自己最好的本领和别人比，这样才能赢。"

"噢——原来是这样。那你们学校如果随便叫几个人，去和其他学校画得好的小朋友比赛，能有好成绩吗？"

"肯定不行！"乐乐坚决回答，他好像意识到了什么。

这时妈妈又引导乐乐"换位思考"，渐渐地，乐乐终于能正确地直面这个"无情打击"和"残酷现实"了。

接下来，妈妈指出了儿子在想象、表情、童趣、布局、色彩搭配、主次等方面欠缺的地方，好强的儿子马上动手练习，令人欣慰的是，第二天他还去向对手祝贺了。

乐乐妈妈给我们的启示：

（1）对待任何事情都要有一个好的心态。任何比赛都是有赢有输的，我们要学会享受成功的喜悦，还要学会承受失败的沮丧。

（2）懂得怎样克服失败的沮丧。当今社会各行各业竞争激烈，要想立足社会，就要有良好的心态、高雅的气度去处世。而不是稍不如意，就嫉妒、委屈，回家向家人胡乱发泄。

给 家长 的建议之九十九

父母如何给留守儿童更多的爱

父母外出打工后，与孩子聚少离多，沟通少，远远达不到其作为监护人的角色要求，这种状况容易导致留守儿童"亲情饥渴"，心理、性格等方面出现偏差，学习受到影响，这些问题不容忽视。解决这一问题，需要家庭、学校、社会及政府各方面共同努力，协调合作。作为家长，应该注意以下几点：

一、树立正确的教子观念

有的父母认为，教育孩子和学习是学校的事，家长只要当好"后勤部长"就可以了。于是，很坦然地外出务工，很少与子女沟通。家长要改变这一思想，树立"子不教，父之过"的责任观。即使在外务工，也要设法多给孩子一些爱。

二、主动与班主任老师联系

在外务工的家长，外出前要向班主任说明自己的情况，外出后要经常向班主任了解子女的发展变化，共同商讨教育孩子的策略和方法，这样才不至于使"留守儿童"的家庭教育方面出现盲区。

三、要经常与"监护人"联系

父母外出务工以后，在家里负责孩子的长辈就是"监护人"，父母要经常与"监护人"沟通，及时掌握孩子的学业、品行及身体健康状况，并通过各种方式对孩子的学习和生活进行指导，要求"监护人"严格要求孩子，加强对孩子生活和学业的监护。

四、采取多种方式直接与孩子的沟通

沟通方式可以是打电话、发短信、写信、有条件的可以定期利用网络聊天。沟通的间隔时间越短越好，沟通内容力求全面、细致。在沟通中不但要明示对孩子的爱，还要希望孩子能理解他们的家境与现状。

总之，留守儿童问题很多，而且比较复杂。父母应该尽最大的努力关爱孩子，让孩子体会到：父母虽然不在身边，但是，父母的爱却始终滋润着他，让孩子的心理、性格得到健康成长。

经典案例　10岁小学生喝农药身亡

小南的家在蓝田县孟村乡大王村，10岁的他和12岁的哥哥小均以及近80岁的爷爷、奶奶一起生活。在新疆打工的妈妈樊女士这个月初收麦子时才赶回来。

6月15日清晨6时15分左右，樊女士叫醒了儿子，"快起床收拾，该上学了，把你哥也叫起来。"小南睡觉很轻，一叫就起来了。"我不想上学，我作业没写完，害怕老师打我。"小南的话樊女士并没在意，接着就去打扫院子了。可几分钟后，小均慌慌张张地跑来说："小南让我闻他，说他喝敌敌畏了。"樊女士跑进房里，闻到一股浓重的味道，农药瓶子扔在地上，半斤敌敌畏剩了不多。她赶紧把小南抱到院子里，让他往外吐，"他吐出的东西味道很冲，很快腿就软了，站不起来了。"小均赶紧跑去叫来了大伯，两个大人找来村头的三轮摩托把小南送到孟村地段医院，但医生说孩子已经不行了。他们不愿接受这个事实，又找车将孩子送到蓝田县医院，得到的却是同样的答案。

小南的书包里有个破旧的笔记本，是他专门用来记作业的。记者看到，小南最后一次的作业一共有七项，有"错的20遍、默写；练习册、期中卷子和5单元卷子；听写1至2单元生字错的20遍；1至3单元日积月累必须会；作文_____的时候（成功、痛苦、快乐）；练笔；抄题"。每一项后面都有个括号，只有第七项后面打了对号。

这个笔记本上，记着小南每天的作业，大多时候有七八项，还有十几项的，之前的每一项后面都打了对号，惟独这次只有一项后面有对号。"他写完的就打个对号，出事的前一天晚上跟他哥玩，没写完。"樊女士说，小南比较淘气贪玩，学习成绩也很一般，但比较懂事。

小南喝农药给我们的启示：

（1）一定要让孩子感受到母爱。父母双方都在外打工的家庭，要让妈妈回到孩子的身边，让他们得到母爱，形成健康的心理。

（2）一定要重视孩子的心理健康教育。一般孩子的心理不成熟，做什么事不计后果，做了就后悔。小南喝农药后一定很后悔，但是已经晚了。孩子遇到困难，家长要对孩子多进行疏导，让孩子对挫折有一定的承受能力。否则，就容易出现不可挽回的事情。

给家长的建议之一百

父母教育孩子应该因材施教

当今社会，计划生育使子女减少，生活条件日益富足，父母都望子成龙、盼女成凤，于是，不惜代价让孩子从小就参加美术、舞蹈、音乐等各种培训班，完全不顾孩子的爱好、特长和个性,参加培训的大部分孩子是:浪费钱财,浪费精力、孩子受罪。为了让孩子健康成长,家长应该因材施教。具体做法有以下几点。

一、科学施爱育品德

不要给孩子过多的爱,过度的爱培养出来的孩子不懂得爱。要使孩子懂得爱,就要给孩子立规矩,让他懂事。遇到好事时,首先想到爸爸妈妈而不是自己。如孩子生日,可以过得淡些,长辈的生日则要过得隆重些。此外,要让孩子参加家务劳动,比如洗碗、扫地等。科学施爱,爱得理智,爱得科学,爱得不那么外露,爱得不那么浅薄。

二、树立正确的人才观

一般来讲,每个人都是人才,关键是找到没找到自己的特长和爱好。只要选准了,早动手,就有成才的可能。有的家长不管孩子的爱好和特长,一看孩子的学习成绩不好,就是批评、责骂、甚至殴打。其实,国家也不是要求每个人都去搞科研的,也需要大批的蓝领工人。如果孩子适宜动手,何不让孩子学一门职业技术,终身受益呢?

三、了解孩子的特长

这是家庭教育的前提。做为家长通过仔细观察、分析,完全可以了解孩子的性格、爱好和特长。然后根据这些特点,为孩子选择努力的方向。当然,这种选择是指导性的,不是强迫的。

四、注意遗传因素的作用

这样的例子举不胜举,就是上一代有什么爱好和特长,孩子就会喜欢和爱好什么,这是遗传基因在起作用。家长一定要注意观察孩子,是不是受遗传因素的影响,和自己有相同的爱好。

五、身教胜于言教

家庭教育实际上是一种榜样教育。这种教育没有教材,父母是教师,言行就是教材。比如:发现孩子爱好音乐,家长就可以经常听音乐、唱歌等,潜移默化地影响孩子。

六、循序渐进

家长要明白,孩子与孩子是有差异的。对孩子教育要从实际出发,循序渐进,不要期望一步到位。切忌相互攀比,盲目超前。要保护孩子的自尊心和自信心,不要说"你这个没出息的""你是猪脑子""我算看透你了"等污辱孩子人格的话。要知道挫伤了孩子的自尊心、自信心,就等于挫伤了孩子前进的勇气。

望子成龙不如"教子成龙"。"教子成龙"要为孩子选对方向,选对方向的前提是了解孩子。实践证明,父母及其长辈的言传身教,正面讲述和环境熏陶以及生活实践,对子女的影响都是极为重要的。

经典案例

老秀才因材施教

古时候,有一个老员外家财丰厚,可是,他的三个儿子都很笨。老员外担心家产会败在他们手中,于是,他决定请一个名气大的老秀才来教三个儿子。

老秀才说:"我得考考他们,通过考试我才能收下他们。"老员外心中暗暗叫苦,惟恐孩子们过不了关。

老秀才考的内容是对对联。第一个应考的是老大,老秀才出的上联是:东边一棵树。老大嘴里一个劲地念叨:"东边一棵树,东边一棵树……"急得头上都冒汗了,就是想不出来该对什么样的下联。老员外在一旁直想发火,这时,老秀才说话了:"此子记性不错,我只说了一句,他就记住了,可教也,我收下了。"

现在该老二出场了,老秀才出的上联没有变,还是:东边一棵树。老二进场前已经听到哥哥对的题目,所以有准备,张口就对:"西边一棵树"。气的老员外目瞪口呆。老秀才微微一笑,说:"此子改变了方向,以西对东,对得贴切,可教也,收下了。"

最后,该老三出场了。老秀才仍然是那个上联:东边一棵树。三儿子想了半天,也没想出一个下联来,不由得大哭起来。老员外觉得他太丢人了,老秀才却说:"此子有羞耻感,可教也,收下了。"

之后,老秀才按照三个孩子的不同特点,因材施教,把他们都教育成了有用之才。

老秀才给我们的启示：

（1）树立每个孩子都能成才的观念。老员外认为三个儿子都笨，这种先入为主的观念最容易毁了孩子。老秀才的观念是每个孩子都可教，于是，他就能发现孩子的特点，因材施教。

（2）善于发现孩子的特点。没有教不好的孩子，只有不会教的老师和家长。每个孩子都有自己的长处，关键看老师、家长是否善于发现孩子的长处，是否能因材施教。

后　记

与人交往，需常怀一颗感恩之心。对帮助过我们的人，更应该感谢。在这本书稿即将付梓出版时，我一直放不下两个人，总有一种不吐不快的感觉，我必须把我对这两个人的感谢之情形成文字，才可安心。于是，我就写了这篇后记。

第一个要感谢的是临漳县文教局主管业务的副局长刘尚富先生，因为起初创意是他的。刘先生长期工作在教育第一线，不仅懂管理，而且精通教学业务，对基层教育存在的问题了如指掌。他在看了我编写的第二本书《教有妙招·中小学教师育人技巧150例》时，对我说："现在给教师编写的书很多，但是，没有人编写教师如何与家长沟通，帮助家长提高教育孩子水平的书。工作在一线的老师们，一是特别忙，没时间去研究这件事；二是手头这方面的资料比较少，如果你能编写一本这样的书，也是为我们在一线的老师和家长办了一件好事。"刘先生作为一个行政机关的领导干部，考虑问题这么全面、深刻，使我很感动，于是，我就开始了《班主任给家长的100条建议》的编写。

我要感谢的第二个人是北京《教师文汇》刊物社主编信毅先生。我是因为约稿认识信毅先生的，信毅先生作为主编水平自然是很高的，又曾在美国生活多年，因此，他对国外的教育有深刻的了解和认识。当我给他谈起计划编写一本教师给家长建议的书时，他说："这个创意很好，但是，你要多读一些国外的家庭教育资料，把国外的科学方法融入到书中，使其不但要有科学性、实用性，还要有引领性。"说实话，信毅先生见识广，站位高，他说的"引领性"使我茅塞顿开，这无疑使我所要编写的这本书提高一个档次。接下来我基本停止了编写工作，专心搜集起了国外先进的家教方法，并且应用到了书中，因此非常感谢信毅先生给予的指导！

程发龙

2014 年 9 月 20 日

参考文献

［1］赵国忠.外国最优秀教师最优秀的建议[M].南京：南京大学出版社

［2］【美】托德·威特克尔道格拉斯·费奥雷.如何应对难缠的家长[M].钟颂飞,王权,王正林,译.北京：中国青年出版社

［3］张在军,高振国.感动教师心灵的教育故事[M].北京：石油工业出版社

［4］康杰.古今中外名人教子的启示[M].北京：中国致公出版社

［5］关承华.凭什么让学生服你[M].北京：中国青年出版社

［6］【美】雷夫·艾斯奎斯.第56教室的奇迹[M].卞娜娜,译.北京：中国城市出版社